马克思主义理论学科创新培养与就业质量研究

冯石岗 ◎ 著

上海三联书店

目 录

序 言	1
第1章 研究生创新质量与就业概况	**1**
1.1 我国研究生教育体制和模式	1
1.2 我国研究生教育质量基本判断	14
1.3 研究生创新培养与就业质量	21
第2章 中国高等教育创新培养分析	**32**
2.1 研究生创新能力培养原理	32
2.2 我国学科建设特色溯源	42
2.3 中国创新教育的基础和优势	57
第3章 马克思主义理论学科建设	**70**
3.1 马克思主义理论学科战略定位	70
3.2 马克思主义理论学科建设基础	79
3.3 马克思主义理论学科建制过程	86
3.4 马克思主义理论学科建设情况	89

第4章 马克思主义理论学科就业分析 96
4.1 本学科培养指向 96
4.2 本学科就业质量 105
4.3 就业质量原因分析 112

第5章 优化马克思主义理论学科体系 123
5.1 优化学科的培养目标 123
5.2 优化专业课程设置 132
5.3 明确学科培养方向 146

第6章 提高导师素质培养创新能力 179
6.1 创新师资是落实创新目标的关键 179
6.2 本学科导师队伍情况分析 187
6.3 提高导师素质的举措 193

第7章 激发学习动机提高创新素质 207
7.1 学习动机基本原理 207
7.2 研究生创新动机问题 217
7.3 研究生创新意识培养 222

第8章 构筑创新平台培养创新素质 230
8.1 学科构建科研创新平台 230
8.2 创新人才培养立足科研平台 247
8.3 促进创新平台良性运转 251

第 9 章　增强创新能力提高就业质量　　268
9.1　学科制定创新就业标准　　268
9.2　学科关注学生职业规划　　277
9.3　加强女研究生创新能力培养　　281

跋　　286

序　言

一　创新是时代主题

2016年9月3日,习近平总书记在杭州"2016年二十国集团工商峰会"开幕式演讲中,誓言要以创新的精神把改革进行到底。他说,在新的起点上,我们将坚定不移实施创新驱动发展战略,释放更强增长动力。抓住科技创新就抓住了发展的牛鼻子。我们清醒地认识到,中国经济发展不少领域大而不强、大而不优,长期以来主要依靠资源、资本、劳动力等要素投入支撑经济增长和规模扩张的方式已不可持续,中国发展正面临着动力转换、方式转变、结构调整的繁重任务。建设创新型国家和世界科技强国,是中国发展的迫切要求和必由之路。他强调,建设创新型世界经济,必须开辟增长源泉,创新是从根本上打开增长之锁的钥匙。中方把创新增长方式设定为杭州峰会重点议题,推动制定《二十国集团创新增长蓝图》,目的就是要向创新要动力,向改革要活力,把握创新、新技术革命和产业变革、数字经济的历史性机遇,提升世界经济中长期增长潜力。

实施创新驱动发展战略,建设创新型国家,向创新要动力,向改革要活力,铿锵有力地宣誓了创新发展振兴中华的宏大方向。马克思主义唯物史观认为,人民群众是历史的创造者,创造新时代必须充分调动人民群众的积极性和创造性。为提高人民群众的创新能力,必须使劳动人民知识化,知识分子劳动化,创新创业大众化,改革创新常态化,为此,必须自觉培养造就一大批有知识、有文化、有创新素质的高层次劳动者,大学教育,研究生教育是创新教育的重要渠道。

二　中国亟须马克思主义理论学科创新人才

在国家跨越发展的过程中,马克思主义理论学科必须发挥领航学科的作用,培养高质量的创新型人才,创新性地运用马克思主义理论,分析解决纷繁复杂的社会现实问题,推进马克思主义中国化、大众化,提高全民族的综合素质。同时要担负起在国际舞台上传播中国声音、占领文化舆论制高点、宣传社会主义意识形态的重任。

马克思主义理论学科是领航学科,必须占领社会主义意识形态阵地制高点,提高对国家主流意识形态发展和安全的影响力。马克思主义是我们立党立国的根本指导思想,是社会主义意识形态的旗帜,社会主义核心价值体系的灵魂,是全党全国各族人民团结奋斗、夺取建设中国特色社会主义新胜利的共同思想基础。在学科建设中,我们要以高度的政治意识、大局意识和责任意识,进一步推进马克思主义中国化的发展和创新,进一步巩固马克思主义在思想政治理论领域的指导地位,进一步维护和发展国家的意识形态安全。

马克思主义理论学科是领航学科,所培养的研究生必须具备在国际舞台上创造性地争夺中国话语权的水平和能力;坚守中国道路、坚定文化自信、讲好中国故事。历史和现实反复证明中国道路的优越性和合理性,然而现实中东西方在经济、政治、文化等各领域,尤其是争夺制度和道路话语权方面的斗争趋于白热化。敌对势力采取多种手段,千方百计与我争夺思想阵地,形势相当严峻。经济全球化背景下,随着信息、经济的飞速发展,报纸、广播、电视之后,互联网新媒体迅速成为社会舆论的主要载体。由于网络的虚拟性,发言者身份隐蔽,并且缺少规则限制和有效监督,互联网自然成为敌对势力对我国进行颠覆和破坏活动的便捷方式。西方国家利用互联网、御用"水军"等多种手段进行串联、造谣、煽动,对我国进行"西化"、"分化",利用文化霸权独占"文明""民主"话语权,将西方的观念、生活方式便捷地渗透进来,我国政治安全和文化安全遇到了严重威胁。马克思主义理论学科要自觉为抵御西方文化侵略服务,为日益激烈的经济、政治、文化等领域的斗争培养理论水平高、科研素质优、创新精神强、应变能力好的人才。由于种种原因,我们目前培养出来的马克思主义理论学科人才,科研成果和创新能力不足,专业能力平平,没有明显优势和特点,这种局面必须改观。

马克思主义理论学科作为领航学科,所培养的研究生必须具有运用发展着的马克思主义分析、研究和解决社会现实问题的能力。马克思主义理论学科的建设和发展,一定要深入研究和服务于中国特色社会主义的经济、政治、文化和社会建设以及党的建设的理论与实践,对中国特色社会主义道路发展中的重大理论和实践问题的解决提供基本的指导思想。加强马克思主义理论学科建设,深化中国特色社会主义理论体系的研究是重点;运用中国特色社会主义理论体系于实践,以此推进和创新中国特色社会主义理论体系是根本。要承担这样的历史重任,马克思主义理论学科亟待加强创新培养。

三 创新培养与就业质量

马克思主义理论学科研究生就业困难和就业质量不高,关键是创新能力不强。创新能力是民族进步的灵魂、经济竞争的核心。当今社会的竞争,是人才创造力的竞争,马克思主义理论学科研究生教育应以培养学生的创新能力为己任,加强对研究生创新能力的培养。

中国是文明古国也是创新古国,早在商朝时期,商汤王的洗脸盆上就刻有"苟日新,日日新,又日新"这九个字。《礼记·大学》又作了进一步阐述,意思是说如果能每天除旧更新,就要天天除旧更新,不间断地更新又更新。中国的古代发明在世界文明发展史上光彩夺目,得益于创新教育和创新人才。科学的本质就是创新,要不断有所发现、有所发明,创新是一个民族进步的灵魂,自主创新能力是国家竞争力的核心。可叹的是,近代以来我们国家在工业文明阶段落后了,传统应试教育阻碍了创新能力的培养。

十八大后,党中央提出要坚持把推动自主创新摆在全部科技工作的突出位置,是顺应形势要求的国家重大战略抉择。马克思主义理论学科研究生的科研创新能力,不仅直接影响学生自身的就业质量,也影响到就业单位的矛盾解决和思想解放,对社会稳定、国家安全都有重要的影响。中国有优良的教育传统,近代开始学习西方,解放后学习苏联,中西苏教育模式优势互补是中国高等教育发展的巨大优势。西方和苏联教育模式先后与中国教育模式在碰撞中融合,形成了中国高等教育集农耕文明、工业文明、红色教育于一体的基础雄厚、相互融合、包容创新的基础和条件。马克思主义理论学科汲取中西苏教育优势用于培养创新型人才的教育改革,必将开辟中国气派的领航学科创新教育之路。

提高马克思主义理论学科研究生的就业质量,不仅仅是研究生个人的事情,是关系到中国特色社会主义建设事业,关系到推进中国马克思主义事业,关系到巩固社会主义意识形态和舆论阵地的大事。高校和全社会都必须高度重视马克思主义理论学科建设,进一步明确马克思主义理论学科的战略定位,奠定马克思主义理论学科的建设基础。加强创新培养,一要优化马克思主义理论学科体系,包括优化学科的培养目标,优化专业课程设置,明确学科培养方向;二要提高导师队伍培养学生创新能力的综合素质;三要采取有效措施,激发马克思主义理论学科研究生的学习动机;四要构筑创新平台在科研活动和社会实践过程中培养研究生的创新素质,通过增强创新能力提高就业质量;五要制定本学科的创新就业标准,通过帮助学生制定和实施职业规划,不仅提高就业率,更要着眼于提高就业质量。

冯石岗

2017年5月于河北工业大学

第1章 研究生创新质量与就业概况

我国研究生教育建国后起步,"文革"期间停招,1978年恢复招生后才得以迅速发展。恢复研究生培养30多年来,我国研究生教育工作在实践中进行了大量的研究和探索,摸索出了不少适合我国实际的研究生教育理念和培养方法,研究生教育已经成为我国高等教育的重要组成部分。

1.1 我国研究生教育体制和模式

1.1.1 研究生教育是社会发展产物

从世界范围看,工业文明以来,尤其是上世纪以来,经济社会发展的关键是科技创新,核心在人才,无论是发达国家还是发展中大国,都把科技人力资源视为提升国家竞争力的战略资源与核心要素。今天,世界各大强国都深刻理解了科技创新对国家核心竞争力的重要作用,均把人力资源建设和创新人才储备作为实施国际竞争战略的重要选择。只有拥有足够数量和质量的高层次人才,才能保证科技创新水平的不断发展和进步,才能保证在国际竞争中保持相对优势,而高层次人才的培养正是研究生教育目标的主要内容。研究生教育是最高层次的国民教育,是培养创新型人才的重要阵地,也是衡量一个国家科研发展潜力的重要指标。同时,研究生教育能够带动和引领其他层次的教育迎合国家和社会发展的需要,因而对国家竞争战略的实现有着重要的影响。

一个国家研究生教育发展水平取决于一定时期的研究生教育体制,完善研究生教育体制应该成为实现培养创新型人才、增强国际竞争力和推动国民经济社会发展等目标的制度保障。研究生教育体制是与特定历史条件相应的,由教育理念、教育规范、教育组织和教育设施等基本要素构成的有机体系。其中,教育理念是教育体制的思想基础和意识形态依据;教育规范是教育理念指导下的教育道德行为规范和教育法律法规;教育组织和教育设施是教育体制的载体,包括各类从事教育活动的正式和非正式组织、各种教育硬件和软件设施。教育体制是教育活动的"上层建筑",对教育活动起着引领和规范作用;教育规范、教育组织和教育设施是教育体制的"物质基础",推动着教育体制的健康发展。[1]

研究生教育理念是由经济基础决定,随着经济基础的变化而发展变化的。在不同经济体制和政治体制下,受研究生教育理念支配而展开的研究生教育活动具有不同特质,这种特质决定了研究生教育体制的基本内容和性质。从根本上说,我国研究生教育为我国社会主义经济建设和社会发展培养建设者和接班人,研究生教育体制必须为社会主义经济基础服务。培养人的质和量的问题,也就是能否为中国特色社会主义建设服务,能否满足中国特色社会主义事业要求的问题是一个根本性的问题,当研究生教育体制适应社会经济基础发展趋势和要求时,就会促进研究生教育活动发展;当研究生教育体制不适应社会经济基础发展趋势和要求时,就会阻碍研究生教

---

[1] 万明,我国研究生教育体制改革研究,中国科技大学研究生论文,2013年.

育活动发展,这时就需要对研究生教育体制进行改革。新中国成立以来我国研究生教育体制的发展发生变化,研究生教育体制改革就包括基本理念、行为规范、组织机构和活动设施等层面的革新,并具体表现在教育理念改革、办学模式改革、行政管理体制改革、办学体制改革、投资体制改革、招生体制改革、评估体制改革、培养体制改革等方面内容。

1.1.2 我国研究生教育体制发展过程

(1)第一阶段,1949—1965年,研究生教育初创时期,实行计划体制模式。新中国成立后,在百废待兴的情况下,党和国家毫不犹豫在抓紧教育事业,为了尽快培养教育师资和科研人才,创立研究生教育及相关制度。与当时高度集中的计划经济体制相应,包括研究生教育在内的高等教育都被纳入国家计划,其发展思路和规划基本都来自上层。1951年,政务院颁布《关于改革学制的决定》指出:"大学和专门学院得设研究部,修业年限为二年以上,招收大学及专门学院毕业生或具有同等学力者,与中国科学院及其他研究机构配合,培养高等学校的师资和科学研究人才",这标志着新中国的研究生教育的诞生。1953年,教育部对研究生教育的相关问题作出了明确的规定,对研究生的招生时间、专业设置、导师选聘、培养计划、毕业分配、管理机构设置等都作出了规定。为了加快科学干部的培养,1955年,政务院发布了《中国科学院研究生暂行条例》,提出既要加强科学研究人才的培养,又要高度重视科学干部的培养,并且规定了科学院研究生培养的学制、培养模式、论文答辩程序、目标等内容。该条例是新中国首次提出学位授予事项。为了提高研究生的政治素质,1959年,教育部根据当时经济社会发展的需要制定了《高等学校培养研究生工作的几点意见》,对研究生教育的主要任务进行了明确的规定,在对研究生的政治和业务素质进行规定中,尤其是对政治素质提出了严格规定。1963年,教育部颁发了《高等学校培养研究生暂行条例(草案)》,对研究生培养进行了比较系统的规定,该条例对于"文革"前我国研究生教育具有重要指导意义,它的一个突出特点是强调政府在研究生教育中的主导作用和研究生教育的政治意义。

新中国研究生教育的起步具有以下特点:第一,当时制定的各种制度大都处于草创阶段,并表现为"暂行条例"、"草案"、"意见"、"决定"等临时性、探索性规范;第二,与高度集中的计划经济体制相应,建国初研究生教育制度也具有鲜明的计划性特征,政府在研究生教育制度制定和执行中发挥着绝对主导作用;第三,在强调研究生专业教育的同时,也特别强调研究生教育的政治意义,并体现在研究生招生、培养等制度中;第四,由于建国初缺乏研究生教育及相关制度制定和执行经验,当时研究生教育制度主要是模仿前苏联的研究生教育体制,主要是从形式上进行模仿,对其精神领悟得不够,突出表现为行政约束取代了制度约束,制度变迁以强制性的方式推进。但是,尽管建国初制定的研究生教育制度并非尽善尽美,但它深刻影响了我国研究生教育事业的发展和研究生教育制度的改革发展的历程。

(2)第二阶段,1980—1985年,我国研究生教育体制复建时期,沿用计划体制模式。1966—1976年,"文革"时期我国研究生教育遭受破坏。1976年结束"文化大革命",1977年恢复高考制度,1978年改革开放,研究生教育随之复建。

改革开放初期,由于深受计划经济体制的影响,政府在研究生教育体制建设上采取了高度集权的管理体制,研究生教育的发展也仍然采取计划模式,以行政命令作为指导研究生教育的主要方式。1980年,第五届全国人民代表大会常务委员会审议通过《中华人民共和国学位条例》,这是我国研究生教育体制复建的重要标志。此后的五年间,我国于1981年先后颁布了《国务院学位委员会关于审定学位授予单位的原则和办法》、《中华人民共和国学位条例暂行实施办法》和《国务院批准国务院学位委员会关于国务院学位委员会第一次(扩大)会议的报告的通知》三个与研究生教育关系密切的法律法规。又于1985年制定了《高等学校和科研机构授予博士、硕士学位的学科、专业目录(试行草案)》。对研究生教育的具体问题进行了比较系统的规定。这些法律法规的颁发,标志着我国的步入正常的发展轨道,研究生教育向规范化、标准化、制度化的方向迈进。同时,在政策实施与具体的研究生教育实践上也作了一定要求。实施《中华人民共和国学位条例》,"必须把保证质量放在首位。在学位授予工作的掌握和管理上,硕士学位的授予比学士学位要严格一些。博士学位的授予要更严格一些"。研究生招生要"严格掌握标准,坚持质量第一,根据德、智、体全面衡量,择优录取,确保质量,宁缺毋滥的原则"。在研究生教育发展策略上,需"在保证质量的前提下,稳步发展数量,尽力而为,量力而行"。在学位授权审核上,要"综合考察,坚持条件,严格审核,保证质量"。这些文件为我国的研究生教育在复建初期快速、健康、稳健、持续发展提供了良好的保障,并且对后续的我国研究生教育发展产生深刻的影响。随着研究生教育的复建,我国研究生学位授予单位和研究生招生的规模与数量不断扩大,发展迅速。在1981年,我国公布了首批研究生学位授予名单,首批博士学位授予单位151个,共有318个博士学位授予点和学科,首批硕士学位授予单位358个,共有3185个硕士学位授予点和学科;1984年,我国又公布了第二批研究生学位授予名单,新增博士学位授予单位45个,硕士学位授予单位67个,新增博士学位授权学科点316个,新增硕士学位授权学科点1052个。研究生招生数量规模从1981年的9363人增至1985年46871人。改革和新的探索,不断提高研究生培养质量和适应社会需求的程度。

这一时期我国研究生教育具有以下特点：第一，严格的指令性招生计划。全国研究生招生计划是一项严格的国家计划行为。每年度，研究生教育主管部门都会发布经过审批后的"研究生年度招生计划"，各研究生招生单位、各研究生教育学科与专业深受该计划的影响，都在该计划的指导下进行发展战略的制定工作；第二，集中统一的研究生培养制度。改革开放后继续沿用计划体制，招生单位高度统一：国务院集中审批研究生学位授予单位和研究生学位授权学科点，地方和招生单位没有任何学位授予的权力和统一的分配制度。入学考试集中统一：1980年起，硕士研究生入学考试时间由研究生教育主管部门统一规定，入学考试中的政治和外语两个科目实行全国统一命题，教育部按区域统一划定复试分数线。毕业国家统一分配：依据《中华人民共和国学位条例》及《关于审定学位授予单位的原则和办法》规定，1977年，在《关于高等学校招收研究生的意见》中明确提出"研究生毕业后，根据国家需要和学以致用的原则，应当国家统一分配，由学校主管部门提出分配计划，经国家计委批准后实行"。这种分配制度在实施研究生教育体制改革后依然沿用较长一段时间，直至上世纪90年代末期才逐渐废止。第三，研究生教育复建后，由于我国仍然在社会生活各个方面实施的是高度集权的行政管理体制，社会评估机构没有生存的空间，因而研究生教育质量的监督与评估仍然由政府负责实施。第四，集中计划管理的研究生教育管理模式，中央政府完全拥有研究生教育发展事务的决策权和决定权，地方政府及招生单位没有多少话语权，因而缺乏研究生教育的积极性，这必将对我国的研究生教育发展带来不利的影响。

研究生教育总体上属于高层次、专业性和小众化的教育类型，也是国家实现创新性人才培养战略目标的主要领域。它在本质上应该是拒斥"同质化"发展的。但是,由于我国研究生教育计划模式的惯性和恢复阶段的条件,不得不依赖于国家教育主管部门发布的全国统一的专业内涵界定、统一的培养方案,甚至统一的课程设计。对于研究生教育过程和培养质量的评估,也相应地采用全国统一的指标体系进行。这种做法起到了保证全国研究生教育的有序恢复和规范发展的积极作用,也保证了我国研究生教育的基本质量,但是,它的持续作用在客观上也具有诱导研究生教育"同质化"发展,限制学位授予单位办学自主性等消极作用,不利于培养单位主动适应多样化的社会需求。

(3) 第三阶段,1985—1997年,我国研究生教育改革时期,由计划模式向计划和市场结合模式转向。研究生教育复建以后,随着我国研究生教育的快速发展,原有的研究生教育体制已难以适应发展需要。在这种情况下,中共中央于1985年5月颁布了《关于教育体制改革的决定》,决定对我国当时的教育体制进行改革,我国研究生教育体制作为整个国民教育体制的子系统,也开始正式步入改革阶段。这种改革主要以权力下放、组织分层、管理重心下移为基本趋向而逐步展开的。在《关于教育体制改革的决定》中,明确规定教育管理体制改革的目的是"在加强宏观管理的同时,坚决实行简政放权,扩大学校的办学自主权"。为了加强省级政府的统筹管理职能,截至2002年底,省级政府基本都成立了学位委员会。成立后的省级学位委员会的主要职责就是统筹和决策本省、市、自治区的学位与研究生教育工作,主要工作内容是指导本地区的高等教育机构的学科建设、审核各招生单位学位点申报以及对硕士点进行教育评估。成立后的省级学位委员会,不断完善自身的工作职能,为本地区的研究生教育发展做出了重大贡献。

国家教育委员会1986年12月10日发布了《关于改进和加强研

究生工作的通知》,在充分肯定自1978年恢复研究生招生和1981年实施学位制度以来,研究生教育取得的显著成绩,在招生、培养、管理和学位授予等方面积累了不少经验的同时,明确指出目前存在的主要问题,其中,部分学科的招生计划紧密结合四化建设的需要不够;现行的招生与入学考试办法对考生缺乏全面考核;研究生的培养规格单一,对实际能力的培养重视不够,思想教育工作较薄弱,教学管理制度不够完善;对研究生的毕业分配的宏观指导不够。这些都需要从招生、培养和毕业分配等方面予以改进和加强,以便更好地适应社会主义现代化建设的需要。明确了我国研究生教育的指导思想,对发展速度、发展规模、培养层次、培养规格、招考制度、培养模式、毕业分配等问题做出了规定。从此,我国研究生教育体制正式进入改革探索时期,当然这时的改革远未达到计划和市场结合模式转向的高度,转向是在改革实践中一步步完成的。

首先是按需招生培养。1988年8月,国家教委、国家计委、财政部、人事部联合发出《关于进一步改进研究生招生工作的几点意见》,提出在研究生招生工作中要坚持按需招生的原则,研究生教育主管部门通过发布编制研究生招生计划来控制研究生教育规模和调整研究生的培养结构。其次是扩大规模和提高质量。1991年4月,全国人大通过《中华人民共和国国民经济和社会发展十年规划和第八个五年计划纲要》,提出研究生教育要采取稳中有升的方式进行发展,要不断加大对研究生教育的投入,增强研究生教育的规模与质量。自此,我国研究生教育进一步明确了改革的方向,完善了学位授予权的审核办法,细化了研究生教育的各项指标与要求,丰富了我国研究生教育的培养类型。开始筹备省级的学位委员会,为下放硕士审批权作准备;设置专业学位和在职人员以同等学力申请学位的制度。再次是完善研究生教育体制。1992年3月,国家教育委员会、国务院学位委员会制定了《研究生教育和学位工作"八五"计划和十年规划要点》,提出:实行多渠道投入、分批支持的方针,着力加强博士点和高等学校重点学科点的建设;大力加强研究生指导教师队伍建设;继续做好研究生教育的改革工作,在满足教学、科研岗位人才需要的同时,努力适应我国经济建设和社会发展各方面的需要;做好研究生教育和学位工作的法制建设工作等目标与任务。同时,对实现目标所采取的措施进行了规定。这份文件的出台,标志着我国研究生教育体制改革进入深化改革时期。最后是与市场经济接轨。1993年2月,国家教育委员会、国务院学位委员会制定了《关于学位与研究生教育改革和发展的若干意见》,提出"要努力探索与社会主义市场经济体制相适应的、有中国特色的研究生教育和学位制度"。1995年11月,国家教委发布了《国家教育委员会关于进一步改进和加强研究生工作的若干意见》,提出"建立和完善与社会主义市场经济体制和政治、科技体制相适应的研究生教育体制"。

在这一阶段,深化改革成为研究生教育体制建设的重要方向,取得了比较满意的成果:实行研究生教育中央和省级两级管理、以省级统筹为主的体制基本得到建立;完成了博士生指导教师审批制度改革,提高招生单位的办学自主性;成立了专门机构对研究生教育质量进行评估与检查;优化了学科结构,推进了我国学科建设的发展;拓宽了我国研究生专业学位的发展。这些目标的实现,为我国研究生教育进行快速发展期奠定了坚实的基础。为有效推进改革,保障我国研究生教育的良性发展,进一步在优化研究生培养模式,丰富了研究生教育培养类型,开展研究生教育质量的评估与检查等方面加大改革力度。积极引入社会质量监督和评估机构制度。1994年7月,国务院学位委员会建立"高等学校与科研院所机构学位与研究生教育评估所",这标志着我国高等教育的质量监督和评估工作已由国家集中评估逐步过渡到社会评估、第三方评估。这种转变,不仅降低了研究生教育的行政色彩,而且增加了研究生质量评估工作的可信度,推动了我国研究生教育质量的发展。

(4) 第四阶段,1998—2002年,我国研究生教育在完成向计划和市场结合模式转向的基础上,继续改革和规模扩张时期。教育部1998年12月24日制定的《面向21世纪教育振兴行动计划》明确提出,"研究生在校规模应有较大的增长"。随后,教育部、国家发展计划委员会、人事部于1999年10月11日共同发布了《关于编制2000年全国研究生招生计划的通知》,就研究生招生规模问题进行了明确规定,提出要加快发展。1999年12月,教育部发布《关于加强和改进研究生培养工作的几点意见》,明确了我国研究生教育工作的基本方针:"深化改革,积极发展;分类指导,按需建设;注重创新,提高质量。"鼓励有条件旳招生单位在研究生培养模式和学制等方面,根据社会对不同学科、不同类型研究生的要求进行扩大招生。2000年,我国研究生招生规模明显扩大,比上一年度增长28.6%,此后两年,研究生招生规模环比增长都在20%以上。从此,快速增长的规模成为这段时间我国研究生教育的重要特征。我国研究生教育一跃成为研究生教育数量大国,但还不是强国。

21世纪前三年,我国研究生教育规模迅速发展,研究生教育招生单位数量迅速增加,国家对研究生教育的投入也飞快增长,研究生教育的各项改革继续深化,对专业学位研究生的发展推动更是明显。由于2000年到2002年三年间的研究生招生数量的猛增,我国研究生就学规模的迅速扩大,使得研究生教育数量和质量的矛盾突显出来。尽管研究生教育质量与数量的争论日益激烈,我国大学生规模超过其他国家,但高层次人才培养方面无论与发达国家相比还是与自身需求相比,都还有较大差距。2012年我国博士生毕业总数为

5.6万人,约为美国的40%;硕士生毕业总数为56万余人,不到美国的70%"。所以,从发展趋势上讲,我国研究生教育仍有扩大研究生招生的氛围和动机。提高培养质量问题是研究生教育事业健康发展的关键。

(5) 第五阶段,2003年至今,我国研究生教育强调质量建设,努力向研究生教育强国迈进,创新型人才教育理念提出和实施阶段。国家综合国力的竞争力是人才的竞争,人才的核心价值是创新能力。研究生教育是培养高端人才的工程,是培养创新人才的基地。经过30多年的发展,我国研究生教育已经具备提高培养质量的基本条件,2003年启动了"研究生教育创新工程"(又称"研究生教育创新计划"),要求各招生单位要着力提高我国研究生教育的质量,这标志着我国研究生教育的发展战略开始转型,由重视发展规模向重视教育质量转变,把研究生教育质量的提升作为我国研究生教育工作的核心任务。

围绕着"研究生教育创新工程"的进一步推进,2005年教育部印发了《教育部关于实施研究生教育创新计划,加强研究生创新能力培养,进一步提高培养质量的若干意见》,明确提出"努力使我国研究生培养质量和研究生教育的整体水平接近或达到发达国家水平,为实施科教兴国战略和人才强国战略奠定坚实的人才基础。"随着创新型国家建设战略的开展,我国于2010年发布了《国家中长期教育改革和发展规划纲要(2010—2020年)》,指出"提高质量是高等教育发展的核心任务,是建设高等教育强国的基本要求"、"充分发挥研究生在科学研究中的作用"和加快创建世界一流大学和高水平大学的步伐,培养一批拔尖创新人才。2014年,国务院学位委员会、教育部正式发布了《关于加强学位与研究生教育质量保证和监督体系建设的意见》、《学位授权点合格评估办法》和《博士硕士学位论文抽检办法》等三个文件。这是自 1978 年恢复研究生教育以来,国务院学位委员会、教育部首次印发有关学位与研究生教育质量保证和监督体系建设的文件。这标志着我国将系统构建以学位授予单位为第一质量主体的研究生教育质量保证和监督体系,教育行政部门将更多地实施事后和宏观监管,改变过去以政府为主、重视准入保障的模式。

纵观我国研究生教育事业的发展,粗分也可为为三个阶段：第一阶段,建国至改革开放前,计划培养模式阶段。改革开放初期沿用计划模式时期不过是计划模式向计划和市场结合模式的过渡。第二阶段,改革开放后恢复研究生教育至 2013 年以前的 35 年,是研究生教育的"规模和数量扩张阶段"。该阶段是我国研究生教育的重要里程碑,其主要贡献是通过规模扩张、学位授权点布局以及学位类型结构的调整,使我国跨入了研究生教育大国行列。第三阶段,2013 年以来研究生教育的"注重质量和培养创新阶段"。该阶段的任务就是提高研究生教育质量,使我国实现从"研究生教育大国"向"研究生教育强国"的转变。

1.1.3 我国研究生培养的基本模式

研究生培养质量不高,创新能力不强,是我们在研究生教育培养过程中暴露出来亟待通过改革解决的问题。解决这些问题必须从教育观念和培养模式入手。

(1) 我国的研究生教育学科专业设置。根据国务院学位委员会、教育部文件《学位授予和人才培养学科目录设置与管理办法》(学位〔2009〕10 号)和《学位授予和人才培养学科目录》学科门类和一级学科的分类办法,学科门类和一级学科是国家进行学位授权审核与学科管理、学位授予单位开展学位授予与人才培养工作的基本依据,二级学科是学位授予单位实施人才培养的参考依据。学科门类是对具有一定关联学科的归类,其设置应符合学科发展和人才培养的需要,并兼顾教育统计分类的惯例。一级学科是具有共同理论基础或研究领域相对一致的学科集合,原则上按学科属性进行设置。二级学科是组成一级学科的基本单元。我国研究生教育包含哲学、经济学、法学、教育学、文学、历史学、理学、工学、农学、医学、军事学、管理学、艺术学13个学科门类。各大门类一级学科下,都有博士研究生和硕士研究生培养。有些二级学科设学位授权点,进行学科专业博士研究生和硕士研究生培养。

(2) 我国的研究生培养机构及其学制。2014年全国教育事业发展统计公报数据显示,全国共有培养研究生单位830个,其中普通高校548个,科研机构282个。我国具备马克思主义理论学科专业硕士点的研究生培养机构共322个。马克思主义理论一级学科的前身是马克思主义理论与思想政治教育。经过马克思主义理论一级学科设立前10年的学科建设,全国马克思主义理论与思想政治教育博士点共计28个。截至2013年12月31日,全国普通高校现有马克思主义理论学科点分布在全国30个省级行政区。其中,一级学科和二级学科博士点分布在全国21个省级行政区,一级学科和二级学科硕士点分布在全国28个省级行政区。马克思主义理论博士学制一般为4年,硕士学制一般为3年,基本实行学分制,各学位培养和授权单位可根据实际学制年限适当增减。[1]

(3) 我国的研究生培养导师资格及其遴选标准。2006年以来教育部推动实施了研究生培养机制改革,其核心是建立以科学研究为主导的导师负责制和资助制。导师在研究生教育中的作用至关重要,高水平、高素质的导师队伍是提高研究生培养质量的根本保障。根据国务院学位委员会有关文件的规定,"硕士生指导教师应是副教

---

[1] 艾四林,吴潜涛.《高校马克思主义理论学科发展报告(2013)》第7页,高等教育出版社,2014.11.

授(副研究员或相当职称)以上人员,有教学和科学研究工作的经验,有公开出版或内部发行的著作;或曾在全国学术刊物上发表论文,颇得好评;或主编过全国性通用教材,并且目前正在从事或指导研究工作。""对于担任外国问题研究的指导教师,在外语方面应有较高的要求。"我国研究生导师指导制度以单一导师制为主体,师生关系以建立在导师权威基础上的师徒关系为主,但科研伙伴关系(主要是博士)也已成为一种重要的师生关系模式。随着科学研究在研究生教育中的重要性日益提高,研究生与导师平等的科研关系模式将被更广泛地接受,研究生参与导师课题的热情很高,很多研究生参与了导师的科研项目,博士研究生参与导师课题的比例更高,硕士研究生参与导师课题的比例正在提高,其中,理科、工科、农科、医科研究生的参与比例高于人文社会科学研究生。目前,高校的全日制硕士专业学位研究生导师队伍建设刚刚起步,尚缺乏系统完善的建设和管理机制,大多沿用学术型研究生的培养方式方法,一定程度上影响了研究生教育的发展。马克思主义理论学科尚未设置专业学位。

1.2 我国研究生教育质量基本判断

我国研究生教育过程比较严谨规范。《高等教育法》第五条规定,"高等教育的任务是培养具有创新精神和实践能力的高级专门人才,发展科学技术文化,促进社会主义现代化建设。"研究生教育是培养高层次、创造性人才的主渠道,也是知识创新、科技创新的重要发源地。提高我国自主创新能力,提升我国的国际竞争地位,在很大程度上取决于人才培养,特别要提高创新型研究生的培养规模和质量。

1.2.1 我国研究生教育的重要成就

改革开放以来,我国研究生学位制度从无到有,研究生培养能力从弱到强,研究生培养规模从小到大,极大地提高了我国科研水平,为我国经济社会发展各项事业培养了大批优秀的高级专门人才，对我国社会进步和发展做出了历史性的贡献。

（1）为经济社会发展培养了大批高层次人才。我国的研究生教育，在60年里为国家培养了数以百万计的高层次人才，大批研究生成为我国各行各业、各条战线、各项建设事业的中坚力量，为国家经济社会的发展提供了宝贵的人才资源。目前，企事业单位的高级经营管理者、各行业中的高水平科学技术人员，各级各类教育单位的教授专家，研究生几乎都成为其中的中坚力量。我国自己培养的博士、硕士也逐步成为一流科学家、一流艺术家、一流教育家、一流经营管理者、一流工程技术人员等群体的主要来源。截止至2015年，我国在学研究生总数约为179.4万人；改革开放后30多年间我国共培养博士研究生49万人，硕士研究生426万人，研究生教育为我国经济社会发展注入了源源不断的活力。统计数据显示1997年我国研究生报名人数是24.2万人，2011年我国研究生报名人数已经增长到169.1万人。从录取人数来看1997年是5.4万人，到2011年已经达到了56.95万人；从录取率来看，1997年是21.1%，2011年达到了33.7%。从培养规模来看，目前我国是世界上除美国以外第二大研究生培养国。[1]

（2）在科学研究的贡献上，研究生科研成果占重要地位。据文献报道，1988年的SCI、ISPT、IRS三个检索系统中，我国发表论文数量最多的前10名作者中，位居榜首的是中国科技大学的一位博士研究生，当年发表论文14篇；据1989年的SCI统计，我国科技论文产出最多的前10名作者中，复旦大学的一名理论物理学博士研究生以发10篇论文而排名第二；同样统计SCI1985～1987年我国单篇论文

---

[1] 陈潜，杨江帆.研究生综合素质的提升与途径，西南农业大学学报（社会科学版），2011.11.

在三年内被引次数最多的前10名作者中,有两位博士研究生入围,且排位并列第四。这说明,研究生在科研中的群体效应日益突出,成为科学研究中一支不可忽视的、强大的生力军。

(3)在专业技术岗位上,研究生发挥着日益重要的作用。随着我国进入经济发展新常态的形势要求,经济发展更加依赖于科技产业和转变生产方式上来,提高劳动生产率更加依赖高科技产业的推动,研究生在基本科学研究与实践中做出了突出的贡献。随着研究生人数增多和技术岗位高层次人才需求日增,在技术岗位人员的比例上,受过研究生教育的比例日益提高,为我国科学成果的技术转化和技术发明创新奠定了基础。领导干部也是一种职业,干部岗位是更高水平的专业技术岗位。我国各级党政领导干部、企业高级管理人员中,研究生所占比例越来越大,研究生教育在一定程度上成为担任主要领导岗位必备的历练过程。研究生教育为国家各项事业发展提供大量高层次人才,研究生已成为国家经济建设事业的中坚力量。

总之,我国研究生招生数量大规模增长,培养质量不断提高,实现了跨越式发展,为中国特色社会主义建设事业培养了大批人才,成就很大,这是基本判断。

1.2.2 我国研究生教育发挥了重要作用

(1)研究生教育成为国家经济稳定发展的助推器。第一,新中国成立以来,特别是改革开放三十多年来,中国经济健康发展,国家逐渐从经济崩溃的边缘成长为今天经济总量位居世界第三的经济大国。在这种发展中,我国研究生教育发挥了重要的助推作用。当今中国经济领域的理论学术骨干、产业行业管理骨干、经营管理骨干几乎都以我国自己培养的博士、硕士为核心;中国经济体制改革的理论原理支持单位、重要经济政策的研究单位,几乎也都是以从事研究生教育的高等学校、科研院所等为中坚力量。第二,研究生教育成为推动和保障社会转型、社会进步的重要力量。新中国成立以来,社会发展突飞猛进,在这当中,研究生教育发挥了重要的推动和保障作用。主要表现在:研究生教育为社会转型、社会进步提供了必不可少的人才支持,为社会进步提供了理论原理、舆论导向的支撑。无论是我国从农业社会向工业社会的转型,还是从工业社会向信息社会的转型,在三十多年改革开放的社会巨变中,学位研究生教育始终发挥着人才供给、思想理论供给、制度政策供给的战略保障作用。

(2)研究生教育有效提升了我国教育、科研水平,有效增强我国的核心竞争力。第一,研究生教育全面提升了国家高等教育的整体水平。研究生教育是我国高等教育的组成部分,也是其中具有标志性和引领性、支撑性的部分。改革开放三十多年来,我国研究生教育代表着和引领着中国高等教育发展的方向,对高等教育中其他部分的发展发挥着重要的支撑作用。目前,中国高等学校大多数教师都是我国自己培养的博士、硕士,高等学校有较高水平的科学研究项目和成果,主要也是由博士研究生导师、硕士研究生导师承担和创造的。研究生教育所创造的育人环境和基本设施条件对高等学校的整体发展,对高等教育规模的拓展和质量的提升发挥着非常显著的作用。第二,研究生教育促进和保障了高水平学科的建设与发展,促进了科学技术的发展与进步。研究生教育与学科发展之间是密不可分的互动关系。高水平的研究生教育需要高水平学科的支持,高水平学科的建设也需要以研究生教育的发展作为基本条件。目前,我国具有一定标杆地位的国家重点学科所在单位,几乎无一例外,都是研究生教育的实施单位。研究生教育需要学科营养的滋润,研究生教育同样也为高水平学科的发展注入了足够的压力、充沛的动力,提供了优质的学科发展资源,提供了高水平学科发展所需要的物质条件、软环境条件和其他各种支撑条件。研究生教育所支持的高水平学科发展已经成为我国科学(包括哲学、社会科学、自然科学、人文科学、管理科学、技术科学等所有科学在内)技术发展与进步的重要动力和来源。目前,我国重大科学技术开发项目的承担者、重要科学技术的发明者、重要人文社会科学传世之作的作者,绝大多数都是研究生教育培养单位的工作人员;国家重要奖项(如国家科学技术进步奖、国家级教学成果奖等)的获得者绝大多数都是研究生导师;中国科学院、中国工程院两院院士大都是博士研究生导师,两院院士中已经有相当一部分是我国培养的硕士、博士,目前这一比例还在逐步增长。

(3)研究生教育促进了文化繁荣,保障了人们精神生活与物质生活水平的同步提高。第一,改革开放三十多年来,我国研究生教育坚持了自然科学与人文社会科学并重的原则,极大地促进和支持了我国人文社会科学的发展,进而进一步促进了我国文化的繁荣,保障了人们在不断提高物质生活水平的同时,同步提升了精神生活的水平。我国人文社会科学工作者队伍的主体部分是从事研究生教育的高等学校教师和科学研究机构的研究生导师,这支队伍在本世纪初就有80%左右的成员是我国自己培养的博士、硕士。目前全国重大、重要人文社会科学研究项目几乎都是由研究生导师承担的,有重要影响力的传世之作和对经济社会发展有重大应用价值的成果,也基本上是由他们创造的。研究生教育的承担者实际上已经成为我国人文社会科学繁荣发展的主要力量。研究生教育承担者为主体的人文社会科学工作者创造的成果,为优秀中华文明的传承作出了不可磨灭的贡献,也为满足人们日益增长的精神文化需求提供了丰沛的文化产品供给,确保了我国人民在物质生活条件不断改善的同时,同步提升精神文化生活的水平。第二,研究生教育全面提升了整个同家和民族的道德素养、文化素养、科学素养、技术素养。我国的研究生教育是以培养高层次人才为目标的,在一定意义上,它就是要使人得到全面的发展。研究生教育不仅使数以百万计的中国人成长为有特殊专长的专业人才,更重要的是,这项教育的实施使千百万中国人从身到心获得了全面的发展,从而在整体上提升了我们这个国家、这个民族的道德素养、文化素养、科学素养、技术素养。目前,我国享受过以及正在享受着研究生教育的人群虽然在全部人口中所占的比例还不高(每千人不足1人),但随着研究生教育的进一步发展,将会有更多的人可以享受到这种教育,将带来整个国家和56个民族基本素养的提升。

(4)研究生教育促进和保障了国防建设和国家安全建设。主动服务、积极支持国防建设、军队建设和国家安全建设,是我国研究生教育的特色之一。研究生教育首先为军队和国防建设、国家安全建设提供了最为宝贵的高层次人才支持。我国目前已经形成了一个与客观实际发展需要相适应的、特色突出的军事研究生教育体系,多渠道、多方式地为军队和国防、安全系统培养了大批优秀的高层次指挥人才、管理人才和技术人才。目前,我国军队的中高级指挥员基本上由系统、正规的研究生培养单位培养。研究生教育已经成为支持国家"人才强军"战略的全面实施的主要力量。我国国防和安全建设所需要的现代军事和安全技术,绝大部分都是我国自主研发并投入实际应用的。军队内部和外部承担研究生教育的高等学校和科研院所是这些技术及其应用的主要研究和开发利用者,研究生教育已经成为国家重要军事安全技术的供给者,成为国防与国家安全现代化的重要推动力量。

1.2.3 我国研究生教育质量有待提高

研究生教育是我国社会经济发展的要求,也是建设人力资源强国的必由之路。从当前的总量和今后的发展要求,并对比国际和发达国家的经验和培养模式总体分析,我国研究生教育规模实际上和社会需求仍有相当的差距,我国研究生的劳动力市场需求依然存在缺口,在工、商业界非学术性岗位对研究生的需求涨势明显。但是,当前全球经济发展低迷,我国处于跨越"中等收入陷阱",改革进入攻坚阶段的关键时期,出现一般性人才失业,高层次创新型人才短缺的现象。

为什么高层次创新型人才短缺,研究生却就业难?硕士生教育规模过快发展、高校硕士生培养体制滞后、用人单位观念的转变以及硕士生的就业心态是造成硕士生就业形势严峻的诸多原因。其中,高校硕士生培养体制滞后,培养的很多研究生质量不过关或与社会需求脱节,是就业难的重要原因。培养目标中缺乏创新。1998年《中华人民共和国高等教育法》的规定:"硕士研究生教育应当使学生掌握本学科坚实的基础理论、系统的专业知识,掌握相应的技能、方法和相关知识,具有从事本专业实际工作和科学研究工作的能力。博士研究生教育应当使学生掌握本学科坚实宽广的基础理论、系统深入的专业知识、相应的技能和方法,具有独立从事本学科创造性科学研究工作和实际工作的能力。研究生教育的目的主要是为创新型国家建设培养高素质、高层次创造性人才。那么,研究生教育体制改革的目标应当以培养具有创新精神和创新能力的人才为己任,积极投身于知识创新与科技创新活动中,为国家的经济建设和科技发展做出应有的贡献。我们必须用发展的眼光来推动研究生教育观念、教育制度和体制、教育内容和方法等方面的开拓创新,找出制约拔尖创新人才培养工作的主要问题,不断深化教育改革,合理配置教育资源,提高教育质量和管理水平,谋求规模、结构、质量和效益相统一的发展,全面推进素质教育,使拔尖创新人才脱颖而出。应该创新选拔、培养具有创新性拔尖人才的研究生教育体制,努力构建培育创新性拔尖人才的制度环境,推动国家战略转型。

调查发现,有些学位点在研究生培养方面真的是有名无实,研究生培养的硬件、软件未完全具备,研究生培养质量没有保证。有些高校缺乏研究生培养管理理论与方法,还停留在本科教育的模式阶段。在培养计划方面,有些高校研究生培养计划内容不全面,基本就是课程和学分计划,只体现了研究生学习和科研的一部分,缺乏阅读文献计划、实践计划、实验计划等;在课程及考核方面,研究生可选修课程少,课程内容更新不及时,课程理论性强,应用性不足,课程考核形式单一,缺乏对研究生课程学习的综合评定;在科研活动方面,研究生潜心钻研、探索的氛围不浓,研究生进行科研活动硬件设施不健全;在导师指导方面,导师科研素质不高,培养人才的能力和手段也不高,导师与所带研究生之间有效科研沟通交流少,导师对研究生缺乏创新指导;在毕业论文管理方面,学校对毕业论文的审查程序不严格,忽略甚至省略某些审查程序,对毕业论文无严格的要求及相应的惩罚措施,致使毕业论文写作中研究和创新的内容少,资料堆砌的成分多。

在研究生就业难的诸多原因中,最突出的原因是研究生创新能力没有达到"研究生"应有的高度,结合当下经济社会发展形势和条件,研究生加强创新能力培养已迫在眉睫,提高培养质量,走内涵发展道路,刻不容缓。

1.3 研究生创新培养与就业质量

知识经济的核心是知识创新,知识创新是把握未来机遇的能力。高质量的研究生将是知识创新的源泉,创新精神和创新能力培养是研究生教育的核心任务,培养研究生的创新能力是提高就业质量的关键。

1.3.1 我国研究生就业情况

随着我国社会主义市场经济制度的确立和实施,作为高层次人力资源的毕业研究生的配置方式也随之发生了重大的转变,目前我国毕业研究生的就业工作采取了"国家宏观调控、各级政府和学校推荐、学生和用人单位双向选择"的模式。在这种以市场为导向的人力资源配置方式下,竞争是不可避免的,研究生严峻的就业形势引起了社会的广泛关注。

(1) 冷门学科就业率低。不能带来经济效益因而收入低的学科,往往不受社会重视,人们称这为冷门学科或冷门专业。中山大学公布的《2014届毕业研究生初次就业率统计表》显示,就业率最低的专业有法律史(33.33%)、急诊医学(33.33%)、文物与博物馆硕士(40%)、民俗学(50%)、口腔临床医学(50%)、生理学(50%)、遗传学(58.33%)、植物学(58.33%)、中国现当代文学(62.5%)等,其中文物、民俗指向性强,但社会需求过少。医学、现当代文学专业性强,但毕业生远远大过岗位需求,现当代文学又存在对口岗位少的情况。北京是全国教育文化中心,高校多、毕业生多,就业机会也多,历年来都是就业率和就业质量较好的地区。北京市教委官网2015年12月31日发布《2014年北京地区高校毕业生就业质量年度报告》,对北京90所高校2014届硕士毕业生截止2014年10月31日的就业数据进行了汇总分析。截至2014年10月31日,2014届北京地区高校毕业生共有22.3万余人,其中专科(含高职)毕业生3.4万余人,本科毕业生近11.3万人,硕士毕业生6万余人,博士毕业生约1.5万人。北京地区高校有87所高校就业率超过90%,有3所高校就业率未达到90%。从不同专业来看,工学、医学、经济学和管理学是求职成功率较高的专业,而哲学、文学求职成功率则普遍偏低。据千里马校园网发布的《2015年研究生群体就业数据调研报告》显示,研究生首次就业率高低差距很大,高达100%的专业有计算机、新闻学、工商管理、电气工程、工业工程等专业;医学、教育管理、中外政治学等专业则较低;教育管理专业硕士首次就业率低至5.56%。不同学科就业率情况差异很大,以至于社会上流行着"热门专业"与"冷门专业"之分,将财会、管理、法学、电气工程、土木工程等专业归入热门专业,将农林、历史、哲学等专业纳入冷门专业。之所以这样划分,一个重要的依据就是就业的冷热,"热门专业"就业相对较容易,"冷门专业"则就业相对困难。所以,就业率影响学科招生不言自明。

(2)热门学科就业率高。一般说来,就业率高的学科和专业,人们称之为热门学科或热门专业。"热门"是相对的和动态的。工学门类下最受关注的三个专业中,车辆工程近几年平均就业率达到90%,是十个专业中最领先的一个,电气工程及其自动化、土木工程均以88.33%的就业率居于榜眼的位置。可见,这三个专业当下的就业情况还比较理想,这与近些年汽车、电气、建筑等行业蓬勃发展相对应。发展空间大,社会需求量大是专业受追捧的原因。车辆在现代社会中使用广泛,汽车整车及零部件的设计开发、车身及造型设计、车辆电子技术应用、车辆的性能测试与试验研究、汽车制造工艺、工装以及生产管理等与之相关的行业的发展需要拥有相关专业技术的人才,因此车辆工程专业的需求量增加。相比而言,管理学科较前几年相比,有所降温,曾经大热门的物流管理专业近三年平均就业率由98%降为86.67%,工商管理、会计学专业平均就业率由96%降为83.33%。这告诉我们:"热门学科"是动态的,不一定一直拥有稳定较高的就业率。就业质量高低的学科是随着社会需求的变化而变化的。如我国二孩政策放开后,儿科医生急缺,儿科专业就业率就会提高;老龄化社会来临,老年护理专业就业率就会成热门;国家大力推广新型城镇化建设,土木、建筑、规划等专业就会热起来。社会需求量制约"热门专业"的变化,经过一个阶段发展,就业岗位基本饱和,如果招生继续"热度不减",就会导致就业难。如英语、法律、会计、物流管理等专业对应行业或社会需求已经进入平稳发展阶段,现阶段的人才能满足就业市场的需要,因此也就没有较大的缺口。

(3)女研究生就业困难。女硕士研究生就业率低问题是当下研究生就业问题的一个重要部分,从一定意义上说,研究生就业难最严重的是女研究生就业难。国家实行"双向选择"的就业制度后,把用人单位和求职者纳入到的劳动力市场,让用人单位通过统一自主招聘获得员工,毕业生通过竞争获得职位。由于劳动力市场供大于求,用人单位想尽各种办法筛选毕业生,这使相对处于劣势的女性受到严重影响。随着近几年研究生不断扩招,女研究生的比例在不断扩大,在硕士研究生这个群体中,男女硕士的比例:2010年,全国女硕士首次超过男生占50.36%,比男生多了近万人;2012年,全国143万余硕士研究生中,女生已比男生多4万人。然而,根据《全国高校毕业生就业状况》表明,顶着"高学历人才"光环的研究生群体越来越大,就业率却没有随着学历层次而提高,研究生就业率反而与他们高学历成反比。自考研人数首次突破百万的2005年开始,一直到2009年,硕士生就业率连续下降,尤其是,到了2009年,首次出现硕士研究生的就业率低于本科生的情况,特别是在2010年,从学历层次上看,在博士、硕士、本科和专科毕业生中,硕士生就业率是最低的。调查数据显示,55.2%的用人单位公开公布招聘中考虑性别因素;就业后有56.7%的女研究生职位为普通员工,在管理岗位的男研究生比女研究高3%以上。女硕士就业难问题,一方面造成社会人力资源浪费,就业机会负增长,另一方面还会产生相关"男女是否平等"、"女性就业歧视"等一系列社会问题。女硕士研究生在生理上进入生育年龄的独特性、求职方向趋于安全稳定的偏向性,使得她们的就业难问题显得特别突出,如何才能提高她们就业质量和就业满意度,帮助她们充分实现个人价值,值得社会深入思考。

1.3.2 研究生就业情况分析

(1) 整个社会就业形势非常严峻,持续增长的毕业生人数与有限的岗位需求产生了较为尖锐的矛盾。近些年研究生教育的高速发展势头强劲,由此带来的硕士毕业生人数的快速增长,近 10 年内硕士研究生的数量呈明显上升态势,总量大、增幅高是突出特点。同时,社会待业和再就业人类也在增长,据有关部门统计,我国目前已进入劳动年龄人口增长高峰期,今后几年全国城镇每年新增劳动力 1000 万人,另外还有 1400 万下岗失业人员,每年需要安排就业人员达 2400 万人,而社会新增就业岗位约 1000 万,每年劳动力供大于求的缺口在 1400 万人左右。

(2) 在严峻的就业形势和硕士研究生大规模扩招的背景下,用人单位对硕士研究生的需求相对下降。企业类用人单位更青睐于本科毕业生,而高校、科研院所主要招聘博士研究生,硕士研究生就业"高不成低不就"的处境较为尴尬。硕士研究生就业率和就业质量,不仅低于本科生,甚至低于专科生。据智联招聘调查数据显示,2015 年应届硕士毕业生投递简历平均 24.9 份,获得 5.9 次面试,平均获得 2 个并不满意的工作机会。《2014 年北京地区高校毕业生就业质量年度报告》调查结果显示,已就业的毕业生,对已落实工作的满意度评分为 74.2 分;专业与岗位相关度评分为 74.7 分;预期在现有岗位工作三年以上的毕业生占 52.3%。其中马克思主义理论专业在 108 个专业(一级学科)中就业情况排在中游。通过工作满意度、专业与岗位相关度、岗位工作预期数据说明,就业率尚可,但实际情况是男生就业好,女生就业差。毕业生质量和就业机会都有优势的首都北京尚且如此,其他地方的研究生就业率和就业质量可想而知,不能达到就业预期。社会发展的客观问题和社会分工带来的差异使得不同专业间的需求不平衡。硕士研究生能否顺利就业,很大程度上取决于市场的需求,而当今社会对职业的分化越来越细,各种岗位对专业化程度的要求也越来越高。在这样的形势下,应用性较强的专业如计算机应用、通讯、土建、机械、医药等专业需求旺盛,毕业生就业情况良好。而学术性较强的专业如教育学、历史、政治、法律、经济学等专业则需求甚少。马克思主义理论专业只有偏向学术研究型的专业,社会需求相比较少,价值教育和培养方向的固定化、程式化,也使得马克思主义理论研究生就业形势不好。所以,现在统计的学术型文科研究生就业率很多是低质量的屈就式就业或暂栖身式就业,就业岗位与从业者素质相当的工作满意度和专业与岗位相关度高的不是很多。

（3）研究生培养缺乏"需求侧"意识。社会需求是决定研究生培养数量和质量的根本。研究生学科、专业、课程设置,知识能力的培养,必须及时适应社会需求与时俱进。我国研究生基础课程比重过大,重视基础理论知识学习,轻视理论前沿知识的追踪;重视中规中矩的科研训练,轻视专业理论知识与社会实际结合研究;满足于传统、成熟模式培养,轻视社会迫切需要,跟进创新式培养。造成研究生就业后的适应期、工作经验、专业能力及素养方面明显不足,短期内看不到与本科生甚至专科生的区别。

（4）研究生综合素质亟待提高。第一,应试教育理念下培养的研究生,往往眼高手低,缺乏实践训练。他们注重知识储备,重视学习专业知识,但对知识的体验尤其是实践能力的培养重视不够。现实中,很多用人单位希望硕士研究生直接或经短期培训就能胜任工作。社会需要更多的是应用型人才。研究生实践方面的缺乏与我国研究生教育相关制度有关,就业率低就业质量差的学科,大多仍处在研究生教育初期水平,重视专业性知识的储备,忽视实践锻炼与培养阶段;就业率高就业质量高的学科,多是培养的懂理论会实践的应用型人才。第二，缺乏精确培养，轻视职业规划教育。我国大学生和研究生的职业教育规划起步较晚，改革开放前的计划经济时期，大学生和研究生毕业即分配工作，入学即实行专业培养，个人无需规划；改革开放后，大学生和研究生自主择业改革初期，人才需求较大，很少出现就业难的问题，尤其是研究生供不应求，研究生毕业要选择给予优厚待遇的单位，职业规划没有提到议事日程上来；随着我国高等教育发展速度加快，人才市场由短缺发展到相对过剩，用人单位择优录用意识越来越强，大学生和研究生的综合素质与职业规划与就业质量的关系显现出来，自觉职业规划利于就业，疏于规划面临失业。高校最近才开始注意扭转职业规划的薄弱环节，在大学生中开展职业生涯指导。直到今天，高校对研究生求职能力的培养仍未给予足够的重视。研究生择业过程中多存在撞大运式的盲目投递简历或面试过程仓促上阵捉襟见肘的现象，远未做到充分准备、理性应聘。第三，欠缺创新培养，学生学习力和创造力不足。在当今社会中的学习力和创造力事实上是一种现代社会适应力，研究生必须尽快适应创新创业的现代环境，适应服务单位的文化氛围，适应工作岗位的客观需求，适应人际关系的错综复杂。应试教育大背景下培养的研究生，从校门到校门，死读书读死书造成高分低能，缺乏创新，墨守成规，没有创新意识，到了工作单位缺乏自觉学习和主动参与能力，有时还不如本科生甚至专科生适应得快，所以有些用人单位宁用本科生不用研究生。

1.3.3 创新培养与研究生就业率

研究生就业形势根据研究生的就业率和就业质量两部分进行分析，就业率的统计相对简单，就业质量不仅要客观数据统计，还要进行主观评价。

（1）研究生就业统计方法需要改进。现行的研究生就业统计主要是就业率的统计。国家对就业的形式和统计方式进行了界定,按学校的主管部门、学历层次、两个时点对外公布就业率,并对就业率的计算公式进行了说明,在较大程度上反映出研究生就业的实际情况。但目前的研究生就业统计也存在着一些问题,主要集中在统计时间、统计方法、统计指标和指标体系、统计对象和统计依据等方面。统计时间为每年的7月底和12底,不能反映就业动态。统计研究方法主要是大量观察法和统计报表法。大量观察方法考察问题不深入,只有和典型调查结合,才能加深对研究生就业问题的认识。而收集资料的统计报表方法,统计资料不全面、不能如实说明问题。目前的就业统计的指标主要是就业率,不分层次、类型和专业,容易以偏概全,容易造成各学科间不切实际地攀比,从而误导教育改革。此外,研究生就业率仅反映了就业数量的问题,对就业质量和就业层次缺乏真实地反映,不能完全涵盖复杂的研究生就业过程,更不能反映研究生就业后的进步空间和发展速度。当然,既然是一种统计方法,总有一定的道理,其结果总能反映一定的就业问题,研究生就业难问题是确实存在的。

(2)就业和就业质量概念需要商榷。就业的含义是指在法定年龄内的有劳动能力和劳动愿望的人们所从事的为获取报酬或经营收入进行的活动。如果再进一步分析,则需要把就业从三个方面进行界定:一是就业条件,指在法定劳动年龄内,有劳动能力和劳动愿望;二是收入条件,指获得一定的劳动报酬或经营收入;三是时间条件,即每周工作时间有一定的长度。关于就业质量,国内学者普遍认为是指从业者与生产资料结合并获得报酬或收入情况的优劣程度。主要包括从业者的工作收入、工作环境、个人发展前景和对工作的满意程度;还包括用人单位的满意度、家庭的满意度、社会的满意度等。研究生就业质量是指研究生在整个就业过程中与生产资料结合并获得收入和发展的具体情况之优劣程度的综合反映。笔者认为,研究生就业质量还应该包含"研究生的素质"内容,即"研究生就业质量是指在整个就业过程中研究生的素质与生产资料结合并获得收入和发展的具体情况之优劣程度的综合反映。"首先,研究生的素质是指研究生从事该项工作的能力总和,包括所学专业、德智体条件。其中专业与岗位相关度即专业对口,能够学以致用是就业质量的重要内容。虽然研究生培养"厚基础、宽口径"后,强调复合型人才,专业对口并不贴切,但是,专业与岗位相关度,就业岗位与研究生的综合素质相关度,应该是评价就业质量的重要方面。其次,研究生就业质量是兼具主观性和客观性的综合判断。剖析上述表述可以发现"研究生的素质与生产资料结合并获得收入和发展的具体情况"是一个客观存在,而"具体情况之优劣程度"则具有主观判断成分,主观判断依据是什么?当然不能脱离"研究生的素质"。最后,研究生就业质量可以从微观和宏观两个层面来理解。从研究生个体来看,包括了一系列与其个人工作状况相关的要素,如薪酬福利、工作环境、工作时间、劳动关系等,都与"研究生的素质"密切相关;从一定范围(国家或地区)来看,宏观范围内研究生工作状况各要素的统计数据,如社会保险参与率、劳动合同签约率等,也与"研究生的素质"相关,一般说来,签约的,就业满意度高的,应该是"研究生的素质"比较好的。

(3) 创新能力与就业质量。知识经济时代,面对急剧增长的知识和信息,用人单位对人才的创新能力愈发重视,且要求愈来愈高,他们普遍青睐的是员工能较好地运用所学知识解决各种实际工作中的难题,因为这是人才创新能力的综合反映。创新能力造就创新成果的产生,创新成果决定着职业发展程度,职业发展程度又衡量着就业质量,因此,在研究生职业发展轨道上,创新能力成为影响就业质量的根本因素。

当今世界，创新无处不在，不管是什么领域、什么行业都离不开创新，都离不开创新人才。中国现代著名创新榜样马云说，和中国数以百万计的创业者一样，我只是一个普普通通的创业者。他自嘲他的创新过程是"盲人骑瞎虎"：自己眼睛是瞎的，骑着的老虎也是瞎眼的，一路颠簸到现在。他说，很多人都在创新，只不过 100 个创业者里，有 95 个在还没被发现时就已经死掉了，还有 4 个能事后找到他失败的原因，创业的成功率只有 1%。创业成功的人，千万不要认为自己比剩下的那 99 个人能干，只能说明他们不如你幸运。因为创业不是设计出来的，只能是在不断出现的问题中去解决一个个问题。很多问题的解决方案并不是非此即彼，当时分析几种处理方式都是正确的，但是现实只给了你单项选择的机会。我的创业成功无外乎是因为我们在当时答对了每个单选题，我更庆幸。他说他的成功同其他创新人才一样具有偶然性。他当时没有任何资源，是借了两万块钱开始，每天计划着下面的钱花出去能不能收回来。直到今天，他仍然特别谨慎：尽管我们现金储备可能是中国互联网最多的，但是我们在花钱的时候心里总很紧张，反复思量明天还能不能收回来。没有互联网，我们不可能做成这件事。今天，做成功了，我们依然说我们还不懂得互联网是怎么回事。我觉得我们得到的远远超过了我们付出的，我们这个时代的信任度、我们和用户的互相信任成就了我现在的公司。创新不是设计出来的，绝对不是提前就设计好，按图索骥地一步步走下来。创新没有理论，也没有公式，就是一个个地解决问题。我相信，天下有一千个问题，就有一千个回答。

世界上所有著名成功人士都不是天生的，其成功创新都是在非常平凡、非常具体、非常艰难的实践过程中成长起来的，其成功的秘诀就是立足现实岗位敢于创新、勇于进取并持之以恒。创新能力已经成为各行各业进步的必备技能，工作没有高低贵贱之分，行行出状元,所有工作都能施展聪明才智。

  创新能力是决定就业质量的根本。就业质量包括从业者素质与工作收入、工作环境、个人发展前景和个人、单位、家庭、社会等各方面满意度等内容。各方面都能综合达标的核心是从业者的创新能力:工作收入的高低与绩效挂钩,与创造性工作能力不可分割;工作环境是相对的,没有绝对的好和坏,环境创造人,人也可以创造环境,好的环境利于出成果,差的环境也可能利于有创造力的人快速全面发展;个人发展的前景当然与工作单位、工作岗位相连,但是,同样岗位人的前景各不相同,有些能通过创造性工作创造单位前景,有些能依托岗位成就个人才干,更多的是被动地由单位兴衰决定个人前景。有创造能力的人既看重单位的发展前景,更看重自己在单位发展中的前景;至于个人、单位、家庭、社会等各方面满意度,更是与个人的创造能力密不可分,只有立足岗位创造性地工作,为单位发展作出突出贡献,才能做到个人、单位、家庭、社会等各方面都满意。

  总之,影响研究生就业质量的因素很多,有社会因素,有学校和学科因素,有教师因素,也有学生自身因素。这里主要是从学科建设角度,分析学科自身存在的主要问题,概括起来说,一是课程设置缺乏创新内容,二是培养过程忽视创新能力,三是导师素质缺乏创新内功,四是提高就业缺少有效抓手。解决因高校研究生培养不力而造成就业率低和就业质量差的问题,研究生教育须在需求侧改革、实践能力培养、职业规划精确培养、创新能力培养等方面大胆改革。

第 2 章 中国高等教育创新培养分析

学生的创新培养不是新课题,中国高等教育发端于近代,创新人才培养的思想是蔡元培先生的贡献。从 1895 年建立北洋大学到 1917 年蔡元培任北京大学校长,人们对大学性质和如何办大学还没有清晰的认识,深受科举制度影响,学生仍以大学为取得官史资格之机关,升官发财之阶梯。蔡元培深受德国大学思想影响,任北京大学校长以后,提出大学必须"囊括大典,网罗众家"之言,坚守"思想自由,兼容并包"的大学理念。教学与科研并重,培养具有"硕学闳才",即创新人才的目标。强调通识,鼓励专攻,启迪智慧,归于创新。蔡元培的创新人才培养观是欧美教育思想的凝结和中国化,对于今天研究生教育仍有指导意义。

2.1 研究生创新能力培养原理

2.1.1 创新能力生成的内因

(1) 大脑是创新能力生成的物质载体。大脑是意识产生的器官,创新是人脑的意识活动形式之一。人的大脑由许许多多神经细胞即神经元所组成,神经元就是意识产生、贮存和活动的物质载体。现代脑科学研究发现,大脑神经元总数约为 1000 亿。每个神经元又伸出许许多多枝叉,其中有轴突和树突。而轴突和树突都同相邻的神经元或其他神经元形成一对一的接触,称突触,一个突触好像一个电路开关。所以,人的大脑好像一台有 1015 个开关的电子计算机,这比目前世界上最大的电子计算机还要大许多倍。

(2)智力因素是创新能力形成发展的基础。智力因素通常是指记忆力、观察力、思维能力、注意力、想象力等,即认知能力的总和。它是人们在对事物的认识中表现出的心理性功能,是认识活动的操作系统。

观察力是查看外界客观事物的能力。人通过观察直接感知事物,观察是认识世界的重要途径,观察包含着"观"和"察"两层意思。前者表示看,后者表示分析、辨别。因此,观察的完整意义应该是"看并且仔细辨别"。对于创造而言,观察是获取素材、寻找机遇的必要手段。创造力的开发离不开观察能力。首先,观察力能使人积累丰富的资料,为创造打下坚实的基础。创造不是闭门造车,更不是胡思乱想。有效的创造发明往往要掌握在对客观世界丰富材料的基础上,才能突破和超越。其次观察力能为创造提供良好的机遇。机遇对于创造来说是有利的外因,要想抓住这个外因就要培养敏锐的观察力。

记忆力是指记住经历过的事物,并能将它再现或再认识的能力。记忆的过程包括三个阶段,第一阶段我们称为编码阶段。第二阶段我们称为短期记忆阶段。长期记忆是记忆的第三个阶段。从本质上说记忆力不能直接产生创造,但是对创造却有促进作用。对创造来说,记忆是从大脑中提取储存的过程,记忆力越强,能提取的材料越多,也就有利于创造。研究生阶段同样有要记忆的内容,它是创新的基础。

理解力是对某个事物或事情的认识、认知、转变过程的能力。理解力是人的智力前提,是最初的智力渊源。理解力从最初的蒙昧状态到不惑和明白,这就是认知过程,任何人的智力都是其理解力的表现。一般人不具备良好的理解力,因而是一般人或平庸的人,在很多场合都是随着别人的理解而生活,就像在行为上依靠别人的肩膀生活。研究生阶段的训练主要是理解力的训练,创新由此而生。

想象力。想象力是人类创新的源泉,是在头脑中创造一个念头或思想画面的能力。想象力的伟大是我们人类能比其他物种优秀的根本原因。因为有想象力,我们才能创造发明,发现新的事物定理。如果没有想象力我们人类将不会有任何发展与进步。爱因斯坦之所能发现相对论,就是因为他能经常保持童真的想象力。牛顿能从苹果落地而想象到万有引力这一个科学的重大发现,都是因为有了想象力。再造想象是根据记忆、他人的言语描述或图形的示意,在头脑中形成相应的形象的过程,是一种再创造。但相对于创造性想象,其创造性水平较低。创造性想象是根据一定的目的、任务,在人脑中独立地创造新事物的心理过程。不是根据现成的描述再造出事物的形象,而是对现有知识和经验的重新加工、组织和整合,生发出新的知识和经验,从而在头脑里独立地创造出新的事物(形象),是一种创造。

思维能力:指人们在工作、学习、生活中每逢遇到问题,总要"想一想",这种"想",就是思维。它是通过分析、综合、概括、抽象、比较、具体化和系统化等一系列过程,对感性材料进行加工并转化为理性认识及解决问题的。我们常说的概念、判断和推理是思维的基本形式。无论是学生的学习活动,还是人类的一切发明创造活动,都离不开思维,思维能力是研究生阶段学习科研训练活动的核心诉求。思维能力包括理解力、分析力、综合力、比较力、概括力、抽象力、推理力、论证力、判断力等能力。它是整个智慧的核心,参与、支配着一切智力活动。

（3）非智力因素在创新能力中的特殊作用。非智力因素在创新活动中有着重要的作用，在一定条件下，非智力因素的作用比智力因素的作用还要大。从情感、意志、兴趣、性格等非智力因素与智力因素对研究生的创新能力的发展与发挥作用上看，很多情况下，非智力因素的作用远远比智力因素强。这是因为，创新是以一定的条件为基础的，如一定水平的智商，健康的体魄等没有这些必备的基本要素，创新无从谈起，但特别高的智商很多时候往往并不是创新的先决条件，况且，创新能力是所有人都具备的一种基本特性，问题只是能否在一定的环境条件下发挥出来以及发挥的程度有多大而已。在现实生活中，我们往往片面夸大智力在创造活动中的作用，而忽视情感、意志等非智力因素的参与。虽然创新过程是激烈的智力活动过程，但不仅仅是冷冰冰的智力活动，它同时也应是强烈的情感活动过程。怀着崇高的研究动机，具有热情和动力，创新技能更容易取得丰硕的成果。因此，重视研究生创新活动中的非智力因素的培养，已成了关系到他们创新能力的发挥、关系到国家的繁荣富强的一个极为重要的因素。

动机是内部动因和外部诱因结合而成的心理状态，是个体发动和维持其行为的主观原因。一个人从事学习或者其他活动的积极性的大小，与其动机密切相关。一般地讲，一个人对自我的某些需要越迫切，其转化为愿望和动机的可能性就越大。动机是从事创造活动的出发点。虽然常"想"创造的人不一定都能有创造成果，但一个从来也不去"想"创造的人，则可以肯定他什么东西也创造不出来。每个人都有一定的创造力，但不少人没有意识到这点，或者说没有创新意识，总是对自己说不行，从不有意识地激发自己的创造力。在实际生活中，他们往往真的断送了自我创新的原动力。因此，一个人应该经常问自己有关创造方面的问题,只有长期沉浸在这种心理状态下,一旦时机成熟,才会顺利进入创造境界。如果一个人只顾被动地汲取知识,很少能"想"创造的问题,这就意味着,他的创造力是被自己抹杀的。因此,一个人要想有创造力,必须注重有意识地激发自己的创造动机。家长、教师要保护和激发孩子的创新力,学生应该把学习、创造与自己终身的奋斗目标联系在一起,为了实现目标而孜孜以求。

意志。意志是非常重要的非智力因素,它是为了实现一定的目标并根据这个目标来支配、调节自己的行为,从而实现目标的心理状态或心理过程。也是人们为了达到预定目的,运用自己的智力和体力,自觉地进行活动,自觉地向困难作斗争。意志总是通过人们的行为表现出来的,但并不是任何行动都有意志参加。学生的学习是一个循序渐进、日积月累的过程,这个过程是艰苦的,需要持之以恒,坚持不懈,靠的是顽强的毅力。如果学生缺乏坚韧的品格,学习钻研活动往往会遇到困难半途而废。为了远大的目标,我们应该控制自己与实现大目标相悖的情绪和行为,不被眼前的短期利益和严重的困难所干扰,这就是毅力。毅力是在抵抗干扰的过程中表现出来的,也是在与各种诱惑作斗争的过程中发展起来的。具体而言,学习中的创造活动虽具有明确的目的性和方向性,但并不都是一帆风顺的,经常会遇到巨大的障碍和众多的困难。要想排除障碍、克服困难,意志起着异常重要的作用。坚强的意志能发动创造,取得创造性成果,能制止诸如涣散和半途而废之类的消极行为,能调节自己的心理状态和行为,使创造得以坚持并取得成功。总之,意志是创造力的可靠保证。

情感。情感是人对客观事物是否符合其需要所产生的态度的体验。积极乐观的情感对学习有增力的功能,能有效地提高学习效率;

消极悲观的情感对学习则有减力的作用。所以,情感是学习的重大激励因素和抑制因素。稳定的、品质良好的情感能够提高认知的积极性和创造性,人的思维也会变得更活跃,想象会变得更丰富,从而促进智力的发展,推动创造性思维。因为积极乐观的情感有利于人们更好更多地接受外在刺激与知识,而在创造活动中的美好情感体验,又会促使人们不断地去创造发明。换言之,人们热爱生活、热爱工作、热爱学习、热爱大自然,才会积极投身其中,才会有饱满的热情去发现和创造它的美。情感在学生的学习中好比是心理之"车"的发动机和能源,离开了情感,学生的心理之"车"就不能奔驰。为了有效地促进学习,发展自我创造力,我们必须有积极乐观的情感,自觉克服消极心境,控制不良激情,从而对创造活动充满热情。

兴趣。人类的一切创新活动都是有目的的活动。作为创新主体的创新活动最初具有一定的盲目性和随机性,继而具有一定的指向性。不论是随机性的创新还是指向性的创新,都对创新起着定向作用。当一个人对某种事物发生浓厚而稳定的兴趣时,他就能积极地思索该事物,大胆地去探其本质,并使人的心理活动积极化,对有关事物的感知主动化,对事物的观察变得比较敏锐,逻辑记忆加强,想象力丰富,情绪高涨,克服困难的意志力也会增强。随着创新活动的深入和创新主体体验的逐步深化,兴趣就转变为强烈的创新动机,兴趣也就对创新活动具有定向和动力的双重作用。

2.1.2 创新能力开发的外因

(1) 创新能力开发与社会需要。社会大背景影响创新方向和内容。历史上曾多次出现创新型人才辈出的时期,一般情况下,政治稳定、社会安定时期都会大批量出现器物创新型人才,例如封建社会唐宋年间,科技成就居于世界领先地位。资本主义上升阶段的19世纪末20世纪初,西方国家的科学技术和创造发明活动也曾出现迅速发展的高潮。反之,动荡社会的器物创新能力受到阻碍,思想创新蓬勃发展。例如百家争鸣出现在春秋战国时期,伟大的马克思主义理论出现在无产阶级的反复斗争中。

进取的社会风气营造良好的创新氛围。社会风气是一个时期普遍流行的习惯和方式。社会风气会对人们的思想和行为产生潜移默化的影响。良好的社会风气能大大调动社会成员的创造积极性。在我国春秋战国的"百家争鸣"时期,关于政治制度、伦理道德、文学、艺术、哲学、宗教和历史等各个问题的大争论促进了思想的大解放,创建学说一时蔚然成风。在短短的两三百年间,形成了对后世产生深远影响的儒家、道家、墨家、名家和法家等众多优秀文化遗产。欧洲中世纪以后的文艺复兴时期也出现过艺术创新的风气,人们热衷于以神话和宗教为题材,反映新的思想认识和道德观念,结果也使人的个性与创造力得到充分解放,涌现出一批大师巨匠和传世之作。达·芬奇和拉斐尔的绘画、米开朗基罗的雕塑等就是其中的代表。

在形成良好社会风气的过程中,社会舆论能起到重要的导向作用。对于创造成果的出现、创造型人才的产生,能不能给予及时的社会承认和必要的宣传鼓励,直接影响到创造力开发的工作能不能持久和提高的程度。奥斯本有一句名言:"创造力是何等娇嫩的一朵鲜花,赞扬能让她盛开怒放,而泄气则常常使她在蓓蕾之中夭折。"这段话生动而深刻地说明了社会舆论对创造力开发的重要影响。

(2)创新能力开发与家庭环境。家庭是孩子成长的摇篮,孩子接受的早期家庭教育、父母的模范榜样作用、父母对孩子的教养方式以及父母对教育的重视程度,在孩子创造性思维能力的培养中起的作用非常重要。

(3)创新能力开发与学校教育。学校是学生接受正规教育的主渠道,创新意识和创新能力在学校形成。教师正确教学观和教学方法,和谐的师生关系和学生科学的学习方式,对于包括创新能力培养在内的综合素质提高至关重要。

第一,教师的教学观。教学观是指教师对教学的本质和过程的基本看法。研究表明,教师的教学观一经形成,就会在他们的头脑中形成一个框架,影响到他们对教学过程中具体事物和现象的看法,以及在教学中的决策和实际表现,进而影响到学生的创造性思维能力的培养。我国教师所持的教学观的一般类型包括以下几个方面:传授知识的教学观、应付考试的教学观、发展能力的教学观。

第二,研究生导师必须树立发展能力的教育观。该阶段教学的目的是促进学生创新能力的发展,导师只不过是一个领路人,一个帮助学生组织学习的人。教学内容、教学效果都要着眼于学生对世界和问题看法的转变。导师在科研和治学态度方面应当成为学生的榜样,注意潜移默化地促使学生转化,使学生成为具有独立精神和积极进取态度的人。

研究生阶段学生的学习方式提倡发现式学习。从教育心理学角度讲,学生的学习方式有接受和发现两种。接受式学习是本科阶段之前,尤其是中小学阶段主要的学习方式。学习内容是以定论的形式直接呈现出来的,学生进行学习的主要方式是同化,学生是知识的接受者。研究生阶段导师必须引导学生发现式学习。学习内容是以问题形式间接呈现出来的,学生学习的主要方式是自主和顺应,学生是知识的发现者,把学习过程之中的发现、探究、研讨等认识活动显现出来,使学习过程更多地成为发现问题、提出问题、分析问题、解决问题的过程,强调培养学生的自主学习能力。发现式学习,有利于学生积极地发挥自己的主体作用,主动去学习,不让老师牵着鼻子走,能用科学的方法主动探求知识,敢于质疑问难,有利于个性充分发展,有利于学生创造性思维能力的形成和发展,对培养未来需要的创新人才具有重要意义。

总之,创新能力培养必须综合治理。创新能力培养属于现代教育的核心部分,需要社会、家庭、学校三位一体综合治理。要明确家庭、学校和社会在创新教育方面各自的责任、任务和目标。按照教育生态系统理论,要注重创新教育的整体关联和动态平衡,通过家庭、学校、社会各系统之间的协同效应提高整个教育系统的质量。多元智力理论和全景教育理论为我们加强学校、家庭、社会之间的合作以发展儿童智能强项和改善儿童智能弱项提供了思路。这些理论为学校、家庭与社会教育的相互合作提供了坚实的理论基础。

2.1.3 创新培养与就业

(1) 研究生和本科生培养具有重要区别。在整个高等教育体系中,本科生教育属于大众教育层次,研究生教育则是精英教育层次。本科生教育着重"双基"(基本理论和基本技能)和实际动手能力。研究生与本科生的不同在于他们已经有了深厚的理论功底,对知识的掌握更为系统和专业化,研究生应该具备科技创新能力。研究生教育正是社会发展和科技进步对高层系创新人才需要的产物,因此研究生也应该是具有创新精神与创新能力的高层次创新人才。换句话说,本科生阶段奠定学习基础,培养的是通用人才,主要任务是学会学习;研究生阶段则是培养具有研究和创新能力的专门人才,该阶段的任务上升到学会研究和创新。相对本科学生,研究生阶段的身心发展基本达到了成熟程度,具备了进入高层次学习所必需的专业基础、能力素质、心理准备。此时他们正处在精力最充沛、思想最活跃、求知欲最强烈、创新精神最旺盛的阶段,同时他们还应具有相当的实践经验,这些条件使他们的学习更具有独立自主、研学结合、求深求新的特征。研究生创新能力存在于研究的对象性活动中,是一种理论和实践结合过程中改变现存事物,创造新事物的本质力量。培养研究生创新能力,就是培养他们利用已有的知识和技能,根据客观情况的变化而认识问题、解决问题,获得创新成果的能力。

(2) 研究生培养要适应社会的期望和要求。21世纪是"知识经济时代",人类社会的发展从农业经济到工业经济,再到知识经济,这不是以人的意志为转移的,是人类社会发展进步的必然。知识经济时代,其发展动力来自于知识的生产、传播和应用,知识成为第一生产力要素。知识成为资产,知识经济具有知识化、可持续性、资产无形化、全球化等时代特征。知识经济的核心是知识创新,或是把握未来机遇的能力。作为高级知识分子的研究生,知识经济既是机遇也是挑战。一方面,知识经济时代的到来为知识分子发挥聪明才智提供了前所未有的舞台;另一方面,知识经济时代也向研究生提出了更高的要求和残酷竞争的局面。知识经济时代人才竞争国际化,优胜劣汰即时化。社会期望研究生不仅有坚实的理论知识功底,更要有国际视野和创新精神、创造能力;不仅会学习能创新,还必须适应社会善于沟通;不仅能干事,而且善于带领别人干成事,即具有管理创新能力。总之,知识经济时代要求研究生具备知识创新、管理创新的能力,具有适应千变万化的世界的综合能力。

(3) 创新能力是研究生的主素质。研究生处于创造心理的觉醒期:研究生的年龄一般处于18—35岁之间。从发展心理学的角度看,这属于青年晚期和成年前期,处于创新心理的觉醒期。一方面,这一时期的个体,学习速度减慢,但思维深度增加,对工作表现出较强的毅力。在创造活动中,自我意识逐渐变强,智力水平得到很大发展,能够全面完整地认识世界,是创造力培养的黄金期;另一方面,由于这一时期,特别我国应试教育培养的学生,个体的知识结构并不完善,缺乏实践经验储备,所以导致思维敏捷,但不善于利用灵活的创造性思维,有灵感,但是不善于捕捉。长期的应试教育限制了他们创新思维的发展,把他们培养成了习惯于思维定势的人,习惯了传统、习惯了习惯,早期教育就限制了他们应有的反叛精神和怀疑精神,不敢甚至不愿意对旧有的知识和经验问"为什么"。多数在校研究生都是"从校门到校门"的学习机器,他们虽然较少受到社会上闲杂思想的干扰,但他们在过去的学习阶段里也较少接受创新思维的培养和训练,以致创新意识比较淡漠。这是中国研究生教育改革的当务之急。

中共中央国务院《关于深化教育改革全面推进素质教育的决定》明确指出:"实施素质教育,就是全面贯彻党的教育方针,以提高国民素质为根本宗旨,以培养学生创新精神和实践能力为重点,造就'有理想、有道德、有文化、有纪律'的德智体美等全面发展的社会主义事业建设者和接班人",它不仅廓清了"素质教育"的概念,而且把培养创新精神和实践能力视为素质教育的关键。因此,研究生的素质中"创新精神和实践能力"应该成为主素质。具体说来,研究生的素质包括德育(政治理论、思想素质、品德表现);智育(专业理论、创新意识、科研能力、学术水平)、身心(体能、技能、心理素质);美育(审美欣赏能力);实践能力(社会实践活动)。缺乏创新能力就谈不上创新和创造。研究生的生理与心理条件适合创新能力的培养,也急需创新能力的培养。创新能力培养是时代赋予研究生教育的历史使命,应该成为今后研究生素质教育中的主素质。

2.2 我国学科建设特色溯源

学科建设要处理好专业课程设置的严整与学生知识结构的完整的关系;学生认知能力的养成与创新素质的培育关系;学说理论的内容发展与学说理论的创新规律关系;教育教学与培养创新能力的关系。

2.2.1 中西结合的教育传统

（1）中国传统教育的根基

第一，中国传统教育及其教育观念。中国传统教育是指中华民族长期形成的、已定型的教育遗产，是已经成为实际的教育历史实体，是中华民族文明进化过程的教育渊源。中国传统教育包含的内容十分广泛，主要包含：中国儒家的传统教育；中国道家的传统教育；中国佛教的传统教育。其中，儒家传统教育是核心根基。

① 重视教育的社会作用。中国传统教育认为教育问题实质上是社会问题。《礼记·学记》开篇即道："发虑宪，求善良，足以謏闻，不足以动众；就贤体远，足以动众，未足以化民。君子如欲化民成俗，其必由学乎！玉不琢，不成器；人不学，不知道。是故古之王者建国君民，教学为先。"意思是说，执政者发布政令，征求品德善良的人士辅佐自己，可以得到小小的声誉，不能够耸动群众的听闻；如果他们接近贤明之士，亲近和自己疏远的人，可以耸动群众的听闻，但不能起到教化百姓的作用。君子想要教化百姓，并形成好的风俗，就一定要重视设学施教！玉石不经雕琢，就不能变成好的器物；人不经过学习，就不会明白道理。所以古代的君王，建立国家，统治人民，首先要设学施教。同时，《礼记·学记》还引用《尚书·兑命》的话曰："兑命曰，念终始典于学。其此之谓乎！"旨在重点强调君王治国始终要以设学施教为主。可见，中国古代的教育思想中，把教育看成是国家大事，并且把教育放在至关重要的位置上，认为教育可以培育国家需要的人才，可以形成社会的道德风尚。孔子把教育作为治好国家的三大条件之一，认为，治理国家，除了使人口增加、百姓富足之外，还要加强对人民的教育，只有这样，才能实现国家的真正强盛。孟子强调教育在社会政治中的地位，明确提出"善政"不如"善教"的教育观点。董仲舒继承了孟子的"善教"思想，主张用教化作为防范百姓造反的

"堤防",认为教化的作用远远大于刑罚。宋代的朱熹,将重视教育的眼光投向未来,反复强调国家办教育应"以明人伦为本"。

②强调教育的必要性。孟子认为,人之初,性本善,加强后天教育,对于人的健康成长是十分必要的。他说:"人之有道也,饱食、煖衣、逸居而无教,则近于禽兽。"(《孟子·藤文公上》),认为接受教育是人立身的关键,如果一个人只注重物质生活,而不加强精神教育,那就和禽兽没有什么区别了。教育的目的是提高内在修养,即启发人的内在道德自觉性,启发人的内心自觉,教育人如何"做人",如何在现实生活中实现其"治国平天下"理想的入世精神,强调的是通过教育获得对自身的肯定。

③主张德育和智育相结合。将德育和智育相结合,是中国古代教育的一个重要特征。中国传统教育强调把道德教育放在首要地位,但同时也不忽视知识教育的作用,德育和智育形成对立统一的关系。据《周礼·地官·保氏》记载,周朝的贵族子弟八岁入小学,教育的主要内容是"六艺":"一曰五礼,二曰六乐,三曰五射,四曰五驭,五曰六书,六曰九数"。礼乐主要是道德教育,但其中也包括一些基本知识和技能;射驭书数主要是知识技能教育,但其中也渗透着德育的内容。从这六大方面教学内容的设置来看,中国古代教育十分注重德育和智育的相互结合。孔子说:"好仁不好学,其蔽也愚。"[1]董仲舒也说:"仁而不智,则爱而不别;智而不仁,则知而不为。"这说明,中国古代教育是反对偏执一方,主张德育和智育并重的。

④教育的目标。突出表现在《大学》中教育的三大纲领:"大学之道,在明明德,在亲民,在止于至善。"大学教育的首要目标是"明德",是加强道德修养;第二个目标是"亲民",就是"泛爱众而亲仁",

---

[1]《论语·阳货》

不仅自身要保持向善之心,而且还要将向善之心推广开来,去亲爱广大的民众。朱熹解释为用自己的德性去感化人。反映在政治上,就是儒家所倡导的仁政思想。第三个目标是"止于至善",也就是要达到道德修养的最高境界。

第二,中国古代教育的教学思想。中国古代教育思想总结出了许多很有价值的教学方法和原则,为后来的教学活动提供了宝贵的借鉴。

① 因材施教。就是要从教育对象的实际出发,针对教育对象的具体情况,选择符合实际的教育内容和教育方法,使受教育者能够各尽其才。因材施教的最早实践者是孔子。"孔子教人,各因其材。"[1]他特别注意观察和了解学生,并根据学生的具体情况进行教学,发挥学生的特长,弥补学生的不足。

② 启发诱导。是一种可以调动学生积极性的教学方法。孔子就特别善于运用这一方法,他说:"不愤不启,不悱不发,举一隅不以三隅反,则不复也。"[2]"愤"就是很想把某一问题弄明白却还没有明白、心中因此而烦闷的心理状态,"悱"则是思考某一问题已经心有所得,想要说出来却不知如何去表达。在这两种情况下,学生都有着强烈的求知欲望,这个时候去教导他,就会收到事半功倍的效果。颜渊曾感叹:"夫子循循善诱人,博我以文,约我以礼,欲罢不能。"[3]孔子善于对学生循循诱导,用文献去丰富学生的知识,用礼节去约束学生的行为,使学生想停止学习都不可能。

③ 学思结合。就是要将学习和思考这两个环节密切联系起来,既重视学,又重视思。孔子说:"学而不思则罔,思而不学则殆。"这句

---

[1] 朱熹《论语集注》
[2] 《论语·述而》
[3] 《论语·子罕》

名言是对学、思之间密切关联、不可偏废的关系的恰当概括和总结。他在《论语·季氏》中曾提出"君子有九思",说明他是十分重视思考。他还说:"吾尝终日不食,终夜不寝,以思,无益,不如学也。"[1]又强调不能只思不学。朱熹继承并发展了孔子学思并重的教学思想,特别强调学思结合,他说:"学便是读,读了又思,思了又读,自然有意。"如果只读不思,必不知其意味;只思不读,纵使晓得,终是不牢靠。只有读得熟又思得精,才能心、理合一,永远不忘。他明确指出了学思脱节的两种弊病:"今学者有二病,一是主私意,一是旧有先入之说。"[2]前者缘自只思不学,后者起于只学不思。

④ 教学相长。是指教和学之间存在着相互制约,相互渗透,相互促进的对立统一关系。《礼记·学记》说:"学然后知不足,教然后知困。知不足,然后能自反也;知困,然后能自强也。故曰:教学相长也。"教学活动并不是单向的知识传授过程,而是师生双方都能受益的双向互动过程。师生双方在教学过程中同时得到提高。

第三,中国传统教育的应试教育弊端

① 中国教育传统是农耕文明的产物,重基础,求稳定,轻变化,轻创新,与海洋文明、工业文明的教育有很大差别。一千多年不变的科举制度,是应试教育的前身。以考试升学为目的,不重视智育,体育,美育的全面发展。科举制度始于隋朝,消亡于清朝末年。科举制度的诞生对半个世纪后的中国应试教育产生了巨大影响。

② "应试教育"采取急功近利的做法,一味传授知识,大搞"填鸭式"死记硬背教学,学生将所学内容会当做"真理"深信不疑,并以此应付考试,学习就是应试内容,教师忽视综合素质培养。"应试教育"磨灭了学生的兴趣与个性,不能培养学生的创新意识。

---

[1]《论语·卫灵公》
[2]《学规类编》

③ "应试教育"重视高分学生,忽视大多数的中等分数学生和低分学生。在"应试教育"下,一部分学生得到教学重视,最终在学术上取得较好成绩;而大部分学生受到忽视,严重者产生厌学情绪,片面发展,个性受到压抑,扼杀想象力,缺乏继续发展。"应试教育"不能最大限度地为每一个人学生创设良好个性最佳成长的空间,为社会的良性发展不断提供最大的创新动力。

(2) 西方教育思想的影响

1840年的鸦片战争揭开了中国历史的新篇章。外国侵略者用炮火轰开了帝国大门,中国社会被强行纳入世界资本主义体系,传统教育也开始步履蹒跚地走进近代。

第一,西方教育思想传入。传统教育遇到危机,西方近代教育观念的引进和传播,既打击了传统科举教育,又催生了近代新式教育。东渐的西学采取被动和自觉两种形式引进,为中国教育发展指出了新方向,一是通过西方传教士被动引进。早在明末清初,一大批传教士来到古老中国,揭开了西学东渐的序幕。他们在介绍西方科技知识的同时,也介绍了一些有关西方教育的情况,如高一志的《童幼教育》,论述了自胎教以致成人完备的人格教育;艾儒略的《西学凡》,记载了欧洲大学所授各科的课程纲要。但由耶稣会士所带来的,被引进的有限西学,未能起到促进中国教育改革的作用。二是通过留学生主动引进。甲午战争后,中国败局极大大刺激了中国知识分子"变法图强"向西方学习的自觉,开始选派子弟留学西方。随着走出国门直接面对并审视西方,对西方教育认识逐渐加深,对于西方教育以天文、地理、电学、火学、化学、重学等实学,给予极高的评价:课程简而严,教法详而挚,师弟间情恰如骨肉。进而,从学制、课程内容、教学形式、考试方法及各国教育发展概况等方面入手,着力介绍西方教育制度,这为近代中国的教育改革打下了坚实的基础。

学习西方科学教育思想。科学是西方社会走出中世纪的重要思想武器,又是近代社会的重要特征,西方教育思想中充满着科学精神,科学教育也成为西方教育活动中的一大特色。1880年传教士颜永京翻译了英国社会学家斯宾赛的《教育论》中的第一篇"什么是最有价值的知识",其科学教育思想对中国"重道轻艺"的传统教育观起到针砭作用。1898年严复和章太炎等辑译的《斯宾塞文集》出版,汇集了斯宾塞关于社会、科学和教育的著作,介绍了社会进化论观点和实证方法,从而使教育理论上了一个新台阶。清末著名传教士"中国通"丁韪良介绍了西方资产阶级民主主义教育思想家瑞士的裴斯泰洛齐的教育与生活相结合的教学方法。秀耀春进一步介绍了裴氏教育理论之内涵:教育的目的是保持人的本性、教育的任务是实现德智体全面发展、教育应强调知识和能力的结合等等。1899年江振声等翻译裴斯泰洛齐的《蒙养正规》,1901年王国维翻译裴斯泰洛齐的《醉人妻》,使裴斯泰洛齐的西方教育思想在中国广泛传播。

"经世致用"洋为中用的教育思潮。学习西方是为了借鉴西方发展中国。魏源发出"师夷长技以制夷"的呐喊,为传统经世教育与近代新教育的契合找到了切入点。19世纪中期,李鸿章、张之洞等洋务大员提出"中体西用"的教育思想。张之洞认为教育应以"中学为内学,西学为外学;中学治身心,西学应世事",也就是"以旧学为体,新学为用"。洋务派把西方自然科学技术和一些社会科学知识充实到教育内容中,为改革传统教育开辟了先路。维新派在变法运动中以西方资本主义教育理论为思想武器,对传统教育进行大规模批判与大刀阔斧改革。他们摆脱"中体西用"的束缚,主张"以政学为主义,以艺学为附庸",以自由、民主为核心,确立了资本主义教育思想。因此有人说:维新派的教育思想为新教育观的构建提供了理论坐标。

第二,中西结合的新教育观。

① 重新定位教育目的。传统教育以科举考试为中心,强化封建伦理纲常的灌输,为封建统治阶级培养人才,随着近代社会的急剧变迁,西方资产阶级学说的广泛传播,新式教育的出现,促使人们重新思考教育目的。魏源提出教育必须与现实相结合,认为教育不仅仅是统治阶级的工具,而是御侮图强的手段。容闳认为教育目的在于"造就一种品格高尚之人才",主张创办新教育,借西方文明之学术以改良东方之文化,使中国趋于文明富强之境,"使此老大帝国,一变而为少年新中国",教育不再是科举的奴婢,而是富国强民之术。郑观应认为教育目的是培养各类实用人才,主张以西学为内容,使受教者一科有一科之用,一人尽一人之能,以之制物则物精,以之制器则器利,以之治国则国富,以之治兵则兵强,以之取财则财足,以之经商则商旺。在戊戌维新时期,梁启超提出以培养"新民"作为教育目的,改变传统教育以升官发财为目的,缺少国家观念的教育,培养具有国家精神的新国民为教育宗旨。蔡元培也认为教育的宗旨应在启发青年由小己之观念进之于国家,而拓之为世界。一人自觉,而觉及人人。这表明近代教育的宗旨最终归结于培养具有自由、民主、平等精神的新国民。

② 开展"完全人物之教育"。学习西方近代教育重视德智体的全面教育,注重人的和谐发展。严复批评中国传统教育"偏于德育,而体智育皆太少",因此不能称之为全面教育。容闳强调全面教育的重要性,认为善于教育者,既注意学生道德之熏陶,以养成其优美之品格;又重视学生健身之活动,以增强其健壮之体魄。严复则以达尔文的进化论为理论依据,认为国之强弱存亡系于民力、民智、民德之高低,因此中国亟须实施"鼓民力、开民智、新民德"的教育,用资产阶级的自由、民主、平等思想代替封建伦理道德的灌输。1878年张焕

纶在沪创办的正蒙书院"举德智体三育而兼之"就体现了这一精神。他所编课程国文而外,兼授历史、地理、算术、物理、时务、诗歌,开设投壶、习射、击球、超距、卫生、习武诸科目,等等,都是进行"完全人物之教育"的实践,改变了传统教育只重道德感化与经典知识灌输的单一局面,顺应了时代进步要求。

③ 教育中高扬科学精神。科学知识是西方资本主义发展的内在动力。中国传统教育因深受"重道轻器"价值观念影响,将科学技术知识鄙之为雕虫小技。近代中国的落后挨打也正是由于科学知识的贫乏,因此人们大声疾呼以科学技术为教育内容。鸦片战争后魏源提出"师夷长技"之说,主张学习西方科学技术,冯桂芬建议设学校,采西学,"聘西人课以诸国语言文字"。郑观应主张把西学列为学校的必修科目。1866 年同文馆算学馆的设立使科学知识首次得以进入教育之中,此后洋务派创办的一系列学校都讲授声光化电等知识,维新派在其所创建的学习学堂中不但传授自然科学知识,而且还教授包括资产阶级政治学说在内的社会科学知识,扩大了科学知识的范围。这样科学在近代教育中找到了立足点。

④ 义务教育思想引入中国。早在春秋战国时期,孔子为了否定奴隶主贵族制,提出"有教无类"的教育思想,主张扩大受教育者的范围,肯定了任何人都有接受教育的权利,这为新兴地主阶级进入统治集团开辟了新的途径。但中国传统教育一起是少数人的特权:一方面,由经济地位决定和维护统治阶级地位需要,奴隶社会和封建社会的教育是极少数统治阶级子弟的教育,教育成了富人的特权;另一方面,由男权社会男女地位不平等决定,中国传统教育是排斥女子的教育,女子没有受教育的权利,教育成了少数男子的特权。中国传统教育剥夺了大多数人的教育权利,这种教育的不平等既违背了儒家"有教无类"的教育思想,更不符合近代义务教育精神。近代西方的义务

教育实际上就是普遍教育或全民教育，是自由、平等、人权观念在教育思想中的反映。林乐知在《文学兴国策》中详细介绍了美国的义务教育。对美国政府为了教育众人之心思才能，设立公学，供其经费，房屋器具，无不具备，入学者概不取资，男女同学，贫富不分。义务教育思想突破了教育成为少数人的垄断权利，推进了教育的平民化。

西方义务教育思想传入中国之后，进步人士纷纷主张在各州、县遍设小学、中学，各省设高等大学，对国民实施普遍教育。并提出教育必须普及，"及年不学，罪其父母"。正是在这种普遍教育思想的影响下，女子教育在中国首次被提上议事日程。郑观应、梁启超都提出在中国应开设女学，使妇女接受教育。

传统教育观念在近代的蜕变，新教育观的建立，是在学习西方资产阶级教育理论结合中国教育实践进行教育改革的完成的。

2.2.2 苏联教育模式的影响

苏联是社会主义"老大哥"，是新中国成立后中国共产党人全方位学习的榜样。苏联研究生教育模式首当其冲，成为俄国研究生教育模式的选择，至今在我国仍有影响。

（1）苏联教育模式的形成

18世纪中期开始，彼得大帝仿照法国和德国，在俄国创立了若干传授近代科学技术的专门学院和大学机构。到19世纪中期，像欧洲大陆大多数国家一样，俄国近代高等教育体制初步形成，完成了由注重大学纯研究逐步转向强调单科技术学院的转换。中央政府集权、各部门办学的管理体制在沙皇俄国时代已初具雏形。"十月革命"胜利后，为了培养苏维埃红色政权所需要的大批干部和投身社会主义建设的技术专家，苏联政府采取各种措施大力发展高等教育。特别是从1928年至1940年之间，苏联制订了三个国民经济五年发展计划，将高等教育的发展几乎完全纳入国家经济建设的轨道。到

1939年第二次世界大战爆发之前,所谓的苏联高等教育模式最终形成。

"十月革命"逐渐形成苏联教育模式:取消高等教育入学考试,鼓励工农子弟进入高等教育机构学习;在大学成立专门面向工人、农民和红军授课的工农学部;按照新政权的要求,调整和改革高等教育结构,进一步发展实用的单科技术学院,同时建立培养新政权干部的新大学;对高等教育机构内部学部结构进行改造,取消或合并不适应马克思主义思想和社会主义建设的学部,开设新学部或专业等,实行大学课程的社会主义改造。苏联教育新模式可以归纳为以下几方面:

第一,面向工农子弟、劳动大众等开放高等教育大门,无条件地招收无产阶级和贫农出身者。为进入高等院校学习的工农子弟、劳动大众和红军等成立专门的学部,开设特别的预备课程,为他们学习高深的专门知识打下基础。

第二,调整和改革高等教育结构,综合大学和人文学科领域学生减少,工科院校和工科技术类学生数大量增长,师范教育的迅速发展。

第三,高等院校内部的课程设置发生了相应变化。

① 设置不同的专业群,专业群之下设置不同的专业,在不同的专业之下,主要在工科领域,根据生产流程或产品生产过程,再划分为更为细致的专业种类。

② 在课程结构上,绝大多数的高等院校学习年限为五年,前两年开设公共必修课程,后三年开设专业课程以及专业实习等内容。公共必修课主要包括马克思哲学等、苏共党史、时事政治讲座等政治和社会科学,以及外语和各种专业基础课。

③ 在系之下成立教研室或教研组以增强教师间的联系。大学

的教学实际上主要通过教研室或教研组实施。

其四,加强教学管理,将教学过程基本作为生产过程进行管理,教学安排和教学环节主要由课堂讲授、课堂讨论、习题、答疑、实验、课程设计、毕业设计(论文)等组成,建立系统完善的教学管理制度。

(2) 对苏联教育模式的评价

第一,苏联教育模式的基本特点。与计划经济体制相连,对教育实行高度统一集中的计划管理;教育的重心放在与经济建设直接相关的高等教育,尤其是工程和科学技术教育上;教育计划与国民经济建设计划紧密相连,按产业部门、行业甚至按产品设立学院、系科和专业,确定招生和学生分配;国家对高等教育实行垄断,学生全部免费。简而言之,这是一种与计划经济、产品经济体制高度契合的、与动员型社会同构的教育制度。它可以集中国家资源,迅速培养大批高度专门化的"专家"。

第二,苏联教育模式的出现,对苏联的迅速强大起到了重要推动作用,但是也有其明显的弱点和弊端。

① 在理论教育内容上,苏联理论教育模式继承并发展了马列主义的基本原理,提出了不少独特的理论观点,对维护新生的苏维埃政权、保卫社会主义革命和建设的成果、取得反法西斯战争的伟大胜利等,具有不可磨灭的历史功绩。但在理论教育实践中也存在着教条主义和形而上学的缺陷,斯大林的言论被绝对化和神圣化了。

② 在理论教育体制上,苏联理论教育模式建立了高度集中的严密而完备的理论教育体制,思想界开展的对各种"反马克思主义的"、"非马克思主义的"、"违背党性原则的"、"自由主义的"、"资产阶级的"学派及其成员的理论和观点的批判,净化了理论教育的空气。在复杂的国际国内形势下具有一定的历史合理性,发挥了积极而不可替代的作用。但同时,事物都有两面性,高度集中的理论教育体制,

严格的书报检查制度,限制出版和创作自由等,也造成了人们的思想僵化保守,限制了人们的理论创新能力,甚至在一定程度上误导了人们对于社会主义的认识,给马克思主义理论教育带来了不利的负面影响。

③ 专业建设过于狭窄,人才综合素质不高,不利于人的全面发展和科技创新。

(3) 苏联教育模式传入我国

新中国建立前,中国共产党就着手以苏联"老大哥"为样板谋划新中国的各项事业,其中高等教育是一个重要方面。50年代初就开始有条不紊地改造旧教育:一是接管和改造旧学校,将所有接受外国津贴的学校和教会学校,以及私立学校改为公立;二是改革旧学制,颁布新学制,实行全日制学校、干部学校、业余学校并举,扩大工农和工农干部受教育的机会;三是清理教师队伍,对教师进行思想改造;四是对高等学校进行院系调整,以适应经济建设的需要。

1951年11月,中央教育部在京召开的全国工学院院长会议,会议指出,全国工学院地区分布很不合理,集中在沿海地区和少数大城市,师资设备分散,使用效益低;学科庞杂,教学不切实际,培养人才不够专精;学生数量远远不能适应国家工业建设的需要。根据优先发展重工业的方针,为适应高等教育满足培养经济建设急需的专门人才的需要,适应计划经济体制和统一分配毕业生制度的需要,决定1952年以华北、华东和中南为重点进行全国高等学校院系调整工作。高等学校院系大调整的方针是"以培养工业建设人才和师资为重点,发展专门学院,整顿和加强综合性大学",明确主要发展工业学院,尤其是单科性专门学院。调整的方式是根据苏联的大学模式,取消大学中的学院,调整出工、农、医、师范、政法、财经等科,或新建专门学院,或合并到已有的同类学院中去。调整的原则是:高等学校的内容和形式按大学、专门学院及专科学校三类分别调整充实。

1952年院系调整的主要动机,是将高等教育纳入为经济建设培养专门人才的轨道,加速培养工程技术和科技人才,提高教育效率和改变教育布局的不均衡状态。经调整,北京大学、复旦大学、南开大学等一批多科性综合大学改为文理科大学。清华大学、浙江大学、湖南大学等改为综合性多科性工业大学。全国综合性大学由55所减至14所,工科院校由18所增至38所,师范院校由12所增至37所。招生规模迅速扩大。工科院校的培养能力显著增强。提高了理工院校占高校总数的比例,改变了此前以文法科为主的学校和学科结构。通过增设工业专门学院,建成比较齐全的工科专业体系,改变了旧中国不能培养配套的工程技术人员的落后状况。经调整后,适当改善中国高等学校的布局偏于沿海和大城市的不均衡布局。

1952年的院系调整是一道分水岭,彻底改造了本世纪初仿效美、日形成的欧美大学的通才教育模式,全面模仿、移植苏联高等教育专才教育模式,形成了建国后新中国教育的基本面貌和价值品质。

(4) 苏联教育模式的负面影响

教育制度作为社会制度的组成部分,作为社会的文化和价值系统,它的变革对社会发展的诸多方面有深刻的影响。今天重新认识这种教育制度的变迁和当年的院系调整,不能不看到它既有重大贡献,也有弱点、失误和弊端。一方面,在当时特定的社会、历史条件下,50年代初按苏联模式重建的高等教育,总体上是适合当时政治、经济制度需要的,为我国的工业化建设和科学技术发展奠定了基础,培养了大批专门人才。另一方面,也确实存在一些严重的问题需要在改革中解决。

第一,严重削弱文科和综合性大学。现代教育既有人力资源开发,经济振兴,科技发展的国家功利价值;又具有促进社会政治、思想、文化、艺术的发展,保持和传递文化传统,维系和整合社会,以及陶冶人格等人性教化的非功利价值,而非功利价值主要是通过文科教育实现的。因而,发展中国家的教育,必须在大发展科技教育、专门教育的同时,保持教育的人文价值和人文内涵,重视普及教育和普通教育,防止教育的失衡和异化。多学科的综合性大学在高校中所占的比重急剧下降,一大批历史悠久的优秀的综合性大学失去了应有的价值和地位,被改为工科院校。尤其是错误地把文科教育与"资产阶级性质"的政治性结合,通过学科和课程改造,社会学、政治学、心理学等学科被停止和取消,一大批人文社会学科的教育学者备受批判冲击。"文科危险"和"文科无用"逐渐成为一种普遍的社会价值,酿成全社会经视、贬损文科,重视理工科的明显的"重理轻文"的倾向。

1980年,经"文革"后的拨乱反正和恢复发展,我国大学生中文科学生的比重达到8.9%。然而,据联合国教科文组织1977年的统计,在全世界1000万以上人口50个国家中,文科学生占在校大学生比重大于50%的有13个国家,26%—50%的有26个国家,20%—30%的有6个国家;18%—20%的有4个国家,中国竟然比这一比例最低的国家还低10%。这种重理轻文的倾向,不仅造成应用文科人才的奇缺,制约了社会现代化发展,而且严重削弱了学校的教化作用,致使学生在知识结构、价格结构上的片面畸形。科学与文化的割裂在现代中国表现得格外明显。

第二,人才培养过于专门狭窄,效益低下。以有计划、按比例培养各类专门人才为理想的专才教育,在现实的运作中却造成严重的比例失调。与计划体制相应的条块分割、部门所有的高校管理体制,造成重复设置严重,学校规模极小,高等教育效益低下。过于专门狭窄的专业设置和专门技能,与现代社会知识技术迅速更新、职业变换和社会流动加速的要求不符,是造成专门人才"专业不对口"、大量人才浪费的重要原因。

第三,大学教育中教书和育人脱节。按照苏联模式,大学成了培养专门人才"教育工厂",大学的功能和性质发生了深刻的变异。学校育人的主旨在专门教育的结构中被培养专家的目标所模糊,"做事"和"做人"的双重目标事实上被分离,"人"的教育被简化为政治理论教育,由独立于教学系统之外的专门机构、组织和人员进行,从而分离了应由教师承担的"教书"和"育人"的双重职能。政治课教师专门进行政治教育,专业课教师被剥夺了"人格教化和文化、道德教育"的功能,抽空了专业教育的人文内涵,使学校的教化作用不断衰微。

第四,大学教育与科研脱节。50年代初重建高等教育的同时,按照苏联模式建立起独立于大学之外的科学院所科研系统,从而取消了现代大学作为社会的科研中心的重要功能,造成教学与科研的脱离。在相当长的时间内,大学的科研十分薄弱,只具有单一教学功能。在大学内部,理工分家,专业课与基础课脱离,实验室与教研室脱离,基础理论与专业教育,教学、科研和实验之间界垒分明,各类人员功能单一,相当多的大学教师成为只事教学的"教书匠",造成学校与社会相脱离,理论脱离实际,学生崇尚书本知识,出现大批缺乏解决实际问题能力的"高分低能"学生,导致高等学校学术水平和教育质量的降低,教育资源的大量浪费。

2.3 中国创新教育的基础和优势

2.3.1 历史造就的教育优势

(1) 中国传统教育侧重培育社会管理人才

第一,培养维护社会稳定的社会人是高层次的创新教育。中国社会长期是以定居农业生产方式为基础的大一统封建社会,世代生存在一起的熟人社会相互依存,所以更强调人的社会性、求同存异、相互支撑。中国文化由于长期处于封建的农业社会,自然科学不发达,着重于人伦关系的调节。这与西方社会培养人的独立性,强调人的个人价值形成鲜明对比。宗法制治理结构、以儒家四书五经教条和治国理政策论为主要考核内容的教育结构、通过科举考试所产生的文官弹性结构等综合作用,导致了中国社会结构自公元前221年秦朝建立大一统皇权到公元1911年辛亥革命推翻清朝专制帝制期间2132年的超稳定,成就是世界上唯一五千年基因未断的文明古国,其中,能够不断创新的教育制度功不可没。因为,任何统治,随着时间的推移和作用的发挥,统治效力递减,统治地位危机,必须改革更新,没有创新的革新意识和作为,五千年延续是不可想象的。从根本上说,维护社会稳定的创新教育,比自然科学上的创新教育更复杂,层次更高,意义更深远。

秦国之所以能够统一中国,源自商鞅以后文人士子参政治国,保证了秦国社会稳定、国富民强、兵强马壮。汉之后从宋代以后,中国政治基本上就是文人的舞台,士大夫阶层的重要职业就是通过科举考试,进入政治,掌控政治。以维护封建统治阶级地位的科举体制为唐宋以来输送了大批名臣能相、国之栋梁。18世纪之前西方人对中国政治秩序的赞美,突出表现在对中国社会"超稳定"结构的感叹,都认为科举制为社会输送了取之不尽的有教养有学识的人才,是中国对世界文明的一大贡献,因而将这个制度引向西方,构成后来西方文官体制的一个重要因素。据一些学者的研究,19世纪中期从英国开始的文官制度,也有相当部分来自科举制的"制度移植"。作为"天朝上国",中国文明对周边国家更是具有相当大的影响力,科举制被日本、越南、朝鲜等地长时期采用。

加强社会管理的教育是更高水平的创新。社会管理是维护社会秩序、实现社会稳定的必要条件,是推进社会建设的重要内容。

社会管理是各级统治者的基本职能,其基本任务是协调社会关系、规范社会行为、解决社会问题、化解社会矛盾、促进社会公正、应对社会风险、保持社会稳定。良好的社会管理能够有效维护社会秩序、促进社会和谐、保障人民安居乐业,为经济社会发展营造有利的社会环境,因此要不断培养能够创新社会管理的人才。

儒家给中国人提供的价值观念,在封建专制制度的支持下,逐步转变为一种根深蒂固的人生信念。作为2000余年来的中国文化的一根精神支柱的这种人生信念,认为人生的价值就是在现世的作为之中,一个人在社会越有作为,他的生命就越有意义的积极入世思想。在专制社会中权力就是一切,因此,人的作为最大者莫过于实现从政的抱负。齐家治国平天下的宏伟理想统治着千百万中国文人碌碌无为的一生。受这种一元化的人生价值的影响,多数人不愿问津自然科学,致使科学被困于萌芽状态。另外,人的智慧才能都集中到了政治权术上,创造了一个世界上独一无二的变幻莫测而实质又超稳固的政治,文化模式。

教育制度和教育模式的发展是扬弃的过程,中国的科举制度作为培养维护社会稳定人才的价值已经融入人类教育的基本内核,对于今天和今后世界各国的教育都是宝贵财富。

第二,科举制度的优势是选拔统治管理人才。中国科举制度是为统治阶级培养统治和管理人才。16世纪晚期,意大利神甫利玛窦不远万里,漂洋过海来到中国,成为第一个真正进入中国的西方人。他在中国生活了近三十年,对中国文明有比较细致的观察,其看法深刻影响了西方人。他认为,中国的制度可能有很多问题,但其科举制保证了政治权力掌握在知识阶层手里,类似于柏拉图"哲学家治理"的"理想国"。无独有偶。距利玛窦两百多年,英国使团马戛尔尼、斯当东等也深切感受到了科举制的意义,以为这样制度既维持了社会公平,同时保证政府有足够的经过知识训练的官员。

据不完全统计,在实行科举制的一千三百多年中,进士总数接近十万人,举人、秀才以百万计。事实证明,在分数面前人人平等的科举考试,极大地增加了社会的流动性,"朝为田中郎,暮登天子堂",十万进士、百万举人,相当一部分来自社会底层。这是那个时代的社会公正。

科举制满足了农业文明、帝制时代的基本需求,如果没有外部因素的介入,科举制、八股取士的制度肯定还会不断完善,推陈出新。

科举制的发展过程。汉朝"察举"——三国"九品中正"——隋唐"科举"——清末废止。

① 科举制度的前身是察举,就是下层举荐与上层考察相结合的人才选拔方法。秦汉以后的历史,就是封建地主阶级打天下、坐江山,丢失江山这样一个周而复始的循环过程。历朝历代或以暴力,或以禅让获得政权,军功贵族成为王朝政治的主角。从乱到治是政治发展的必然,但治理天下不是军功贵族所能玩得转的,必须启用一些读书人辅佐。察举作为一种制度,是在汉武帝时期确立下来的。所谓察举,用今天的话说,就是考察、举荐。察是从上至下,是领导考察;举是从下到上,是群众推荐。应该承认,领导考察与群众推荐相结合的察举制在实行的几百年中也为汉王朝选拔了大量有用人才,是中国政治从军功贵族走向文人治理的重要步骤。中国社会之所以长时期稳定,甚至"超稳定",一个最重要的原因,就是统治者比较早地明白王朝的所有权不能完全等同于经营权。以群众推荐、组织考察相结合的察举制度确实选拔了许许多多的有用人才。然而,如同所有事物一样,水久生虫,器久则坏,法久则弊。察举制度到了东汉晚期,已经衍生出一系列问题。不论是组织考察,还是民间品评,都被深度介入了人际关系。

② 三国时期曹魏政权推出"九品中正"规范式考评,试图以官方力量阻遏用人弊端。结果"上品无寒门,下品无士族"九品中正成了不中不正,既得利益集团整体接班,不仅垄断了一切资源,更重要的是破坏了社会上下阶层的流动。察举制发展到九品中正,严重压抑寒士进取之途,使统治集团无法获得新鲜力量,统治有效性、合法性受到挑战。隋建国,即废中正,设科目举荐人才,试图制定人才选拔的客观标准。

③ 唐朝在隋基础上发展,设置的考试科目分为常科、制科两类,每年举行的称常科,由皇帝下诏临时举行的考试称制科。科举制经宋明两代不断完善,逐渐定型,日趋规范。通过这项制度,不仅满足了王朝政治的人才需求,而且极大激励了士大夫阶层的情绪、向心力。

④ 清末,欧洲的工业文明深刻影响了中国,以培养统治和管理人才见长的科举制,不能服务于快速发展的社会经济建设需要,不能抵挡西方工业文明对中国农业文明的冲击和竞争,终于走到尽头。由于其面临的挑战是建设人才,而培养建设人才的途径需要学习西方。办所有阶层子弟都能进入的学堂是唯一出路,近代中国新教育产生。

第三,中国科举制度是人类教育的优秀成果,对于马克思主义理论学科建设具有重要价值和意义。

① 重视教育的社会作用。孔子把教育作为治好国家的三大条件之一,认为统治者治理国家,除了使人口增加、百姓富足之外,还要加强对人民的教育,只有这样,才能实现国家的真正强盛。孟子也十分强调教育在社会政治中的地位,明确提出"善政"不如"善教"的教育观点。他说:"善政不如善教之得民也。善政民畏之,善教民爱之;善政得民财,善教得民心。"[1]

---

[1]《孟子·尽心下》

② 将德育和智育相结合,是中国古代教育的一个重要特征。据《周礼·地官·保氏》记载,周朝的贵族子弟八岁入小学,由当时负责教育的保氏教育他们,教育的主要内容是"六艺":"一曰五礼,二曰六乐,三曰五射,四曰五驭,五曰六书,六曰九数"。礼就是当时的宗法礼制,礼的教育承担着政治宗法教育、伦理道德教育、行为规范教育等任务。乐包括乐德、乐语、乐舞等内容,乐的教育是和礼的教育密切相关的,同样肩负着政治法度、道德人伦等方面的教育任务;乐教和诗歌相结合,形成了颇具民族特色的温柔敦厚的诗教。射是指射箭的技术,驭是指驾驭战车的技术,二者都是当时武士所必备的条件。书指的是汉字的形体结构类型,据《说文解字·叙》说,周时的启蒙教育是以"六书"为先的。数即术数,包括天文历法、阴阳五行、占卜算法等多方面的内容,相当于自然科学知识和宗教技术知识。从这六大方面教学内容的设置来看,中国古代教育确实从一开始就十分注重德育和智育的相互结合。礼乐主要是道德教育,但其中也包括一些基本知识和技能;射驭书数主要是知识技能教育,但其中也渗透着德育的内容,例如射驭训练实际上也是礼制教育的一个方面。春秋战国以后,在儒家思想的影响下,人们似乎更加强调德育的重要,如贾谊《新书·大政下》所说的"道者,教之本也",集中反映了这种倾向。但同时,人们也并没有放松对知识教育的重视。如孔子说:"好仁不好学,其蔽也愚。"[1]董仲舒也说:"仁而不智,则爱而不别;智而不仁,则知而不为。"这说明,中国古代教育是反对偏执一方,主张德育和智育并重的。

③ 为统治阶级培育精英教育。孔子提出著名的"修身齐家治国平天下"就是为统治阶级开展子弟教育提出的忠告。春秋时期有两

---

[1]《论语·阳货》

个重要的政治制度,一个就是立嫡长子的宗法制度,另一个是继承西周的分封制。公元前1046年周武王克商以后,控制了商朝原来的统治地区,又征服了四周的许多小国。为了牢固控制大片领土,采用"分封亲戚、以藩屏周"的政策,把他的同姓宗亲和功臣、谋士、盟国的首领分封各地,建立了800多个诸侯国。孔夫子为统治者出谋献策:"古之欲明明德于天下者,先治其国;欲治其国者,先齐其家;欲齐其家者,先修其身;欲修其身者,先正其心;欲正其心者,先诚其意;欲诚其意者,先致其知,致知在格物。物格而后知至,知至而后意诚,意诚而后心正,心正而后身修,身修而后家齐,家齐而后国治,国治而后天下平。"物格而后知至的译文为通过降低自己的欲望,减少自己的贪念,来让自己头脑清醒,是非曲直分明。正念分明后就要努力在待人处事的各方面做到真诚二字,努力断恶修善,久而久之自己的修养就起来了,有智慧了。这时就可以把自己的家庭经营好了。家庭是国家的缩影,把自己家庭的经营好了的人也一定可以把国家治理好。一个能把自己国家治理好的人,那么他(她)也一定能让世界充满和谐,天下太平。[1]

《大学》提出的三大纲领:"大学之道在明明德,在亲民,在止于至善。"实际上也是教育合格培养统治者的三大目标,不是培养建设者。作为统治者,首要目标是"明德",加强个人的道德修养。第二个目标是"亲民",亲近、爱护,从而驾驭自己统治的子民。反映在政治上,就是儒家所倡导的仁政思想。第三个目标是"止于至善",达到道德修养的最高境界,这样才是合格的统治者。

阶级社会统治阶级培养维护统治阶级利益和地位的接班人再正常不过,况且还能做到德育和智育相结合。这是中国教育的优良传

---

[1]《礼记·大学》

统和宝贵遗产，对于今天的高等教育，尤其是高层次的马克思主义理论学科研究生教育，很有继承发扬之必要。

(2) 西方科技教育善于培育自然科技人才

这不是说西方教育不培养人文社科人才，而是重点放在改造自然上，这与西方社会的生产方式联系在一起。杜维民教授认为："中国文化关注的对象是人。"人与人的关系是中国农耕文化关心的核心问题，人们立足于祖祖辈辈生息繁衍的熟人社会，注重的中心问题是社会和谐，和衷共济，所以，政治伦理学相当发达。中国的哲学无论儒、道、佛学都是一种人生哲学，重视怎样做人的学问。纯科学的研究及所有的自然科学都成为多数人不屑选择的行为和兴趣。中国文化在人与自然的关系上也有着自己的执著。受社会和谐思想影响，中国文化在人和自然关系上的特征是"天人合一"，把自然人格化，追求人的精神消融于自然界之中，人与自然共呼吸的和谐状态。而西方文化立足于海洋文明和频繁战乱、反复迁徙的动荡人生社会，注重的中心问题是与个人生存息息相关的经济利益，较多关注的是人与自然的关系，由此衍生出理智和科技。西方古代社会就注重对自然的探索，很早就出现了毕达哥拉斯、阿基米德等一批名垂千古的专业科学家。在人与自然的关系上，西方文化与中国"天人合一"观相反，认为天人处于对立的斗争状态，因而产生了与中国文化完全不同的对自然的态度，即人应征服，控制自然，强调人与自然的对立，把自然看成敌对力量。古老的荷马史诗就以海外遇险、征服自然为题材，他们歌颂的都是在大自然的风浪中锻炼成长的人物。西方人也讲人与人之间的关系，但首先关注的不是伦理而是竞争，因而出现了"优胜劣汰"的规律。

西方社会重视研究自然的传统，对于近代自然科学的发展和促进工业文明发挥了重要作用，其科技教育是专长和贡献。

近代西方教育传入我国,与我国传统教育相结合,中体西用过程中,极大丰富了我国的教育事业。人文科学和自然科学相结合,对于培养中国全面发展的人才具有重要意义。尽管近现代以来,我国一流的科学家和创造发明,和世界发达国家比,差距仍然很大,这从科技方面获得诺贝尔奖的统计数字来看,足以证明。到2001年12月10日,诺贝尔奖已走过了100年的历程,100年来全球共有28个国家475位科学家荣获了诺贝尔科学奖,其中有6位华裔科学家,却没有一位中国本土科学家。但是,这不是教育优劣的全部,随着知识经济时代到来和世界的复杂化,解决世界上比自然科学更复杂的社会重大问题,一味地靠处理自然科学问题的简单方法是远远不行的,西方社会在处理国际关系问题上的捉襟见肘,越整越乱可见一斑,中国新教育制度下培养的人才将会发挥越来越大的不可替代的作用。中国新教育模式是更具创新性的教育。

(3) 苏联教育注重培养共产主义人才

伟大的十月社会主义革命开辟了人类历史的新纪元,在世界上建立了第一个无产阶级专政的社会主义国家。苏联人民在列宁、斯大林的领导下,改革旧教育,逐步建立了苏联教育的新体系。

苏联教育对中国的影响包括两个方面,一是社会主义红色教育,培养共产主义人才;二是在西方教育基础上发展起来的科技教育。这个方面对中国教育事业的发展都有深刻的影响。其中红色教育对于今天的马克思主义理论学科建设来说,仍然具有重大意义。

苏维埃政权自成立之日起就非常重视国民教育事业,并着手进行全面的教育改革。苏维埃人民委员会成立的第三天(1917年11月9日)就成立了领导全国国民教育工作的国家教育委员会。苏维埃国家要求教师与工农合作,学生接近工农。新生的苏维埃国家学校改革工作是在激烈的阶级斗争条件下进行的。旧教育部的官员和一部分教师敌视苏维埃政权,拒绝合作。1919年俄国共产党(布)第八次代表大会通过的新党纲,规定在国民教育方面的任务是:把学校由资产阶级统治工具变为消灭阶级的工具,进行社会的共产主义改造的工具。1920年10月,列宁在俄国共产主义青年团第三次全国代表大会上发表了题为《青年团的任务》的演说,进一步阐明了苏维埃学校的任务。列宁给青年提出一个任务:要通晓人类所积累起来的知识,通过参加工农劳动来培养共产主义道德和信念。

1920年末,外国武装干涉和国内战争基本结束,苏维埃人民在1921~1925年顺利地完成了恢复国民经济的任务,并开始实现社会主义工业化。列宁在这一时期,明确地提出了"文化革命"的任务,要求扩大学校网,扫除文盲,以系统的知识武装青年。斯大林也提出了关于掌握科学的问题,关于理论的作用问题,关于青年的共产主义教育问题等等。

社会主义国家性质决定了教育的方针是培养社会主义事业的接班人,必须德智体等方面全面发展,其中,培养共产主义人才是根本任务和核心目标。苏联做出了榜样,新中国继承和发扬了这一宗旨和传统。

2.3.2 中国高等教育的质量问题

(1) 中国高等教育的优势

《美媒称中国学生批判思维能力最强专家:底子好》"中国的中小学教育经常被批判是紧张的应试教育,只会批量制造仅会背诵基本理论而缺乏深度思考能力的学生。但美国斯坦福大学的最新研究显示,中国培养的学生可能是世界上批判思维能力最强的。"美国《纽约时报》7月31日的文章称。[1]

---

〔1〕【环球时报综合报道】《美媒称中国学生批判思维能力最强专家:底子好》,2016年08月01日.

斯坦福大学的研究员选取了中国大陆11所大学的2700名学生作为样本进行测试。结果显示,中国计算机科学与工程系的大一新生在刚进大学时,批判性思维能力比美国和俄罗斯同龄人领先两到三年。但随着年级升高,中国学生逐渐失去领先优势。入校两年后,中国学生的批判性思维没有提高,外国学生却取得长足进步。

报道称,这份研究报告将于明年发表。报告中的批判思维能力考核包括识别假设、测试假设和发现变量间关系的能力等。《纽约时报》称,这项研究结果让外界重新认识了"中国学校好,还是美国学校优?"的老问题。一名研究人员称,这一发现令人吃惊,"中国为大学输送的学生远远领先于国外,但之后他们累坏了,失去了学习的动力"。

报道称,该研究也有局限性,比如它调查的学生主要都是计算机科学与工程专业,也没有评价学生的创造性,而创造性也是人们对中国教育制度探讨最为激烈的一方面。斯坦福的研究员认为,导致中国大学生没有进步的一个最重要原因是中国大学的教学水平较差。中国大学倾向于鼓励教授们做研究、出成果,而不是提高教学水平。也有人认为,这是大学生缺乏动力造成的。

中国与全球化智库主任王辉耀31日接受《环球时报》记者采访表示,中国学生在基础知识方面的底子较西方同龄人要好,这可能是批判性思维能力领先的原因之一。此外,随着中国经济增长,许多中国学生视野更开阔,见识更广泛,思维确实比以前更加活跃。近年来,国外肯定中国中小学教育领先于西方的声音越来越多,不过我们更应该重视的是,为何中国大学生后来丧失了这种领先。

分析这则报道,首先应明确认识,中国高等教育模式具有基础扎实和注重德育的优势,这是中西苏互补的产物;其次也要从中看到中国高等教育存在重理轻文、专业狭窄、应试教育的不足。这也与近代以来西方教育强调科技和苏联专业设置的影响有关。我国的高等教育改革,尤其是研究生教育改革,应在创新教育上做文章。

(2) 中国高等教育创新质量有待提高

2016年中国发布《中国高等教育质量报告》,这是中国首次发布《中国高等教育质量报告》,也是世界上首次发布高等教育质量的"国家报告"。对中国高等教育发展和改革,对世界高等教育发展和改革来讲,都是一个创举,具有里程碑意义。质量报告由四本报告组成,即1本总报告《中国高等教育质量报告》和3本专题报告,分别是《中国工程教育质量报告》《全国新建本科院校教学质量监测报告》《新型大学新成就——百所新建院校合格评估绩效报告》。

质量报告的重要结论:第一,历史纵切面:中国高等教育"井喷式"飞速发展,对中国经济社会翻天覆地的历史性变化起到人才和智力的决定性支撑。第二,时代横切面:"做大"的基础上开始"做强","五个度"展现中国高等教育的真实面貌。第三,中国高等教育质量短板和软肋也较突出,与世界高等教育强国相比,中国高等教育问题依然不少。主要表现为"四不够、一不高"。其一,学科专业设置优化不够,科研水平和成果转化率不高,"短板"问题依然严重。其二,创新人才培养力度不够,高校创新创业教育仍是"软肋"。其三,高水平教师和创新团队不够,教学经费和实践资源不足,实现由量到质的新跨越仍是突出问题。其四,质量意识和质量文化不够,绩效评价不力,不少高校"等靠要"思想还相当严重,对教师评价"重科研轻教学"。其五,就业与所学专业相关性不高,不同类型院校学生对学习过程体验和就业状况满意度存在不平衡现象,"级差"现象明显。

(3) 中国高等教育将厚积薄发

新中国成立前学习西方,新中国成立后学习苏联,一方面说明中国高等教育相对落后,知耻而后勇,敢于向先进学习是中华民族的光荣传统;另一方面,我们的学习不是盲目的西化和苏化,都是在与中国教育传统结合过程中扬弃的过程。

近代以来学习西方教育的科技,是典型的为了救亡图存而中体西用,是中国由古代农耕文明教育向近代工业文明教育的一次跨越。50年代初否定欧美式教育制度而移植苏联模式,不仅是由于政治气候和实现工业化的压力,也由于苏联教育模式与中国传统教育价值的某种相容性和一致性,是资本主义工业文明科技教育向无产阶级现代文明超越教育的衔接和过渡。尽管有这样那样的不足和缺陷,但是,这两次飞跃,为中国高等教育的升华奠定了坚实的基础。中国的研究生教育,自觉汲取这两次教育观飞跃的精华,势必在创新教育方面取得重大突破。——中国传统教育注重人文和基础,西方教育注重科技和创新,苏联教育注重政治和专业,三者结合是中国高等教育,尤其是研究生教育的宝贵财富和收获基础。

中国高等教育的改革和教育现代化的基本任务之一,仍然是继续解放思想、更新教育观念,从而建立起与市场经济体制和民主政治制度相适应的、与世界文明接轨和与现代生活合拍的新教育制度和教育文化。

西方和苏联教育模式先后与中国教育模式在碰撞中优势互补,形成了中国高等教育集农耕文明、工业文明、红色教育于一体的基础雄厚、优势互补、包容创新的基础和条件。

中国有优良的教育传统,近代开始学习西方,新中国成立后学习苏联,中西苏优势互补是中国高等教育发展的巨大优势。

今后,中国高等教育的改革和教育现代化的基本任务之一,仍然是继续解放思想、更新教育观念,从而建立起与市场经济体制和民主政治制度相适应的、与世界文明接轨和与现代生活合拍的新教育制度和教育文化。

第 3 章 马克思主义理论学科建设

思想是行动的先导,理论是实践的指南。中国近代以来中西苏教育模式结合而形成的高等教育体制,已经成为发展和改革中国高等教育的起点和资源,马克思主义理论学科研究生教育,正是在此基础上发展起来的。

马克思主义理论学科尽管起步晚,成立学科时间短,但是,由其学科性质和社会作用决定,它是培养中国特色社会主义事业高层次建设者和接班人的"领航学科",居于不可或缺的地位。当然,由于该学科间接的生产力地位,社会对马克思主义理论人才在组织管理和思想教育中的巨大潜能作用尚无足够清晰意识,也由于马克思主义理论学科研、教、用的硬件和软件建设力度不够,马克思主义的话语体系没有充分展示优势,所以,马克思主义理论学科研究生的就业形势目前暂时相当严峻。

3.1 马克思主义理论学科战略定位

3.1.1 本学科的作用和功能

(1) 服务社会

马克思主义理论学科服务于中国特色社会主义理论和实践,为中国特色社会主义事业提供理论支持。我国要强化"国家创新系统",不仅要强调知识转化为生产力这一战略目标,而且也要重视知识尤其是人文科学知识转化为制度创新能力这一战略主题,实现以知识创新为基础的制度创新。故此,加强培养马克思主义理论学科研究生的创新能力,对于提升我们国家的综合实力具有重大的意义。中国特色社会主义事业的顺利健康发展,需要在理论和实践相结合过程中不断解决新问题,探索新方法、新方向,探索前进的过程就是创新过程,必须接受马克思主义的指导,它对于我国的社会经济和文化的发展具有至关重要的作用。马克思主义理论的很多科研成果所覆盖的内容非常广泛,通过对人的正确教育和良好品格的塑造,在提升综合实力的各个方面发挥着重要的作用。在传统的教育中,往往重视智慧的发展而轻视对德育的教育;重视对知识的积累而忽视对学生创新思维的培养。当代的素质教育,创新能力的培养是重中之重,这是实现马克思主义理论学科研究生全面发展的内在要求和综合素质实力提升的有利条件。

(2) 思政教育

高校思政课是对当代大学生进行思想政治教育的主渠道主阵地。马克思主义理论学科是高校思政课的学科支撑。面向未来,相当长一段时间内,马克思主义理论学科应该继续在两方面改革创新:一方面是就高校而言,加强思政课建设,继续实施好"05方案",这是马克思主义理论学科建设的重要内容。高校马克思主义学院是马克思主义理论学科的物质载体,既是高校思政课的教学单位,也是主导马克思主义理论学科建设的教学科研机构。由这个双重定位所决定,在发展建设的过程中,马克思主义理论学科不能单打独斗,而是要与各相关学院、学科协调发展、协同创新,共同建设好马克思主义理论学科;要处理好主导地位和共同建设的关系,使马克思主义理论学科具有更大的开放性、融和性。另一方面,对全社会而言,学科应该在培育和践行社会主义核心价值观方面有更大的作为,发挥好对全社会进行思想政治教育的作用,担当起马克思主义中国化、时代化、大众化的思想理论教育作用。

(3) 光荣使命

马克思主义理论学科肩负着构建"中国特色社会主义话语体系"的光荣使命。在中国发展模式与西方发展模式的激烈竞争中,中国特色社会主义的优越性、进步性、科学性和生命力,需要马克思主义理论学科进行深入研究,用学术语言和事实语言去剖析和证明,形成"中国特色社会主义话语体系"。马克思主义理论学科的学科内涵、课程设置和学科体系设定等方面还都处于起步阶段,培养一大批合格乃至优秀的马克思主义理论人才,构建"中国特色社会主义话语体系",维护国家意识形态的发展与安全,让马克思主义理论学科在21世纪中国哲学社会科学学科建设中发挥中坚作用,责任重大,责无旁贷。马克思主义理论在我国不仅是学术研究的对象,也是党和国家事业发展的指导思想,它在我国哲学社会科学学科体系中具有特殊重要的地位,对于巩固马克思主义在我国意识形态领域指导地位、巩固全党全国人民团结奋斗的共同思想基础具有十分重要而深远的意义。但在当前,作为我国整个哲学社会科学学科体系中的组成部分,马克思主义理论一级学科建立时间不长,还处于由大到强的发展阶段,尚未真正成为优势学科。"实施马克思主义理论学科领航计划"就是要从根本上改变这一局面,其目标是"提升马克思主义理论学科的引领作用"。

提升马克思主义理论学科地位,向学科建设和学术研究领域发出了加强马克思主义意识形态建设、加强社会主义核心价值观建设的明确信号,是新的历史条件下加强马克思主义指导地位的新的动员令。这表明在今后的学科建设中,必须高举马克思主义理论旗帜,用马克思主义立场观点和方法,运用中国特色中国风格中国气派和中国话语发出中国声音。

3.1.2 本学科的战略地位

我国坚定地走中国特色社会主义道路,马克思主义是我们立党立国的根本指导思想,是全党全国人民团结奋斗的共同思想基础。

(1) 社会意识形态学科。由我国的社会主义性质决定,马克思主义理论是全党全民的重要指导思想。马克思主义理论学科是社会意识形态,我国高校必须坚持社会主义办学方向,必须以马克思主义思想为指导,培养社会主义事业建设者和接班人。意识形态阵地你不占领别人就会占领,斗争一起十分激烈。苏联解体东欧剧变,很大程度上是先于意识形态阵地失守所致。具有中国特色的社会主义事业需要大批德才兼备的马克思主义者接班和建设,高校承担着培养高层次人才的重任,马克思主义理论学科是首要的标志性学科。

中国特色社会主义是前无古人的事业,新问题、新矛盾、新事物不断涌现,需要大批精通马克思主义理论的人才,创造性地运用马克思主义理论分析研究和解决现实中遇到的难题。当前,面对世界范围内各种思想文化相互激荡,迫切需要巩固马克思主义在整个意识形态领域特别是哲学社会科学领域的指导地位,把马克思主义的立场、观点和方法贯穿到哲学社会科学工作中,用发展着的马克思主义指导哲学社会科学。这是繁荣发展哲学社会科学的一个核心问题。设立马克思主义理论学科,加强马克思主义理论体系研究,可以为哲学社会科学领域诸如政治学、社会学、法学、史学、新闻学和文学等学科的建设提供强有力的理论支撑,使哲学社会科学沿着正确健康的航向繁荣与发展,更好地发挥其认识世界、传承文明、创新理论、咨政育人、服务社会的重要作用。

（2）领航学科。马克思主义是科学，是完整、统一的思想理论体系，只有深入研究和深入人心，才能发挥领航学科的作用。没有一个坚强的学科阵地和科研平台，没有一定的教学科研队伍和学术氛围，马克思主义很难科学、系统、有针对性地进行理论研究和宣传普及，很难占领意识形态阵地。所以，建立马克思主义理论学科，加强马克思主义理论学科建设是中国特色社会主义健康发展的迫切需要，是新形势下马克思主义中国化的需求。马克思说过："理论在一个国家实现的程度，总是决定于理论满足这个国家的需要的程度。"[1]毛泽东也说过："马克思列宁主义来到中国之所以发生这样大的作用，是因为中国的社会条件有了这种需要，是因为同中国人民革命的实践发生了联系，是因为被中国人民所掌握了。"[2]马克思主义具有强烈的现实性与实践性品格。马克思指出：以往的哲学家们只是用不同方式解释世界，而问题在于改变世界。理论一经掌握，群众也会变成物质力量。马克思把实践引入他的哲学实现了哲学史上的革命性变革。马克思主义指导人们在对客观必然性认识的基础上，通过人的能动的实践活动，使历史由可能性变为现实性。历史已经证明，中国的革命需要马克思主义指导，中国特色社会主义建设和改革同样离不开马克思主义。改革开放以来中国取得一切成绩和进步的根本原因，归结进来就在于：既坚持马克思主义基本原理，又根据当代中国实践和时代发展不断推进马克思主义中国化，开辟了中国特色社会主义道路，形成了中国特色社会主义理论体系。

（3）领航作用。马克思主义理论学科要发挥领航作用。在我国哲学社会科学的学科结构中，不仅有基础学科和应用学科，还有领航学科。只有优先建设和发展马克思主义理论学科，把马克思主义理

---

[1]《马克思恩格斯选集》，2版第一卷，第11页，北京，人民出版社，1995。
[2]《毛泽东选集》，2版，第4卷，第1515页，北京，人民出版社，1991。

论学科建设成为优势学科,才能发挥马克思主义理论学科对我国哲学社会科学学科建设的引领作用,更好地带动和促进我国哲学社会科学的基础学科和应用学科发展。把马克思主义理论一级学科置于优先发展的战略地位,还要开阔视野"拓展领域",优先发展马克思主义学科群。马克思主义哲学、政治经济学、科学社会主义,以及马克思主义法学、政治学、社会学、历史学、新闻学等构成马克思主义学科群。马克思主义理论同哲学社会科学的各门具体科学紧密结合,具有多学科、跨学科研究马克思主义理论的优势,在发展马克思主义理论特别是对哲学社会科学提供马克思主义理论的具体指导方面具有不可替代的作用。发挥马克思主义理论学科的领航作用,还要深入推进马克思主义大众化工作。大力加强马克思主义理论研究成果向社会的传播与普及,要高度重视网络领域的舆论引导和价值引领。

马克思主义理论学科还是一个年轻的学科,学科建设还有许多基础性工作要做。首先,要做好学理上的马克思主义理论研究。学科的本质是学术和学理,没有学术和学理的学科,终究不是完整、完善的学科。建设和发展好21世纪中国马克思主义"学术话语体系",应成为马克思主义学科建设的重要任务和特有功能。所以,要进一步提升马克思主义理论学科体系建设的质量和水平。其次,紧密结合中国特色社会主义实践开展教学科研活动,马克思主义理论学科的生命力在于理论契合实践、结合实践、指导实践,假如学科建设只是从理论到理论,不能解决实际问题,就不能达到学科建设的内在要求,不能发挥马克思主义理论学科的真正作用。马克思主义理论研究要为中国特色社会主义道路提供基本的理论支持,提供科学的思维方法和工作方法,充分体现它的批判性、革命性和创新精神。高校是传播思想文化的重要场所和主要平台,是意识形态工作的前沿阵地。在高校提升马克思主义理论学科的引领作用,对于加强社会主义核心价值体系建设,培育和践行社会主义核心价值观,培养合格建设者和可靠接班人,营造良好的思想文化氛围,促进文化繁荣和学术发展,具有十分重要的意义。马克思主义理论学科的"引领作用",主要体现为:巩固和加强马克思主义在我国哲学社会科学中的指导作用,充分发挥马克思主义理论在哲学社会科学研究和教学中的理论基础和方法论作用。与此紧密相关,马克思主义理论应成为我国哲学社会科学"优势学科",必须在师资队伍、教学质量、科研水平、人才培养、资源投入等方面都有进一步提升,要超过或优于哲学社会科学各学科发展的一般水平。这种顶层设计把握了我国高等学校学科发展的规律和趋势,抓住了高校思想文化发展的"牛鼻子"和"软肋",找准了马克思主义理论学科发展的关键问题,为加强和改进高校宣传思想工作提出了指导原则。

(4) 为社会培养创新型人才。马克思主义理论学科的设置和加强是培养德智体全面发展的高水平创新人才的需求。日趋激烈的国际竞争已经基本等同于高层次创新型人才的竞争,这给马克思主义理论学科发展带来了前所未有的机遇和挑战。

第一,社会发展需要大批马克思主义理论科学研究、宣传教学和进行思想政治教育的高素质专门人才,没有学科建制,没有教学科研队伍、没有科研平台,不能系统培养大批马克思主义创新人才。设立马克思主义一级学科不仅是加强和改进大学生思想政治教育工作的需要,还可以凝聚学科人才,建设学科梯队,为建设思想政治教育工作队伍提供有力的学科支撑。通过马克思主义一级学科这个平台,培养一批坚持以马克思主义为指导,理论功底扎实,勇于开拓创新,善于联系实际,老中青相结合的马克思主义的学科带头人和教学骨干队伍,使他们在大学生思想政治教育中发挥更大的作用。马克思主义理论学科(包括以前的二级学科)设立以来,在凝集马克思主义理论研究学术队伍、引领哲学社会科学发展方向、支撑国家主流意识形态建设和高校思政课教育教学等方面发挥了不可替代的重要作用。马克思主义理论一级学科的设置,正从起航阶段走向领航阶段。马克思主义理论学科作为高校意识形态工作的前沿阵地,其重要性日渐凸显。学科经过长足的发展,已经形成一支规模较大、水平较高的马克思主义理论与思想政治教育研究队伍,马克思主义理论教育研究的学科化、正规化程度已经有了明显的提高,这个学科已经成为我国哲学社会科学学科体系中重要的组成部分。

第二,其他学科培养创新人才都需要马克思主义理论学科的领航作用。综合国力竞争就是科技的竞争。在自然资源有限和稀缺的情境下,依靠科技带动国民经济的发展已成为各国提升国际竞争力的必然选择。科技进步要依靠人才,"创新就要靠人才,特别要靠年轻的英才不断涌现出来"。我国作为最大的发展中国家,更需要大批创新型人才。随着我国国民经济的持续、快速、稳定的增长以及增长方式的转变,社会对高层次人才的创新能力有了新要求,不仅拥有一定的知识储备,具有知识创新能力,而且必须富于推进社会进步的正能量,更多的人需要接受更高层次的科学理论和思想方法教育。中国当代社会的高层次创新型人才必须德智体等方面全面发展,必须具有为人类进步事业而奋斗的信念和志向,必须具有辩证唯物主义和历史唯物主义的世界观和方法论,也就是说,马克思主义理论素养对于每个人所从事的专业创新工作都具有服务方向和创新动力的领航意义。我国马克思主义理论学科具有很大的发展空间,既可以为科技创新人员提供马克思主义理论中国化的研究成果,又可以向社会输送马克思主义理论专家,参与各行各业协同创新工作。

3.1.3 本学科建设存在的问题

同时代和事业发展的要求相比,马克思主义理论学科的进一步提升和完善还面临诸多问题。

（1）学科布局一定程度上存在"大而欠强"。2005年以来,马克思主义理论一级学科在布局上实现了大发展、大跨越。目前,全国马克思主义理论专业博士点共有28个,学科点分布在全国30个省份,实现了除西藏外所有省份都有马克思主义理论学科点的布局。马克思主义理论学科已成为国内高校地域覆盖面最大的学科,但还不是整体最强的学科。高校马克思主义理论学科建设和发展状况,与马克思主义理论一级学科的设立初衷和建设要求还相差较远。

（2）学术研究一定程度上存在"宽而欠精"。推进马克思主义理论学术研究,是马克思主义理论学科建设的首要使命和任务。马克思主义理论一级学科建立10年来,关于马克思主义理论的学术研究取得了丰富成果,但还存在"宽而欠精"的问题,主要表现为学术涉猎范围广泛却不精细、学术交叉研究成果丰富却不叫座、学术交流争鸣活动频繁却不深刻,一些研究者和研究成果缺乏理论自信、方法自觉和学术自强。

（3）人才培养一定程度上存在"杂而欠专"。培养马克思主义理论专业人才,是马克思主义理论学科的重要职责。马克思主义理论一级学科建立10年来,培养了一大批具有坚定中国特色社会主义信念、较高马克思主义理论素养、较扎实专业基础知识的马克思主义理论研究、宣传和教育人才,但在人才培养上还存在"杂而欠专"的问题。培养高素质马克思主义理论专业人才,任务仍然繁重。

（4）教学支撑一定程度上存在"全而欠深"。马克思主义理论一级学科建立10年来,各地各高校积极推动马克思学院或思想政治理论课教学部建设,为马克思主义理论学科服务思想政治理论课教学提供了组织、队伍、学术、教学支持。但目前还存在"全而欠深"的问题,一些理论上的重点难点问题还需要深入论证和阐释,一些现实中的热点焦点现象还需要深入研究和解答。

(5)资政服务一定程度上存在"做而欠优"。10年来,马克思主义理论学科围绕党和国家中心工作提出了许多新观点新理论,在出思想、出成果、出人才方面取得了一定成绩。但与时代和事业发展的要求相比,马克思主义理论学科在资政服务上还存在"做而欠优"的问题,如在破解改革发展稳定难题上还存在一定滞后性,在应对全球性经济、社会、文化、生态问题上还需要加强研究、增强学术话语权。[1]

3.2 马克思主义理论学科建设基础

高校思政课是我国高等教育的重要组成部分,是宣传马克思主义基础理论和党的方针政策的主要渠道和主要阵地,是社会主义大学的本质特征之一。党和国家历来高度重视,但效果不甚理想。马克思主义理论学科建设直接原因是为高校思政课提供优秀师资和理论成果支撑,同时也是为提高马克思主义理论研究水平,繁荣发展哲学社会科学事业。

3.2.1 高校思想政治教育初步设立时期

大变革时代高校思想政治教育课内容与时俱进中发展。我党把思想政治教育工作视为一切工作的生命线,革命年代、战争年代已经积累了大量经验。建国后立即在高校开展了思想政治工作,高校思政课随社会变革而变革,在社会进步中发展,是高校所有学科和课程中变动最大、最勤、最及时的课程,至今经历了初步设立时期、曲折发展时期、恢复调整时期、规范化建设时期等四个发展阶段。

---

[1]靳诺.建设一流马克思主义理论学科——纪念马克思主义理论一级学科建立10周年,2016年01月10日,人民日报.

(1) 1949年10月,新生的共和国刚刚诞生,为改造学生的思想,帮助大学生树立科学的世界观、革命的人生观和全心全意为人民服务的思想,以华北各高校为主,设置了:"辩证唯物论与历史唯物论(包括社会发展史)""新民主主义论"和"政治经济学"三门课,这是共和国高等学校思想政治理论教育发展的开始。

(2) 1952年底,国民经济恢复工作基本完成,新民主主义革命在全国获得胜利,党中央提出过渡时期的总路线。高校的思政课的设置作了适当的调整,增开"马列主义基础"课,改"新民主主义论"课为"中国革命史"课。

(3) 1956年,新中国完成对资本主义的改造,进入了社会会主义社会。为了适应政治、经济形势发展的需要,高等教育部对高校思政课进行了较为全面的调整,并于9月9日颁发了《中华人民共和国高等教育部关于高等学校政治理论课程的规定(试行方案)》,正式将高校思政课设置为四门,即"马列主义基础""中国革命史""政治经济学"和"辩证唯物主义和历史唯物主义"。同时对各门课的学时及教学大纲、教学方式等都作了相应的规定。这是新中国成立以来所形成的第一个高校思政课的课程设置及教学体系,即"56方案"。"56方案"的产生标志着高校思政课的课程教学体系的初步确立。

3.2.2 高校思想政治教育曲折发展时期

1956年至1976年是我国社会主义建设的初始阶段,中国人民在毛泽东领导下对如何建设社会主义进行了大胆的探索,有成功也有失误,与之相适应,高校思政课也经历了1958年的简单合并、1961年的重新恢复和"文革"大破坏的曲折历程。

(1) 1958年的简单合并。苏共二十大的召开引起了国际共产主义运动和社会主义国家内部的剧烈动荡。针对新形势,毛泽东1957年发表了《关于正确处理人民内部矛盾的问题》,教育广大人民严格区分和正确处理敌我矛盾和人民内部矛盾。在此情况下,我国开展了"社会主义教育运动"。1958年4月12日,中央、教育部做出决定:"原有政治课程共四门,即'马列主义基础'、'中国革命史'、'政治经济学'和'辩证唯物主义与历史唯物主义'。……一律停开一年或二年,改开一门'社会主义教育'课程。"主要是根据《关于正确处理人民内部矛盾的问题》的12个"小题目"逐章展开学习。这种情况一直持续到1960年。

(2) 1961年的重新恢复。进入60年代,我党开始系统地纠正工作中的"左"倾错误,并制定了"调整、巩固、充实、提高"的方针。为贯彻这一方针,教育部决定高校政治理论课由"社会主义教育"一门课恢复为"中共党史""哲学""政治经济学"三门课程。随着形势的发展,1961年4月8日教育部再一次对高校思政课做出调整:"高等学校共同政治理论课程包括:马克思列宁主义基础理论、形势和任务。马克思列宁主义基础理论课程开设的门数和学时,在不同年制的学校、不同的专业应该有所不同。文科各专业一般设四门:中共党史,马克思列宁主义基础(主要学习毛泽东同志的政治学说),政治经济学,哲学。理、工、农、医各专业和艺术、体育院校一般设两门:中共党史,马克思列宁主义概论(包括马克思主义三个组成部分)。专科学校一般设一门:马克思列宁主义概论。形势和任务课为各专业、各年级的必修课程(主要内容是讲解国内外形势、党和国家的任务、方针、政策)。"这次调整基本上是对1958年以前确定的"56方案"的恢复,并在此基础上进行了适当的调整,调整后的课程设置可称为"61方案"。

(3) 1966年的"文革"破坏。1966年5月开始的"文化大革命",使得国家和社会的发展进入了一个特殊的年代,一切工作都偏离了正常的轨道,"文化大革命"期间高校停课八年。1972年复课后,高校政治理论课被名存实亡,在大学生中存在"政治课没有真理,没有科学"的恶劣印象。

3.2.3 高校思想政治教育恢复调整时期

1976年至1980年为恢复调整时期。"文革"结束后改革开放事业开始,高校思政课与国家的经济、社会的发展一样,开始迎来了春天,随着高考的恢复,高校思政课也得以恢复和发展。

(1) 1978年4月教育部办公厅下发文件,决定在全国高校恢复思政课:"高等学校的马列主义理论课程,一般开设辩证唯物主义与历史唯物主义、政治经济学、中国共产党党史和国际共产主义运动史等四门课。"这基本上是"61方案"的恢复。

(2) 1980年教育部《关于印发〈改进和加强高等学校马列主义课的试行办法〉的通知》,进一步明确和规定了高等学校马列主义课的地位和任务、教学方针,以及课程、学时大纲和教材等,还提出"各高等学校一般都应该建立马列主义教研室"。

3.2.4 高校思想政治教育规范化建设时期

1980年至今为高校思想政治教育规范化建设时期。随着改革开放的深入发展,从80年代初开始,高校思政课进行了新中国成立以来最大规模的"两课"体系化建设工程。其间一共经历了三次改革,产生三个课程教学方案,即"85方案"、"98方案"、"05方案",极大地推动了高等学校思政课的健康有效的发展。

(1) 第一次改革:"85方案"的产生。早在1982年10月教育部就根据党的十二大精神曾经下文,提出"有计划地进行共产主义思想品德教育,是实现高等培养目标的需要"。"有必要把共产主义思想品德课作为一门必修课,纳入教学计划。"1984年9月教育部再次发文明确提出高校开设共产主义思想品德课的一系列规定:"共产主义思想品德教育,是高等学校学生思想政治教育的重要组成部分。"

1985年8月1日,中共中央发出《中共中央关于改革学校思想品德和政治理论课程教学的通知》(中发[1985]18号),思想品德课已经上升到与传统的高等学校思政课同等重要的程度。标志着改革开放以后,高等学校思政课以"两课"教学体系为目标的规范化建设第一轮改革的正式开始。国家教育委员会于1986年3月20日下发《关于在高等学校进一步贯彻〈中共中央关于改革学校思想品德和政治理论课程教学的通知〉的意见》,提出"从一九八六年起,用三至五年时间进行政治理论课教学改革工作,逐步开设出新的课程"。经过数年的艰苦努力,80年代末、90年代初,新的高校思政课课程设置体系基本形成,简称为"两课",即思想品德课和政治理论课。其具体内容为:马克思主义理论课包括"马克思主义原理""中国革命史""中国社会主义建设""世界政治经济和国际关系"(文科开设);思想教育课包括"法律基础""大学生思想品德修养""人生哲理""职业道德"。由此,"两课"教学体系,作为85年开始的高校思想政治课调整改革的成果初步确立,简称"85方案"。"85方案"的确立,奠定了"高校思政课"规范化建设的基础。

(2)第二次改革:"98方案"的形成。1992年9月,中共第十四次代表大会明确提出要用邓小平建设有中国特色社会主义理论武装全党。在此背景下,1993年8月13日《中共中央组织部、中共中央宣传部、国家教育委员会关于新形势下加强和改进高等学校党的建设和思想政治工作的若干意见》(教政[1993]4号)提出"马克思主义理论课和思想政治教育课是学生思想政治教育的主渠道,是社会主义学校的本质特征之一。加强和改进'两课'教育是摆在我们面前的一项紧迫任务。"此文件标志着以"两课"教学体系为目标的高校思政课规范化建设的第二次改革的开始。1995年10月24日,国家教委印发《关于高校马克思主义理论课和思想品德课教学改革的若干意见》

的通知,强调"'两课'教学及其改革的主要任务就是要进一步加强马列主义、毛泽东思想,特别是邓小平同志建设有中国特色社会主义理论的教育"。还提出"通过教学改革,逐步形成结构合理、功能互补的'两课'课程体系"。1997年,党的十五大把邓小平建设有中国特色社会主义理论命名为邓小平理论,并确立为党的指导思想,写进党章。为贯彻党的十五大精神,教育部决定对"两课"课程设置做出新的调整,于1998年4月28日发出"中共中央宣传部、教育部关于普通高等学校开设《邓小平理论概论》课的通知",就各高等学校单独开设"邓小平理论"做出相关规定。1998年6月10日中央宣传部、教育部印发了《关于普通高等学校"两课"课程设置的规定及其实施工作的意见》(教社科[1998]6号文件)(即"98方案"),全面调整马克思主义理论课课程设置,明确规定高校本科课程要设置马克思主义理论课和思想品德课课程,这一方案设置"马克思主义哲学原理""马克思主义政治经济学""毛泽东思想概论""邓小平理论概论""当代世界经济与政治""思想道德修养""法律基础"七门课为高校思想政治理论必修课。至此,经过几年来的改革与探索,作为"两课"教学体系建设的第二次改革的成果"98方案"就此确立。此方案突出特点是强调以邓小平理论为中心,涵盖马克思主义基本原理和爱国主义、集体主义和社会主义教育内容,形成了以七门课程为主体的课程体系,进一步深化和发展了"两课"课程体系规范化建设。

(3) 第三次改革:"05方案"的确立。2001年7月,江泽民同志《在庆祝中国共产党成立八十周年大会上的讲话》发表之后,教育部于2001年7月下旬下发了《教育部关于普通高等学校"两课"教育教学中贯彻江泽民同志"七一"重要讲话精神的通知》。《通知》根据中央领导关于"要总结和吸取邓小平理论'三进'工作的成功经验,积极推动马克思主义中国化的最新成果'三个代表'重要思想进课堂、进教材、进学生头脑"的指示精神,对有关工作进行了部署和安排。2002年,党的十六大把"三个代表"重要思想同马克思列宁主义、毛泽东思想、邓小平理论一道确立为党必须长期坚持的指导思想,对高校特别是"两课"教育教学用科学理论武装大学生提出了新的更高的要求。为了贯彻党的十六大精神,教育部于2003年2月12日发布了《关于进一步深化"三个代表"重要思想"三进"工作的通知》,将"邓小平理论概论"课调整为"邓小平理论和'三个代表'重思想概论"课。2004年初,中共中央发布了《关于进一步繁荣发展哲学社会科学的意见》(中发[2004]3号文件),对新形势下繁荣和发展哲学社会科学的指导方针、总体目标和主要任务作了新的探索,做出了实施马克思主义理论研究和建设工程的重大决策。在此基础上,2004年8月26日,中共中央、国务院发出《关于进一步加强和改进大学生思想政治教育的意见》(中央[2004]16号文件)。《意见》指出"高等学校思政课是大学生思想政治教育的主渠道。要按照充分体现当代马克思主义最新成果的要求,全面加强思政课的学科建设、课程建设、教材建设和教师队伍建设,进一步推动邓小平理论和'三个代表'重要思想进教材、进课堂、进大学生头脑工作。"此文件标志着高校思政课规范化建设的第三轮改革的开始。2005年3月9日中宣部、教育部印发《〈中共中央宣传部教育部关于进一步加强和改进高等学校思想理论课的意见〉实施方案》(教社政[2005]9号文件,以下简称《实施方案》)。《实施方案》明确规定了2005年高校思想政治教育理论课程改革新的方案(简称"05方案"):高校本科思政课设置"马克思主义基本原理概论""毛泽东思想、邓小平理论和'三个代表'重要思想概论""中国近现代史纲要"和"思想道德修养与法律基础"4门必修课,开设"当代世界经济与政治"等选修课。本专科都要开设"形势与政策"课。《实施方案》提出新课程设置方案从2006级学生开始,在全国普通高等学校普遍实施。此外,《实施方案》还就教学研究、教师培训、学科建设以及加强领导等方面提出了具体要求。就此"05方案"全面确立。这次改革与前两次"两课"体系的确立及发展的改革有很大的不同,新课程方案的突出特点是"有论有史有应用",可以说,这次改革使得高校思政课形成更加趋于结构合理、功能互补、相对稳定的课程教学体系。同时,这次改革作为"两课"体系改革的继续,正式统一于"思政课",这一新的概括,客观地反映和科学地综合了原来称作'两课'的基本内涵。是"两课"体系建设近二十年发展的必然升华。

3.3 马克思主义理论学科建制过程

改革开放后,建立马克思主义理论专门学科,培养大学生思想政治教育的专门师资人才,不论从高校思想政治教育发展高水平、专业化师资队伍建设的急迫需要,还是从马克思主义理论发展基础来说,都具备了条件。学科发展和学科建制大体经历了探索、进步、建制和发展四个阶段。

3.3.1 马克思主义理论学科探索阶段

党和国家高度重视大学生的思想政治教育工作,不断根据形势变化、理论发展和人才培养需要而调整高校思想政治教育的内容和形势。总体来说,师资队伍的教学科研素质和育人能力跟不上社会飞速发展的需要,从其他学科转行到思想政治教育队伍和靠热情和经验,难以胜任大学生的思想政治教育工作。1984年4月教育部发出《关于在十二所院校设置思想政治教育专业的意见》,决定设置思想政治教育本科专业,采取正规方法培养大学生等思想政治工作专门人才。同年6月教育部又发出《关于在六所高等院校开办思想政治教育专业第二学士学位班的意见》,培养高校思想政治教育骨干。

从而开办"思想政治教育"第二学士学位和研究生班,开始正规培养思政工作专门人才。1986年5月,国家教委作出了《关于加强高等学校思想政治工作的决定》,指出要认真办好思想政治教育专业,包括第二学位学士学位和研究生班,为正规培养从事思想政治工作的专门人才走出一条新路。1987年12月21日国家教委发布《普通高等学校社会科学本科专业目录》,在"马克思主义理论、思想政治教育类"学科门类下设"思想政治教育"专业,首次将"思想政治教育"列入本科专业目录。至此,马克思主义理论学科呼之欲出。

3.3.2 马克思主义理论学科起步阶段

1987年9月,国家教委印发了《关于思想政治教育专业培养硕士研究生实施意见》的通知,决定从1988年开始培养思想政治教育专业硕士研究生。1988年9月复旦大学等10所高校以思想政治教育专业的独立名义首批招收硕士研究生,标志着学科和专业建设的构架性探索取得重要进展。1990年,国务院学位委员会第九次会议通过了《授予博士、硕士学位和培养研究生的学科、专业目录》,在法学门类政治学一级学科下设马克思主义基本原理、中国社会主义建设、中国革命史、世界政治经济与国际关系等马克思主义理论教育和思想政治教育硕士学位授权点。这是马克思主义理论学科建设的先声。1993年7月,《专业目录》在教育学学科门类下设思想政治教育学科类,设思想政治教育专业。1994年,中共中央在《关于进一步加强和改进学校德育工作的若干意见》中明确指出要加强思想政治教育的科研和学科建设。1995年10月,国家教委制定了《关于高校马克思主义理论课和思想品德课教学改革的若干意见》,明确指出要把马克思主义理论教育与思想政治教育作为人文社会科学的重点学科进行建设。国务院学位委员会、国家教委把"马克思主义理论教育"、"思想政治教育"两个学科整合,统称为"马克思主义理论教育与思想政治教育专业",隶属于法学门类,为政治一级学科的一个二级学科。1998年7月改在法学门类下设思想政治教育专业,授法学学士学位,并开始培养思想政治教育专业硕士研究生。马克思主义理论学科起步建设,凸显了我国要进一步加强马克思主义在意识形态领域的指导地位,以满足培养马克思主义理论人才队伍的需要。马克思主义理论学科设置的目的是培养合格的马克思主义理论工作者,培养能够围绕运用马克思主义理论,分析和解决现实社会问题的马克思主义工作者。

3.3.3 马克思主义理论学科建制阶段

20世纪与21世纪之交,国际国内形势发生深刻变化,使马克思主义理论学科发展既面临有利条件,也面临严峻挑战。为了有效巩固马克思主义在高校思想政治教育中的主阵地主渠道地位,2005年,中央实施马克思主义理论研究和建设工程,决定设立马克思主义理论一级学科,2005年2月7日,中共中央宣传部和教育部根据中共中央、国务院《关于进一步加强和改进大学生思想政治教育的意见》精神,联合发出了《中共中央宣传部、教育部关于进一步加强和改进高等学校思政课的意见》,"设立马克思主义一级学科,开展马克思主义理论体系研究,开展马克思主义发展史、马克思主义中国化研究,开展思想政治教育研究,为推进党的思想理论建设和巩固马克思主义在高等学校教育教学中的指导地位,为加强高校思政课建设,培养思想政治教育工作队伍提供有力的学科支撑。"在年底国务院学位委员会和教育部根据《中共中央国务院关于进一步加强和改进大学生思想政治教育的意见》和《中共中央关于进一步繁荣发展哲学社会科学的意见》的精神,颁发了《国务院学位委员会、教育部关于调整增设马克思主义理论一级学科及所属二级学科的通知》(学位〔2005〕64号),增设了马克思主义理论一级学科及5个所属二级学科。新增设的马克思主义理论一级学科,暂设置于"法学"门类内,下设五个二级学科,即:马克思主义基本原理、马克思主义发展史、马克思主义中国化研究、国外马克思主义研究、思想政治教育。2008年4月,国务院学位委员会、教育部发出通知:为进一步加强和完善马克思主义理论一级学科建设,逐步形成一个研究对象明确、功能定位科学的马克思主义理论学科体系,同时,为进一步强化高等学校思政课"中国近现代史纲要"课程功能和教师队伍建设,决定在马克思主义理论一级学科下增设一个二级学科,即"中国近现代史基本问题研究"二级学科。2008年增设"中国近现代史基本问题研究",基本完成马克思主义一级学科的学科建制。

3.3.4 马克思主义理论学科领航阶段

党的十八大后,党中央提出的马克思主义理论学科领航计划,表明了马克思主义理论学科在我国哲学社会科学学科中优先发展的战略地位,将进一步推进马克思主义理论学科的建制化进程。顶层设计上的"领航",就是要使马克思主义理论学科更好地引领我国哲学社会科学发展的方向和进程,更好地发挥马克思主义理论对我国哲学社会科学创新和社会主义现代化建设的指导作用。

3.4 马克思主义理论学科建设情况

3.4.1 学位授权学校和导师队伍建设

为了卓有成效地把马克思主义理论学科建设好,学位授权学校和导师队伍是学科建设的首要问题。

(1) 授权学校。国务院学位委员会从探索到起步直到正式建制,每走一步都先在少数学校试点,取得经济有一定把握后再推行,在评选授权学位学校时更加慎重,在学校重视程度、学科建设基础、师资队伍教学科研素质、培养研究生的教学科研条件等方面都有严格要求,在基本的入门条件。全国达到一定条件的高校都积极创造条件并踊跃竞相申报,目前,我国具备马克思主义理论学科专业硕士点的研究生培养机构为 322 个,基本学制为 3 年。经过马克思主义理论一级学科设立前 10 年的学科建设,全国马克思主义理论与思想政治教育博士点共计 28 个。截至 2013 年 12 月 31 日,全国普通高校现有马克思主义理论学科点分布在全国 30 个省级行政区,实现了除西藏外所有省级行政区都有马克思主义理论学科点的布局。其中,一级学科博士点分布在全国 21 个省级行政区,除河北、内蒙古、黑龙江、安徽、重庆、四川、云南、宁夏、青海、新疆、西藏外均有布局。二级学科博士点分布在全国 21 个省级行政区,除山西、吉林、浙江、福建、广西、海南、贵州、宁夏、青海、西藏外均有布局。一级学科硕士点分布在全国 28 个省级行政区,除宁夏、青海、西藏外都有布局。二级学科硕士点分布在全国 28 个省级行政区,除广西、海南、西藏外均有布局。

(2)导师队伍建设。根据马克思主义理论学科研究生的特点、培养目标和培养方式,各授权点高校建立了比较完善的导师评聘制度,坚持"高标准、严要求"的原则,制定严格的选聘条件,除了注重导师良好的职业道德和突出科研学术成果外,在年龄、学历和职称等方面都有一些标准要求,建立了科学的导师评选指标体系;选聘过程公开、公平、公正,注重校内导师和校外导师的比例,避免近亲繁殖,对于教学和科研水平突出的中青年教师,可以破格选聘,优化了导师队伍结构;本着简便易操作、定性与定量相结合的原则,制定了切实可行的量化考核指标体系。

3.4.2 学科专业和课程设置

(1)马克思主义理论学科的专业和课程设置

马克思主义基本原理研究方向的课程设置主要有:马克思主义

经典著作与基本原理、马克思主义理论与现实、马克思主义与当代社会思潮、马克思主义理论教育;马克思主义发展史研究方向的课程设置主要有:马克思恩格斯列宁斯大林思想研究、马克思主义发展史研究、马克思主义通史、马克思主义国别史和阶段史、马克思主义专题史、马克思主义传播史、马克思主义文献学;马克思主义中国化研究研究方向的课程设置主要有:毛泽东思想研究、邓小平理论和"三个代表"重要思想研究、中国特色社会主义理论体系研究、习近平总书记系列讲话研究;国外马克思主义研究研究方向的课程设置主要有:国外马克思主义研究、国外社会主义研究、国外共产党的理论与实践研究、国外马克思学研究、国外左翼学者思想研究;中国近现代史基本问题研究研究方向的课程设置主要有:中国特色社会主义道路历史规律研究、中国改革开放历史规律研究、中国近现代史基本规律和主要经验研究;思想政治教育学科上研究方向的课程设置主要有:思想政治教育原理与方法研究、经典作家思想政治教育理论研究、中国共产党思想政治教育史研究(包括新时期思想政治教育的理论与实践)、中外思想政治教育比较研究。

(2)学科建设的目的和要求

第一,专业和课程设置以理想信念教育为核心,深入进行树立正确的世界观、人生观和价值观教育。要坚持不懈地用马克思列宁主义、毛泽东思想、邓小平理论、"三个代表"重要思想、科学发展观和习近平系列重要讲话精神武装研究生,使研究生深入认识社会发展规律,认识国家的前途命运,认识自己的社会责任,确立在中国共产党领导下走中国特色社会主义道路、实现中华民族伟大复兴的共同理想和坚定信念。积极引导他们不断追求更高的目标,树立共产主义的远大理想,确立马克思主义的坚定信念。

第二,把民族精神教育与以改革创新为核心的时代精神教育结合起来,引导研究生在中国特色社会主义事业的伟大实践中,在时代和社会的发展进步中汲取营养,培养改革精神和创新能力,始终保持昂扬向上的精神状态。

第三,以研究生的全面发展为目标,深入进行综合素质教育,促进研究生思想道德素质、科学文化素质和健康素质和创新素质协调发展,引导他们勤于学习、善于创造、甘于奉献,成为有理想、有道德、有文化、有纪律的社会主义新人。

(3)马克思主义理论学科及培养方向

马克思主义理论一级学科的学科定位应该是我国哲学社会科学中的基础学科,又是领头的学科,是关系党和国家前途命运的生命工程学科。这样定位,就使马克思主义在我国学科分类和建设中的地位同它在党和国家政治生活中的地位相平衡,使中国特色社会主义学科分类的特色更加鲜明。马克思主义理论一级学科的形成进一步繁荣发展哲学社会科学、全面实施马克思主义理论研究和建设工程、进一步加强和改进大学生思想政治教育的需要。

马克思主义理论学科培养的人才必须"专业宽、基础厚、能力强",即要求研究生有坚实的马克思主义理论基础知识、厚实的马克思主义理论功底,又具有能够运用马克思主义基本原理分析新的实践的能力、从新的实践中阐发理论的能力、进行理论创新的能力,以及能够在社会舞台上宣传并实践马克思主义理论的能力。这就要求能把马克思主义的科学性与实践性统一起来,使马克思主义理论能根据现实发展的状况不断发展自身,能随着历史条件的变化不断进行理论创新;能把科学性与意识形态性统一起来,使马克思主义理论的阐发既能体现现代社会经济、科技的发展出现的各类知识的综合化、一体化、人文化和信息化的趋势,又能真正成为指导中国特色社会主义发展的思想。

(4) 二级学科明确培养特色

马克思主义基本原理、马克思主义发展史、马克思主义中国化研究、国外马克思主义研究、思想政治教育和中国近现代基本问题研究等六个二级学科作为马克思主义理论一级学科的构成要素，以其研究范围、研究方向的差别相互联系形成了马克思主义理论一级学科的内在逻辑体系。马克思主义理论一级学科下设的六个二级学科的研究内容和研究范围，为丰富和充实思政课教学内容提供了理论的和思想的材料，也为思政课教学实现思想性、政治性、意识形态性与知识性、学术性的统一提供了学科的思维方式方法，为提高思政课的教学实效打下了研究性基础。

3.4.3　学科建设的学术交流活动

马克思主义理论学科建设过程中，思想政治教育工作者的马克思主义理论教育教学研究和学术交流非常活跃。1982年以后，马克思主义理论方面的学会等学术团体、理论交流和教育教学经验交流会议、学术期刊（包括初期的内部期刊）、学术报告等，如雨后春笋般迅速发展，学术交流成为提升马克思主义理论学科建设水平的重要途径。本世纪以来，马克思主义理论的学术交流和科学研究发展到更高层次，国际学术交流增多。例如北京大学举办的世界马克思主义论坛；北京大学、清华大学、厦门大学等先后承办的马克思主义学院院长论坛；北京市委宣传部、北京市中国特色社会主义理论体系研究中心、北京市社会科学界联合会、北京大学马克思主义学院、清华大学马克思主义学院、中国人民大学马克思主义学院、北京师范大学马克思主义学院联合举办了"马克思主义中国化论坛"；全国高校马克思主义理论学科研究会、《思想理论教育导刊》编辑部主办，解放军南京政治学院马克思主义学院承办的"全国高校马克思主义理论学科博导论坛"；由教育部人文社科百所重点研究基地清华大学高校德育研究中心、清华大学马克思主义学院、海南省中国特色社会主义理论体系研究中心、海南师范大学马克思主义学院联合主办的"全国思想政治教育高端论坛"等。全国范围内甚至国际性质的马克思主义理论学科学术交流会议频繁,烘托了马克思主义理论研究的科研氛围,出了一批人才和成果,扩大了马克思主义理论的影响。

毋庸置疑,前几年受市场经济影响,有些学术会议缺乏学术味道,培训会议追逐经济效益,有些刊物刊登文章重收费轻质量等等,马克思主义理论学科的学习交流和科研氛围也严重受到不良影响。十八大以来,反腐倡廉深入到各个领域,马克思主义理论学科的学习交流和科研氛围迎来了加速发展的春天。

3.4.4 正确处理与相关学科的关系

正确认识和处理马克思主义理论学科与相关学科的关系,是科学把握马克思主义理论学科内涵的必然要求和具体体现,是对本学科正确定位、理清建设思路的重要前提和基础。在马克思主义理论学科与相关学科的关系上,存在着学科边界泛化、窄化两种倾向。泛化倾向,就是把马克思主义学科当做一个筐,什么都往里面装,而不紧扣学科的性质、内涵和要求,在方向设置、课程设置、论文选题、科研等学科建设工作上,种了别人的地,荒了自己的田,往往给别的人"借船出海",最后导致马克思主义整体性研究、马克思主义思想理论教育研究边缘化、空壳化;窄化倾向,就是把马克思主义理论学科仅仅看做是高校思政课的学科,将马克思主义理论各二级学科与高校思政课一一对应,一个二级学科支撑一门思政课,如果认为没有与某一思政课直接同名的二级学科,就希求增设一个同名二级学科,本来多门学科支撑的公共课,变成只要一个学科支撑,把马克思主义理论学科为思政课服务是其主要任务理解为唯一任务,这样,不仅容易导致自我孤立,而且容易导致降低质量和水平。

正确处理把马克思主义理论学科泛化和窄化的现象,要认真总结历史经验,揭示马克思主义理论学科建设的客观规律,正确处理马克思主义理论学科与相关学科的关系。一是正确处理马克思主义理论一级学科内各二级学科的关系。六个二级学科各自从不同方面体现马克思主义的整体性,因此相互交叉、相互渗透而又各有侧重。二是正确处理马克思主义理论学科与分门别类研究学科的关系。它们是整体与部分的关系,博与专的关系。马克思主义理论学科如不研究哲学、政治经济学、科学社会主义各组成部分及其内在有机联系,就不可能研究和把握马克思主义的科学体系。三是正确处理马克思主义理论学科与哲学社会科学其他学科的关系。马克思主义理论学科与政治学、社会学、历史学、人类学等学科关系密切,马克思、恩格斯在创立和研究马克思主义过程中,对这些学科的理论知识都做过大量深入的研究,所以说马克思主义是在吸取人类优秀的知识财富基础上才形成和发展起来的。因此,研究马克思主义理论学科的同时,也要努力学习、研究许多相关学科的知识。

研究和学习马克思主义理论是为了应用,首先是应用它来教育人、武装人,因此,它与教育学、心理学、法学、伦理学关系也很密切,不懂得这些学问,也是不可能揭示思想理论教育规律的,政治教育、理论教育、道德教育也是不可能取得好效果的。[1]

---

[1] 张耀灿,略论马克思主义理论学科的科学发展,理论前沿,2008.1.

第4章 马克思主义理论学科就业分析

随着研究生扩招政策的实行,毕业研究生数量不断增多,马克思主义理论学科研究生就业难尤其是女研究生就业难的问题更加突出。主要原因是社会和用人单位对马克思主义理论学科的地位和作用缺乏正确认识;马克思主义理论学科研究生创新能力欠缺,社会工作的适应性不够。

4.1 本学科培养指向

马克思主义理论学科研究生的就业适用范围,主要是在与所学专业接近的党政机关、学校、科研单位、新闻出版机构、社会团体和企事业单位从事行政管理、宣传教育、政策研究工作。

4.1.1 适应社会需求

(1)运用马克思主义基本理论能力

马克思主义理论学科创造性工作的实质"就是要把马克思主义的普遍真理和中国的具体实践结合起来"坚持以问题为导向"自觉用马克思主义的立场、观点和方法"分析、研究、解决我国社会主义现代化建设中亟须解决的重大理论和现实问题,促进马克思主义中国化的理论创新、话语创新和实践创新。因此,一定要坚持以问题为导向

"以我们正在从事的社会主义现代化建设的伟大事业为中心",以我国的经济、政治、文化、社会、生态发展中出现的新课题为出发点,从客观实际出发深入调查研究,透过现象看本质,提出解决问题的理论和方法。

马克思主义理论学科研究生作为党的理论知识的教育者和传播者,必须有扎实的理论基础知识、广博的文化知识和较高的理论思维能力。其一,必须具备扎实的理论知识和广博的文化知识。比较系统地学习掌握马克思主义理论知识和马克思主义理论学科的专业知识。马克思主义理论学科研究生的"对口"工作是进行思想政治教育,是很专业和职业化的工作,没有基本理论和知识的储备和积淀,创新和创造性工作就成了无源之水,无本之木。其二,马克思主义理论硕士生不仅要加强现有理论的学习和研究,学习过程中,还要有意识地加强理论思维能力的锻炼和提高,主动、积极掌握理论创新的方法,将实践中获得的经验加以总结、提炼,不断提高自己的理论和逻辑思维能力。社会是大系统,新现象和新问题很复杂,为了提高分析和解决问题的能力,不仅必须具备马克思主义基本理论知识,还必须懂得政治学、哲学、经济学、社会学、管理学和心理学以及一定自然科学的基本知识,甚至包括工作范围相关业务的实践动手能力。

(2) 解读宣传党的方针政策能力

马克思主义理论学科具有"推进哲学社会科学的理论创新"的责任,一定要把以问题为导向和与以马克思主义为指导紧密结合起来。研究、宣传党的路线、方针、政策过程中,创造性地反映中国实践和中国道路,自觉建立具有中国特色和中国风格的科学理论和话语体系。

加强马克思主义理论学科建设,宣传党的路线、方针、政策,发挥马克思主义理论学科的领航作用,就要深入推进马克思主义大众化工作,大力加强马克思主义理论研究成果向社会的传播与普及。理论研究的目的在于运用,马克思主义中国化的创新理论成果必须通过一定的方式向社会传播和普及。只有让社会实践的主体——广大人民群众所掌握,才能加深人民群众对马克思主义特别是中国化马克思主义的信仰,坚持和运用,坚定不移地走中国特色社会主义道路。

解读宣传党的方针政策是专业性和艺术性很强的工作,要有深厚的马克思主义理论造诣,要针对重大现实问题,要用人民群众通俗易懂的话语,不仅要懂政治、经济、社会、文化、生态等核心问题,还要关注军事、外交、网络舆论等方面面临的突出现实问题。马克思主义理论学科硕士生是未来从事马克思主义理论相关工作的主力军,一要政治过关,必须具备正确的世界观、人生观、价值观,不断提高自身思想政治素质和个人修养,时刻与党中央保持高度一致。二要具备解读宣传党的路线、方针和政策方面的能力。要成为党和国家解读宣传党的方针政策的优秀工具,必须具备运用原理分析现实问题的能力,不能仅仅学到一些皮毛理论赶赶时髦,浅尝辄止,要避免出现恩格斯所讽刺和批评的情况,恩格斯曾针对那种坏的时髦哲学和不求甚解的学风指出:"官方的黑格尔学派从教师的辩证法中只学会搬弄最简单的技巧,拿来到处应用,而且常常笨拙的可笑。对他们来说,黑格尔的全部遗产不过是可以用来套在任何论题上的刻板公式,不过是可以用来在缺乏思想和实证知识的时候及时搪塞一下的词汇语录"。

(3)分析和解决现实难题的能力

经济全球化和新媒体背景下,网络已成为思想舆论交锋的主阵地。信息社会具有的开放性、交互性、实时性、虚拟性、多样性、跨界性、移动性等特点,为马克思主义理论学科利用网络领域的舆论引导和价值引领,创造性地进行思想政治教育提供了机遇,同时也遇到了严峻挑战。西方社会一些势力利用自己的经济、技术、传媒等优势，加大了对我国的西方文化的传播、西方价值观念的渗透和网络舆论的误导，企图达到实施"颜色革命"、制造思想混乱、扰乱社会秩序、破坏社会稳定，乃至实现政权更迭的目的。高校马克思主义理论学科要认清网络领域思想价值交锋的严峻现实，引导研究生积极主动地参与网络领域的思想价值交锋，自觉用马克思主义立场、观点和方法，分析网上的各种舆论，加强舆论引导和价值引领。

马克思主义理论学科研究生，在错综复杂的网络舆情环境中，提高对网络舆论特别是价值观念分析、辨别、选择的意识和能力，始终坚持正确的政治方向和价值取向，必须理论联系实际，具备运用马克思主义基本理论分析、解释、创新性地解决社会改革发展中遇到的现实难题的能力。因而，研究生的培养计划必须以社会发展需要为前提，坚持以人为本的原则。一方面要创造宽松和谐的学术氛围，全面提高人的综合素质，巩固基础理论知识，挖掘发展潜能，拓宽专业知识面，增强理论功底，尊重和促进研究生的个性发展，认识到研究生学习的规律性及逻辑性，把学习作为其重点来抓，切实提高学习能力。同时，一定要注重创新能力培养，要用科学发展观指导学习，坚持以人的发展为最高价值标准，使研究生学习有热情，有动力，有兴趣。一定要强调研究生的学习成果要能够服务社会，服务人民，始终体现最广大人民群众的根本利益。能够创造性地结合现实难题解疑释惑，是社会对马克思主义理论学科研究生的根本要求。

（4）社会需要德才兼备的创新人才

第一，社会需要不断推陈出新，社会创新是更重要的核心创新。社会发展的动力问题是社会发展的重大理论问题，是历代思想家关注的焦点问题；同时也是重大的实践问题，甚至是关系到国家、民族和政党兴衰存亡的重大问题。目前，学者乃至政治家的一个基本共识是，创新是时代精神的聚焦，是社会发展的基本动力。创新理论的鼻祖熊比特就将创新看成是资本主义发展的主要动力。我国领导人也曾指出："创新是一个民族的灵魂，是一个国家兴旺发达的不竭动力。"关于社会发展的创新动力说，学界更多地侧重于技术创新对经济与社会发展的作用的研究，这无疑是十分重要的。不过，随着创新研究的深入开展，社会创新的研究正日益受到关注。人类社会的发展经历了诸种不同类型的社会形态，从前工业社会、工业社会发展到当今时代的后工业社会，在不同的历史时期、阶段，不同的空间地域、国度，其动力机制并不完全一样。正是因为动力机制的不同或差异，人类社会才表现出千姿百态，不同国家和地区才呈现出不同的发展道路。但是，无论怎么千变万化，无论不同的空间和历史场域具有什么样的特点，纵观人类社会，必有某种最基本的动力机制，它决定和制约着人类社会的发展路径和总的方向，成为所有不同动力因素的基础。这种动力机制，归纳起来无非两种：一种是技术创新，一种是社会创新。

第二，社会发展急需德才兼备的社会创新人才。社会创新较之技术创新是更高层次的创新。社会创新人才不同于主要同自然界打交道的技术创新，而是研究和解决十分复杂的人类社会问题。世界观、价值观、人生观非常重要，所以，首先应是培养德才兼备、德才统一的人才。德的主要体现，就是必须具有坚定正确的政治方向，崇高的理想信念、强烈的事业心和责任感，有科学正确的世界观、人生观和价值观，有良好的道德品质。因此，社会创新人才的培养，既要培养才，又要培养德。马克思主义理论学科不仅自身要培养社会创新的人才，也为培养社会创新人才输送师资和研究成果。马克思主义理论学科的在校研究生一定要把德才兼备与社会创新有机统一起来。

4.1.2 就业方向预期

(1) 党务政务部门文秘服务工作

党务工作是个广泛的概念,通常情况下,我们把党的组织工作、宣传工作、纪律检查工作等各项内部的事务性和业务性工作统称为党务工作。实际工作中,党务工作就是围绕党的建设而进行的一系列具体的党内管理活动。比如,发展党员工作、党员教育工作、党员管理工作、党的纪律检查工作、党内监督工作、党的组织宣传工作。

行政事务工作,泛指国家的管理工作。包括:做好办公室日常行政事务及文秘工作。负责各种文件的起草、装订及传递工作;及时处理上级文件的签收、传递、催办;做好文件的回收、清退、销毁工作;做好文秘档案收集管理及保密工作,做好各种会议的记录及会务工作,做好单位印章管理,做好来访接待工作,完成领导交办的其他任务和各种应急事务的处理。

文秘工作是文书和秘书工作的总称,是各级领导机关日常工作的重要组成部分。它是实现机关职能的重要手段,又是承上启下,联系内外,沟通左右的纽带,为机关领导工作起着参谋和助手的作用。

马克思主义理论学科研究生,做好党务政务部门文秘组织工作,要具备以下基本素质:一是讲政治,识大体,顾大局,高调做事,低调做人,坚持原则,遵纪守法,照章做事,做党和人民信得过的文秘;二是懂规矩,谦虚谨慎,善于学习,自觉和用心处理好上、下、左、右、前、后、内、外等方方面面的工作关系,做高水平的文秘;三是具有明确的配角意识。党务和政务秘书都是服务,为党和人民服务,具体体现在日常工作中为领导的工作服务,为群众的困难服务,必须以人为本,勤、慎、公、忠,廉洁自律,甘心奉献,从而达到党务政务部门文秘工作的理想角色的境界。

马克思主义理论专业研究生,胜任党务政务部门文秘服务工作,必须勇于工作创新：一是观念创新，到新的单位后，既要虚心向岗位前辈学习，又要敢于创造性工作，要结合本职工作，搜集、研究最新前沿成果，结合岗位实际大胆改革；二是载体创新，大胆运用新媒体展示技术、情报技术、形象宣传技术，充分利用局域网站、板报园地等载体开展工作；三是内容创新，要研究中央精神和工作单位的中心工作，自觉设计长、中、短期的个人创新计划，将个人工作创新与国家发展目标、单位中心工作和单位文化内容有机结合，实现工作内容常做常新；四是方法创新，马克思主义理论学科研究生不管做什么工作都要善于谋划，一是谋划岗位工作，二是谋划个人进步。谋划做好从事工作的阶段性和层次性，谋划个人发展的阶段性和进步的层次性。通过谋划和努力，使阶段性目标与长期目标相结合；全面素质提高与重点提高结合；集中活动与经常性活动相结合；五是手段创新，马克思主义理论学科研究生要紧跟时代步伐，更新自己的学习、研究和工作手段。

(2) 文化教育部门宣传研究工作

文化教育是一种社会现象，是人们在长期生产劳动创造过程中形成的产物，同时又是一种历史现象。确切地说，文化是一个国家或民族的历史、地理、风土人情、传统习俗、生活方式、文学艺术、行为规范、思维方式、价值观念等的统称。是人类在社会历史发展过程中所创造的物质和精神财富的总和，它包括物质文化、制度文化和心理文化三个方面。马克思主义理论学科研究生到文化部门工作，在物质文化整理、制度文化宣传和心理文化研究等三个方面都可以胜任并发挥创造性作用。教育部门包括教育单位和教育行政部门。马克思主义理论学科适用的教育单位包括大学和中小学，主要从事思想政治教育教学和学校的党务政务秘书；教育行政部门是指一个各级政府对教育事业进行组织领导和管理的机构或部门，可以胜任其中的党务、政务秘书、管理工作。

马克思主义理论学科专业培养的研究生,政治敏感度高,文化感知力好,接受新事务能力强,写作水平高,符合文化教育部门的宣传研究工作要求,是马克思主义理论学科研究生重点培养的就业方向。

(3) 企业社区党群机关宣教工作

企业一般是指以营利为目的。运用各种生产要素(土地、劳动力、资本和技术等),向市场提供商品或服务,实行自主经营、自负盈亏、独立核算的具有法人资格的社会经济组织。企业可进一步分为公司和非公司企业,后者如合伙企业、个人独资企业、个体工商户等。在20世纪后期随着改革开放与现代化建设,以及信息技术领域新概念大量涌入,"企业"一词的用法有所变化,并不限于商业性或营利组织。在中国计划经济时期,"企业"是与"事业单位"平行使用的常用词语。企业在经济活动中通过生产和经营活动,在竞争中不仅创造和实现社会财富,而且也是先进技术和先进生产工具的积极采用者和制造者,这在客观上推动了整个社会经济技术的进步。企业是最重要的市场主体,在社会经济生活中发挥着巨大作用。马克思主义理论学科的研究生,到企业工作也是很好的选项,从事的主要工作是研究宣传和服务于企业文化。企业文化是一个企业的价值观、信念、仪式、符号、处事方式等组成的特有文化形象。企业文化是企业的灵魂,是推动企业发展的不竭动力。它包含着非常丰富的内容,其核心是企业的精神和价值观。这里的价值观不是泛指企业管理中的各种文化现象,而是企业或企业中的员工在从事商品生产与经营中所持有的价值观念。

社区是若干社会群体或社会组织聚集在某一个领域里所形成的一个生活上相互关联的大集体,是社会有机体最基本的内容,是宏观社会的缩影。社会学家给社区下出的定义有140多种。尽管社会学家对社区下的定义各不相同,在构成社区的基本要素上认识还是基本一致的,普遍认为一个社区应该包括一定数量的人口、一定范围的地域、一定规模的设施、一定特征的文化、一定类型的组织。社区就是这样一个"聚居在一定地域范围内的人们所组成的社会生活共同体"。

社区的特征:有一定的地理区域;有一定数量的人口;居民之间有共同的意识和利益,并有着较密切的社会交往。一个村落、一条街道、一个县、一个市,都是规模不等的社区。一个成熟的社区具有政治、经济、文化、教育、服务等多方面的功能,能够满足社区成员的多种需求。为此,社区设有各种层次的管理和服务机构。这些机构管理社区的各种事务,发展和稳定,为社区成员提供相关服务。各级政府部门、基层管理服务组织都是社区的管理和服务机构。在我国农村,基层社区管理组织是村民委员会;在城市,基层社区管理组织是居民委员会。

社区管理和服务机构的重要职能是为社区成员提供社区服务,如生活服务、文化体育服务、卫生保健服务、治安调解服务等等。到社区工作的马克思主义理论学科研究生,一般在党群机关从事思想宣传、政治教育等党务政务文秘和管理工作。

(4) 党政管理和领导工作后备军

随着社会发展速度加快,社会管理、思想政治教育、领导者水平的作用日益突显,需要越来越多综合能力强、创新素质高的高层次人才,尤其是马克思主义理论学科和其他人文社会科学学科的管理人才、领导人才。

管理工作、领导工作、做人的思想政治工作,是一种职业,是专业性很强的工作。马克思主义理论学科以其扎实的三观教育,深厚的理论功底和科研能力,尤其是学科性质所决定的分析和处理复杂多变的社会现实问题的能力,而居于培养管理工作、领导工作、做人的思想政治工作人才的首选重要基地,所培养优秀人才是主要后备军,加以实践磨炼,很多会走上管理工作、领导工作、做人的思想政治工作的重要岗位,为中国特色社会主义事业作出突出贡献。

4.2 本学科就业质量

4.2.1 就业质量不高

(1) 就业率不低

马克思主义理论学科在硕士生扩招的影响下,面临的就业形势相当严峻。据河北省部分高校近6年本学科硕士研究生平均就业率统计:就业去向:事业单位39%(其中高校工作27%,公务员12%);大学生村官8%,选调生4%;国企外企12%,民营企业9%,灵活就业24%,自主创业和考博4%。就业率:2010年83%。2011年88%。2012年88%。2013年88%。2014年85%。2015年95%。平均就业率88%。总的说来,就业比较分散,就业率不是很低但就业质量不高。

(2) "对口"就业偏少

调查发现,本学科就业不理想的问题是,有些学生就业观念较为保守,"对口"就业的追求比较理想化。大部分热衷于有编制、稳定的职业,千军万马追逐高校及党政部门工作,就业观念在一定程度上影响了就业率。大多数追求正规企事业单位,因为,正规企事业单位工作环境和条件比较优越,晋升机制相对健全,拥有比较系统的考核方案和晋升机制,工资待遇和发展空间比较正规,相比私营企业和家族企业有更高的"安全感"。尽管这种择业观无可厚非但是,也从一个侧面反映了有些研究生不肯吃苦,无创业意识,缺乏拼搏精神等,应该引起高度重视。从就业质量考虑,本学科培养的研究生所从事的工作大多与培养目标"擦边",真正做思想政治工作、宣传教育工作、理论研究工作即"对口"就业的偏少。这一方面与社会对本学科认知度有关,与学校培养质量有关;另一方面,还是与研究生的综合素质有关。有的学生到单位后很快适应工作,做出成绩;有的学生靠自己的优秀表现调整到更适合自己的工作岗位上去,有效提高了就业质量;但是,大部分没有如愿,究其原因是创造性工作的意识和能力不足。

(3) 就业"满意度"偏低

就业满意度是衡量就业质量的重要指标,尽管说"满意"具有主观性,但是,领导、同事、个人、家庭综合满意度是具有客观性的。而且往往各个方面的满意度是比较一致的。评判满意程度的基础是从业者个人在工作岗位上的表现,具体说就是工作过程中的效率、质量和贡献,其核心是立足岗位创造性工作的能力和成就。据河北省部分高校本学科6届毕业生调查,就业"满意"度不是很高,从领导、同事、个人、家庭四个层面分析,领导和同事满意度较高,综合得分达到96.1分和94.3分以上,而个人和家庭满意度较低,分别得分83.3分和78.6分。访谈中了解到,个人和家庭满意度不高是和其他学科、其他同学相比较,认为个人条件,工作态度,经济、时间、精力投入与工作收入和地位明显不如热门学科,心理预期与现实差距较大。但大部分对于学习马克思主义理论学科并不后悔,表示坚持在这条路上继续努力,相信马克思主义理论学科前途光明,作用会越来越大。

4.2.2 女研究生就业难

近年来研究生的学习成绩和文凭在就业市场的优势越来越低,用人单位更侧重于研究生的能力,特别是科学研究和创新能力。一些当年抱着"高学历是获得满意工作的金钥匙"的考研动机的女研究生,在择业时发现硕士研究生的就业市场竞争更加激烈,女研究生的教育优势并没有改变劳动力市场的性别秩序和男性偏好。

(1) 有些单位具有性别歧视

第一,马克思主义理论学科女研究生比例居高不下。各学校马克思主义理论学科研究生男女性别大约是3∶7弱的比例。并呈女生逐年上升,男生逐年下降趋势。H大学2007年以来共招生9届,招生300人,其中男生50人,仅占17%。见表1《H大学马克思主义理论学科招生数据》和图1《H大学马克思主义理论学科招生数据图》。

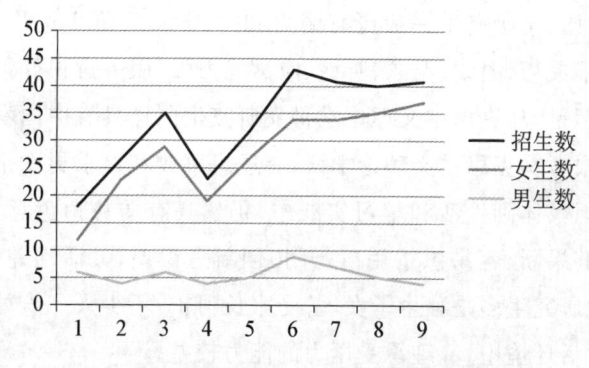

表1 《H大学马克思主义理论学科招生数据》

年份	2007	2008	2009	2010	2011	2012	2013	2014	2015
招生数	18	27	35	23	32	43	41	40	41
男生数	6	4	6	4	5	9	7	5	4
女生数	12	23	29	19	27	34	34	35	37

图1 《H大学马克思主义理论学科招生数据图》

男女生比例失调的原因,一是女生的温柔早熟适应中国教育注重应试成绩的模式,造成学习成绩优于男生,直到考研时,大多数男生应试能力弱于女生;二是女生数学成绩偏弱,马克思主义理论学科不考数学,是吸引女生报考的一大因素;三是女大学生就业难,很多女生希望通过提高学历增加就业机会和提高就业质量,因而选择读研,而马克思主义理论学科是相对好考好毕业的专业;四是大部分独生子女家族经济并不困难,对子女成才有高度期盼,只要能考上,鼓励和支持继续深造,一般说来是能读多高读多高,只不过多数男生或者考理工科,或者应试能力差考不上而已。所以,本学科生源充足,但成绩不高,女生较多。

第二,马克思主义理论学科女研究生的素质特点。我国是一个有着两千多年封建历史的国家,从封建社会开始,就实行男耕女织的生活方式。长期的封建文化积淀在社会上形成了一种"男强女弱"、"男主女从"的固定思维模式,从而形成了传统文化对男性与女性的不同角色期待,产生了对男性与女性价值的两种不同评价标准。传统文化的消极影响可谓根深蒂固。马克思主义理论学科女研究生,虽然是受过高等教育的新女性,她们也难逃这种双重标准的影响。与男生相比,女研究生一般更有耐力和持久性、言语表达流畅、情感细腻、手很灵巧、温柔、温顺、听话、应试能力强,服务意识好,坐得住,好管理;但是,马克思主义理论学科女研究生同样具有中国女性的弱点,虽然报考马克思主义理论学科,有思想解放和追求男女平等的强烈诉求,但具体到生活和学习实践中,仍然具有弱势角色意识,比较胆怯、不够果断、容易感情用事,开拓创新意识差,灵活性差。另外,当代的女研究生多是独生子女,备受家长呵护,不少人一直处于比较优越的生活环境中,心理承受压力的能力较差。

在未来发展和择业上,有些女研究生受传统女性观的影响,把家庭放在首位,把事业放在第二位。有调查结果显示56.5%的女研究生对自己的职业只有"模糊的计划",11%的女研究生是"走一步算一步"。多数女研究生自我定位不准确,对自己没有客观、科学的评价,在求职时不清楚自己适合做什么,也不知道自己能干什么,自信心不足,多数偏向于选择稳定、鲜有挑战性的工作。多钟爱于事业单位、国有企业等,偏向于大中城市,不愿下基层工作,缺乏吃苦的准备。多数女研究生,对社会、国家和时政的态度比较淡漠,人际交往能力和社会实践能力都不强。总之,女研究生的自身就业资本不足,综合素质不高。

第三,就业市场具有性别歧视现象。女研究生的成绩优势没有改变劳动力市场的性别秩序和男性偏好。用人单位的职业信息对性别的要求要么是"只招男生",要么是"不限",很少看到"女"或"只招女生"的。一部分用人单位不公开强调只招男生,但实际招聘中遵循的是以招男生为主,招少量女生或不招女生的内部原则。还有些单位提供双重信息,面对女研究生求职者,就明确告诉没有用人指标;面对男性求职者,就强调用人单位求贤若渴,正在广泛招揽人才。因此,大多数情况下,女研究生只是各种人才招聘会的男性陪衬,其结果是增加男研究生的就业成功率,女研究生在劳动力市场只能选择收入或职位都比男研究生低的工作。

用人单位之所以歧视女生,原因不外乎两种:一是传统偏见,认为女不如男。传统社会性别规范为男女设置了双重角色和评价标准,这种角色观念的评价标准不仅为男性所接受,也为大多数女性自觉不自觉地认同。并且,这种认同在人才培养中发挥了实实在在的作用,这种教育从儿童时代就开始实施,家族、社会、学校多重施教,终于导致了男女的严重不同。在中国社会,男性的价值主要表现为事业成功。男性个人和家庭生活幸福与否并不影响人们对他事业成功的评价,相反,有时甚至会因无暇照顾家庭使人们更加肯定其事业追求。女性则是事业成功和家庭幸福双重标准。家庭生活幸福与否直接影响人们对女性的评价。无论其事业是否成功,只要女性的个人和家庭生活不幸福,就很难得到人们对其时间配置效益的肯定。

二是认为女性的特殊生理特征决定了她们的雇佣成本较男生高,麻烦也比男生多。所以,即便不打出"只要男生"的牌子也是暗行"只要男生"之实。在一些用人单位看来,女生在很多方面存在着劣势。通常来说,女研究生毕业已二十六七岁,刚踏上工作岗位就面临着结婚生子,岗位培训刚刚完成就怀孕,进单位第二年就开始休产假。事业还没有打开局面,就得将生活重心从工作转到家庭。现在二孩政策又放开了,生两个孩子,几乎五六年很难给单位创造效益。

(2) 有些岗位苛求年龄和形象

第一,女研究生年龄影响就业。由于女研究生毕业就面临着结婚生子,如果生二胎可能五六年影响正常工作,信息社会发展很快,五六年后,知识已经陈旧,能力可能落后。所以,在劳动力市场中,学习成绩并不是女研究生职业能力的主要凭据,用人单位往往"只要男生",否则,即使录用女研究生,也利用买方市场之利,提出限制女研究生的结婚和生育的苛刻条件。有些用人单位要求女研究生工作的前三年不许结婚或前五年不许生育,并要求签约、承诺,用来考验她们的所谓诚信度。一旦女研究生不同意苛刻的条件,用人单位就认为她们缺乏职业发展动力和市场价值而不予雇用。许多女研究生为了得到工作,被迫同意其内部规定。面对劳动力市场的性别规定,女研究生陷入"女性生育角色"自卑之中,将女性的生育功能误认为就业缺陷,在就业中往往表现出缺乏信心和竞争勇气。

第二,女研究生形象影响就业。在就业过程中,除了"性别歧视"和"年龄嫌弃"外,还有"身体形象"的瓶颈成为女研究生就业焦虑的重点。许多单位招收女研究生都特别强调身体形象和外表吸引力。女性气质和外表视觉效果成为能否获得工作的关键因素之一。年轻、漂亮、身材苗条成为女性就业的优势。很多女研究生特别焦虑自己的年龄和身体形象,年龄稍大的女研究生为年龄而苦恼,身体和容貌不符合"美丽标准"的女研究生,本来很健康,却认为自己身体有缺陷。为了在面试中给录用单位留下好的第一印象,往往通过美容、服饰、节食和锻炼等多种方式追求苗条的身材和理想的女性形象。过度关注身体形象破坏了身心健康,就业恐惧情绪和过度注重外表,影响了女研究生智慧和能力的充分发挥,使女研究生的知识优势难以转化为就业竞争力。

(3) 从根本上说:综合素质决定就业

影响女研究生就业的因素很多,确实有不公平、不合理、无奈之处,一时也很难从根本上解决。真正能提高女研究生就业率和就业质量,必须从提高女研究生自身素质做起。

第一,女研究生要自觉破除传统女性观的束缚,树立全新的女性观。女研究生,是女性中的高级知识分子,应该超越传统男女性别角色的二元对立论,学会做新女性,学会独立、自强,不能把婚姻看成是人生的全部。思考问题思路开阔一些,遇到有争议问题大度一些,处理关系想远一些,一句话,做人要有女人味,处理问题要有点男人范。

第二,正确评价自我,准确职业定位。要客观地评估自己,既要看到自己的优势和特长,也要正视自己的不足。要将社会要求和自身优势有机结合,不仅适应社会需要,而且还能根据社会要求的变化发挥自己的特长和优势。

第三,解决就业难问题,女研究生必须加强自身的就业资本积累。换句话说,自己要有特长和优势,要自觉、用心培养自己的特长和优势。一要重视提高自身的心理素质。面对就业难的严峻形势,面对就业过程中可能遭遇的种种性别歧视,要有充分的心理准备,学会沉着、冷静、从容的应对。优秀的心理素质是打动用人单位的重要条件。二要重视提升自己的人格魅力。人格是指一个人的整体的精神面貌,是具有一定倾向性的和比较稳定的心理特征的总和。它是人所具有地与他人相区别的独特而稳定的思维方式和行为风格。女研究生在生活学习中应学会培养自己的兴趣爱好、磨炼自己的个性、完善自己的气质形象,使自己成为一个个性丰满,极具人格魅力的优秀女性。三要增强自己的社会实践能力。社会实践能力是适应社会的各种综合能力。它主要包括人际沟通能力、合作能力、实践操作能力和驾驭各种复杂局面的应对能力等等。这些能力既是女性成才的必然要求,也是女性脱颖而出的关键因素。所以,女研究生必须有意识地参加各种社会实践活动,在社会实践中不断磨炼和增强自身的社会实践能力。

4.3 就业质量差原因分析

4.3.1 专业设置形式重于内容

(1) 马克思主义理论学科是领航学科,但学科建设未能名实如一。我国是一个社会主义国家,是符合人类社会发展规律的文明国度。我们的跨越式发展得益于马克思主义理论的指导,革命年代如此,建设过程如此,改革开放如此,知识经济时代中国后来居上实现跨越发展也是如此。经过历史实践的反复检验,马克思主义的领航地位终于以科学学科的形式加以确定。马克思主义理论学科的设立和发展,是我们党加强思想理论建设和意识形态建设的一项重要举措。但是,学科建设遭遇上热下冷的情况,党和国家高度重视,基层教学单位和培养单位却支持不力,国家加强思想政治理论课的很多政策不能落实到位,学科建设远未达到名实如一。

(2) 学科建设是一个系统的、综合的过程,该学科的建设必须认真规划深入发展。我国理论界对马克思主义基本原理、马克思主义理论体系、马克思主义发展规律及与马克思主义相关的其他方面的理论研究的深入和全面展开,为马克思主义理论学科的形成和发展提供了理论准备和必要条件。可是,有些高校满足于形式合格,不重视马克思主义专家素质培养,所培养人才不能深入理解马克思主义,不能用马克思主义的理论和方法分析现实中遇到的疑难问题。由于理论不深入,实践能力差,不适应社会需要,造成所培养研究生就业困难。当前马克思主义理论学科,应该实实在在地师生共同深入研究以下问题:关于马克思主义科学性和价值性统一问题,关于马克思主义学科整体性问题,关于马克思主义理论体系的认识,关于马克思主义的发展规律,贯穿于马克思主义发展过程的理论与实践的矛盾,坚持与发展的矛盾,马克思主义与人类文化的矛盾,马克思主义研究、宣传、教育之间的矛盾,以及马克思主义发展要求与马克思主义理论家队伍状况的矛盾,等等。[1]

(3)学生缺少创新意识。马克思主义理论学科研究生毕业时,修完了学分,完成了学术活动过程,撰写了毕业论文,通过了论文答辩,形式上"圆满"完成学业,取得了标准文凭,简单的基本能力和标准是达到了。其实,内在质量水平偏低,这与学科建设时间短有关,与应试教育传统有关,与很多高校专科升本科、本科升硕士,一路"破格",师资队伍和学科建设经验不足有关,还与生源质量不高,学科投入不足等等很多因素有关。当然更与学生自身素质密切相关,就业压力和不良社会风气导致有些学生学习态度不端正,不潜心对前人研究成果进行系统梳理,没有对研究选题进行认真分析论证,没有阅读原始文献和第一手资料,忙于应付公务员考试、司法考试、应聘面试等;有些学生存在混文凭现象,必要学分修完及格,学术活动应付参加,毕业论文草草成稿,毕业答辩惊险通过。总之,很多研究生并未考虑综合素质发展和创新能力提升,不仅缺乏创新能力,而且缺乏

---

[1] 梁树发黄刚,试论马克思主义理论学科形成的科学基础,思想理论教育导刊,2010.3.

创新意识。

4.3.2 创新素质影响就业

(1) 高度重视创新素质培养

第一,创新是全民族创造精神和创造能力的激发与塑造,创新是民族进步的灵魂,创新教育是素质教育的核心。马克思主义理论学科作为领航学科,肩负着为国家培养马克思主义理论高级专门人才的重任,研究生的培养质量及其创新素质的塑造就显得更为重要。没有继承、没有积累不可能有创新,研究生经历了中小学及大学阶段的学习,在文化知识方面有了一定的积累,有了学习和研究问题的基础,研究生期间的学习就应进行专门的训练,尤应培养其创新精神和实践能力,这是研究生培养的主旨。

全面实施马克思主义理论学科研究生创新素质教育,需要以全新的教育理念贯穿研究生培养的全过程,在研究生制度、导师制度、培养模式、指导方式、课程开设以及招生毕业等方面进行全面系统的改革创新,把研究生的培养重点转移到深入社会实践,培养创新素质上来。研究生阶段是人生成才的黄金季节,充分发展智力,特别是培养创新素质,是在未来社会能够以不变应万变,长久立于不败之地的保障。

第二,专业素质影响就业质量。话又说回来,毕竟有学科专业之分,不同学科和专业技能是从事相关工作的有利条件,有利于做好相近专业岗位工作。所以,一定要立足专业,掌握一技之长,至少在相对"狭窄"的专业范围内有一定研究和话语权。它是检验你是否达到一定学位水平能力的基准,是录用你从事基本项工作的基本条件,是你岗位继续提高的基础。研究生的素质是多方面的,但最重要的还是专业素质,马克思主义理论学科各专业的课程设置和学术要求是综合素质培养的基本范围,将所学知识与中国社会现实问题结合进行深入研究和创造性思考,具备分析、研究和解决现实问题的一定能力,是从事马克思主义理论学科相关工作的资本。加强专业修养,刻苦学习专业知识是增加就业机会和提高就业质量的基本保障。

(2) 创新素质决定就业质量

第一,人才综合素质结构分析。目前,马克思主义理论学科生源构成大致有以下三个特点:一是多学历,由于国家允许同等学力考生报考研究生,这样就出现了在考生中有专科学历、成人教育本科学历、自学考试本科学历、国民教育本科学历等不同学历层次;二是多专业,有思想政治教育专业、历史学专业、法律专业、社会学专业等相同或相近专业,也有汉语言文学、英语等其他文科专业,甚至还有一些理工科专业;三是多类型,有应届的,有往届的,有工作过的,结婚有子的;四是本科来源也不一样,有重点大学的,有一般高校的,有军队院校的,普通高校招生中有很大部分是独立学院或民办院校的。

生源参差不齐,这既是劣势也是优势。从不利于培养的角度讲,所学专业、理论基础、社会阅历、思维方式、生活习惯等等方面都差别很大,共性的东西少,课程设置、培养过程、活动要求等,缺乏统一模式和方法培育的基础,必须采取求同存异和照顾大多数的方式进行。从有利的角度看,各方面各层次的人才都有,一是有利于同学们互帮互学,知识能力互补;二是促使导师因材施教,提高导师培养能力;三是便于开展课余活动,有利于学生全面发展。如何变劣势为优势?要自觉组织学生开展有意义有效果有兴趣的活动,在活动中显示每个人的长处,在活动中激发大家完善自己的自觉,在活动中提升创新能力。

第二,就业质量要求创新素质。马克思主义理论学科研究生,不仅掌握马克思主义理论学科所学专业的专业知识,还应具备信息知识、法律知识、网络知识、文史知识、语言文字知识,一定的管理、文档及办公操作知识技能等,因为,毕业后所从事的工作一般离不开行政工作、文字工作、事务工作,都具有办文、办会、办事的职能。因此,马克思主义理论学科的学生必须不断积累,通过各种途径提高知识、增强能力,以便适应各种工作环境、工作程序、工作对象和工作要求,努力成为具有创新素质的复合型人才。随着科学技术的进步和知识的不断更新,也是就业难压力的作用,社会对马克思主义理论学科研究生提出了更高的要求,必须顺应社会的发展,调整知识结构,突破学科领域狭窄的桎梏,形成文理工管相互渗透的复合型知识结构。只有自我的不断完善和增值,价值才会得到越来越重要的体现,就业质量才能有效提高。探索马克思主义理论学科建设的规律及研究生创新素质培养模式和路径,是摆在马克思主义理论学科建设面前的重要任务。

(3) 科研内容必须联系实际

很多高校的马克思主义理论学科建设,培养学生科研能力仍处在形似神非的初级阶段,培养研究生的科学研究环节,往往是资料剪贴,纸上谈兵,缺乏实践。很少深入社会有针对性地开展调查研究,研究生的学习和研究不能为解决社会现实问题发表真知灼见。众所周知,学科地位的获得和提升是一个基于学术研究的优势积累的过程,学术研究是学科建设地位的获得和提升的必要条件,对于学科建设来说,必须把指导学生开展科学研究放到最重要的位置上来,没有科学研究的学科建设不成其为学科建设。在新形势下,马克思主义理论学科尤其要加强现实问题的深入研究,马克思主义的生命力在于实践性和创新性,马克思主义理论学科研究生的成长也必须在实践中培养,在创新中提高。提高他们创造性地运用马克思主义基本理论分析和解决现实难题的能力。

研究内容没有就业指向。研究生阶段重在培养和提高科研创新能力，一般说来，学习和研究内容只是提高能力的训练过程，具体学什么、研究什么并不是太重要，一旦学成毕业就意味着具备了研究生学位所要求的科研水平和能力，达到这一级人才的台阶。就具备了在这个层次上工作和创造的资格。从事相关工作都应该可以在实践中适应并胜任。另一方面，在校研究内容如果接近或贴近就业方向，经过几年的"定向"训练，就业应聘时自然会"准备充分""气定神闲""底气十足"，一旦走上工作岗位，也会"得心应手""如鱼得水""轻车熟路"。在校研究内容贴近就业方向，为缩短工作适应期，迅速创造性地工作奠定了坚实的基础。因而，学科、导师组和亲任导师培养学生要有就业指向意识，尽量根据学生实际，贴近就业方向设计研究内容。这样不仅有利于学生就业，而且，对于导师不断改进和提高培养质量也具有现实意义。

(4) 专业培养要又精又专

常言道"闻道有先后，术业有专攻"。马克思主义理论学科培养学生，综合素质是基础，特色素质是关键，通才教育打基础，专业培养出特色。专业培养最忌不精不专。网上文章《大学知识学得太笼统，不精不专，毕业之后找工作成老大难》[1]很有代表性。

7年前的大学生那都还算是香饽饽，虽然那时已开始实施大学毕业不包分配工作，不过还是蛮好找到工作的，可如今，就在成都大街上，一抓就一把大学生，试问在就业压力如此沉重，物价飞涨的时代，我们该何去何从？

俗话有云"不当家不知盐米贵"，而现在我深刻体会到了这句话的含义，后悔大学时代的蹉跎行为已然无济于事，没有一技之长就找不到一份满意的工作，高不成低不就就是目前大部分大学毕业生所

---

[1] huanweiwanxi001,《大学知识学得太笼统，不精不专，毕业之后找工作成老大难》2011-11-04.

面临处境的真实写照,一天不工作就一天没有饭吃,你可以没有饭吃吗?大学毕业了还吃父母你心里能舒服吗?所以要吃饭就不能不工作,在没有选择的情况下我们只能降低要求,大学生当保安的都有,试问出路在哪里?如何发展,儿时的发财梦将何以实现,面对心仪的MM将如何自处,是自甘穷困,还是奋起一搏,抑或蓄势待发?

我想在各位心中都已经有一个答案了,在这里我不妨给大家推荐一个出路,当然我也是通过这条路走出困境的,那就是——毕业后再培训。

毕业再培训是很有必要的,在大学里所学的知识都比较基础、全面、综合,因此就导致大部分学生不知道如何精专其一,多而不精就导致我们找工作时的尴尬,没有一技之长,没有工作经验,找工作自然成了一大难题,那么如果参加毕业再培训就不一样了,社会上的培训机构都是专业性比较强,针对就业而成立的以营利为目的的教育机构,服务态度好,并且所教授的都是切实有用的工作技能,大家可根据自己的爱好,选择相应类别的培训机构,一般学完之后,认真学完之后找一份好的工作是比较轻松的,而且这样的培训机构一般都会推荐优秀学生就业。

我是美术系毕业的,毕业之后找工作找了很久都无从下手,后来参加了"影视动画、动漫制作"培训,学了3个月,毕业之后我参加的那家培训学校给我推荐了一个公司,试用期月薪3000,转正之后5000多。

三百六十行,行行出状元,社会上各种行业的培训机构都很多,大家可以有选择性地学习,不过我还是建议每个人还是学习自己感兴趣的比较好,这样学成之后参加工作不仅会毫无压力,还会乐在其中。

本科和研究生是有区别的,如果说本科阶段"所学的知识都比较基础、全面、综合","多而不精","没有一技之长"还有情可原的话,那么,研究生阶段是典型的专门人才教育,不精不专是不专业、不合格的。马克思主义理论学科在培养学生过程中,一定要因材施教、量体裁衣,菜单培养,在精和专方面下工夫。

4.3.3 招生质量影响就业率

高校学科生存和发展,生源是基础、质量是关键、就业是出路。就业困难必然影响生源,减少优质生源;招生质量低下影响培养质量,进而影响就业质量。

(1) 学科就业率是招生风向标

就业率是学科培养人才社会需求程度的客观显现,也是衡量研究生培养单位培养效果的最直观数据。1999年,国家首次公布了一些高校的就业率,其初衷是督促各高校提高办学质量;2003年教育部又出台了《促进高校毕业生就业工作的若干意见》,将高等学校的招生规模与就业率挂钩。国家统计和公布学科就业率,应该说,对研究生招生的生源质量具有正向影响,对于引导学生报考学科和专业具有正向作用。但是,具体到各个学校而言,一定学科就业率不一定与全国该学科就业率完全吻合,有些二流的高校可能某学科有高层次的学科带头人和高水平的团队,能培养出高层次的人才,该学科全国就业率低,该校可能很高;反之,即使全国就业率很高的学科和专业,水平低的学校照样会就业难。所以,就具体学校来说,做好自己的事情,提高自己的培养质量,完全可以提高就业率和就业质量。毕竟每个学生都是活广告,各学科要通过提高培养质量,提高就业率和就业质量,使学科优质发展成为促进招生的风向标。

(2) 生源质量与培养质量

21世纪是以知识经济和互联网技术为标志的信息时代。新的时代要求马克思主义理论学科培养的学生要有不断更新的知识体系,勇于发展和创新的奋斗精神,马克思主义理论学科建设要迎接挑战提高水平,争取好的生源,提高培养质量。优质生源有利于培养成优秀的马克思主义理论人才,发挥马克思主义理论的领航作用。毋庸讳言,虽然我国坚持社会主义制度,马克思主义是指导思想,党和国家高度重视马克思主义理论学科的建设,但是,由于市场经济条件下的行业、岗位收入巨大差距和现实就业压力的影响,从全国看,马克思主义理论学科并不是门庭若市的热门学科,各高校马克思主义理论学科所招学生基本上都不是最优质生源。

生源质量和培养质量是什么关系?生源质量影响培养质量,培养质量也影响生源质量。二者高低是相对的,通过培养可以达到有机统一。首先,生源质量影响培养质量。客观地讲,学生的素质是有区别的,生源的能力、思维水平、动手能力、创新意识等等确实是有差距的,甚至差距巨大。生源质量肯定影响培养质量。学习基础好,理解能力强,悟性好,培养过程不仅相对轻松,而且容易出成果,可以说是事半功倍;学习基础差,理解能力、思维水平低,培养过程就比较费劲,毕业都困难,出成果谈何容易,培养过程就是事倍功半。其次,培养质量也影响生源质量。好酒不怕巷子深,能够培养出高水平学生,口碑和声誉不胫而走,会吸引优质生源慕名而来。再次,最重要的是,生源质量和培养质量的高低都具有相对性,同样璞玉看谁雕琢,幸遇良工能成精品,遭遇劣工一旦废弃。这在具体学生身上表现特别突出。同样一届入学的学生,师生双向选择基本具有偶然性,三年学习其综合素质会发生重大变化,正所谓"名师出高徒"。不要一味强调生源差,条件不好等客观因素,导师素质是实现生源质量和培养质量统一的重要因素。

所以,提高培养质量,一方面,要吸引优质生源,另一方面,要引进和培育能够"点石成金""化次为优"的研究生导师,把每个学生培养成具有自身特色的优质人才。常言说：读万卷书,不如走万里路;走万里路,不如阅人无数;阅人无数,不如得高人指路。周武王为什么要去渭河边寻找姜子牙？齐桓公为什么要不计前嫌礼聘管仲？刘邦为什么把"楚汉相争"的胜利归于功自己得到"汉初三杰"？刘备为什么要"三顾茅庐"？朱元璋为什么聘请刘伯温当军师？二战后期,美苏为什么千方百计地争夺战败国科学家？都是寻觅高人、拥有高人。谁拥有优质人才,谁就能提高培养质量。

(3) 恶性循环影响学科发展

学校有等级区分,学科有冷热之别,这是客观现实,是社会问题,一个学校,一个团队,一位导师不能改变这个大环境,只能着眼于自己的努力。一味强调自身劣势而怨天尤人无济于事,只能造成恶性循环,阻碍学科发展。虽然人才综合素质有一定标准,但任何标准都有时代性和局限性。每个人都有多面性,天生我才必有用,培养得法都能成才。有句名言"任何人能在适合自己能力的工作岗位成为人才,而没有一个能让所有人成才的工作岗位"很有道理,作为马克思主义理论学科建设来说,不可能培养的学生胜任所有岗位所有工作,只要能培养出具有一技之长,具有一定的创新能力和自身特色的学生就是成功。学科建设从实际出发,做好自己的事情,精心培养提高人才质量是学科建设的硬道理。知识经济时代的教育理念要向着个性化、多元化、优质化的方向发展与完善,不同层次、不同类型、不同水平的学科和导师要求的生源是不同的,关键是要确立受教育者在教育中的主体地位,着力于学生在现有条件下的整体素质提高,通过学科和导师的努力实现教育资源的有效整合。马克思主义理论学科立足专业做好自己的事情就是为社会做贡献。

马克思主义理论学科在就业、生源、质量三个方面面临着严峻形势,就业率和就业质量是学生培养质量的直接反映。真正的缺口在于人才培养质量,关键是创新型人才的培养。学科建设要确立正确的办学理念,树立现代教育观、人才观和质量观,不断更新办学观念。一要树立"服务经济社会发展"的观念,培养学生坚持为社会发展服务的方向,加大教科研力度。二要树立"市场需求和市场形象"的观念,坚持以市场需求作为学生培养的导向观念,具有服务市场的目标定位。三要树立"质量提升"的观念。在学生科研能力、创新素质和应变能力等方面有明显的提升。四要树立"社会实践"的观念,按照培养方向,进入社会进行科研实践。五要树立"百分百就业"的观念,通过精确规划精心培养提高就业质量。

第 5 章　优化马克思主义理论学科体系

马克思主义理论学科培养高素质研究生,必须更新培育观念,在学科定位、培养目标、课程设置上制定创新目标;在导师素质培养、教育方式转变上做文章。要调整培养过程,着眼于创新能力提高,加强科研训练。马克思主义理论学科教育教学改革,不仅增加创新课程,更重要的是所有课程,所有教学环节,整个培养过程,都要以培养学生创新意识、创新能力为终极目的,形成有机育人系统。

5.1　优化学科的培养目标

5.1.1　提高学科自信

一般说来,就业质量包括就业单位、就业岗位与学科培养的相关度,是否能够专业对口、学以致用;就业经济收入和报酬与学科地位相关度,是否达到学科培养人才当前阶段的收入预期。这当然是评价就业质量的主要方面,但并非最重要方面。马克思主义理论学科研究生,不同于其他学科研究生,这与市场经济发展与当前社会对马克思主义理论学科的公正认同不高有关,其他学科研究生的工作性质重在一个"实"字,可以立竿见影地在工作岗位上产生经济效益,其创新、贡献、成绩是可以度量、有目共睹、显而易见的。反观马克思主义理论学科研究生的工作,特点是一个"虚"字,是做人的思想转化工作,处理弹性很大的人事关系、文秘档案、公文处理、信息整理等琐碎的事务性工作,往往是忙忙碌碌不见成绩,难见效益。不是没有效益,而是短期不见效益,或者说,像环卫工的工作一样,干了不见成绩,不干坏的影响巨大。看似费力不讨好,实则不可或缺,意义重大。马克思主义理论学科研究生的就业质量,就是在帮助领导和群众维护稳定、调解矛盾、保持单位正常秩序、处理日常事务的工作中,发挥正面作用。就业质量更多地体现在领导满意、同事满意、群众满意等社会效益上。发展的眼光看,经济效益不显但社会意义重大,所以,从长远看马克思主义理论学科研究生绝大部分都会走上领导岗位,带领团队工作,较其他学科研究生能够发挥更大的社会作用。

岗位贡献体现创新能力。马克思主义理论学科研究生就业岗位的工作性质,是做人的思想工作和处理复杂的社会关系工作,往往是涉及单位或个人直接利益的对立性矛盾,所遇问题日日新、事事新,最具挑战性,最需要创新型人才担当。所以,马克思主义理论学科研究生就业质量,主要看处理复杂棘手工作中创新能力发挥的程度,岗位贡献的大小。所以评价马克思主义理论学科研究生的就业质量,理应在工作 5 年以上,看岗位贡献,看发展潜力,看职务晋升速度。虽说要破除官本位,但评价马克思主义理论学科研究生的就业质量,领导管理岗位高低是重要标准之一。

培养学生岗位创新能力。马克思主义理论学科精确化培养,就是将岗位创新融入教育培养过程,把领导科学、科学管理、创新理论等作为必修课来学,马克思主义理论学科研究生要有学科自信,就是要成为"人类灵魂工程师",在工作岗位上实实在在地做人的思想工作,在做人的工作过程中发挥聪明才智,创造性地分析矛盾、认识问题、化解矛盾、解决问题。所以,在精确培养精神指导下,马克思主义理论学科的导师，要学习古代社会师徒教育和传承经验，在实践中传道、授业、解惑，在解决现实问题的过程中培养创新意识，提高创新能力。

5.1.2 优化核心目标

(1) 中国崛起需要创新人才

从人类社会的发展进程看，尤其是自 20 世纪以来，不论是美国取代欧洲成为世界"中心"还是日本的迅速崛起、韩国跨入"亚洲四小龙"，其中的秘诀就在于这三个国家都实施了"人才优先"的战略决策。就美国而言，由于长期实施能适应全球新趋势的国家人才战略及人才建设长远规划，其培养的诺贝尔奖得主在"二战"结束前后只是德国的 1/3，然而经过半个世纪的发展，不仅全世界 1/3 的诺贝尔奖得主由"美国制造"，而且自然科学领域 2/3 以上的诺贝尔奖得主被美国聘用[1]。从中国的发展情况看，自新中国成立后特别是改革开放以来，中国经济社会发展取得了举世瞩目的成就，经济增长速度进入世界前列。但是，由于缺乏掌握核心技术、拥有自主知识产权及制造世界知名品牌的人才，致使中国在经济全球化深入发展的当今时代还只能处于国际分工的较低层次中并依赖廉价劳动力的比较优势换取微薄利润，成为主要靠拼资源、拼环境生产低端产品的"世界工厂"，然而实践证明这种发展方式不仅不能有效提升我国的综合国力和核心竞争力，也难以保持可持续发展。[2] 正是出于对这种严峻形势的清醒认识，为促进我国经济发展由主要依靠物质资源向主要依靠科技进步、劳动者素质提高以及管理创新转变，必须"确立人才优先发展战略布局"，[3] 积极开发利用人才资源，因而，中国发展需

---

[1] 刘阳.从大到强,国家发展人才优先[J].科技智囊,2010(9):58.

[2] 黄欢,孙忠法.如何正确认识人才优先发展的内涵和重大意义[J].半月谈(内部版),2010(8):64.

[3] 胡锦涛在全国人才工作会议上的讲话[N].人民日报,2010—12—19(1).

要创新人才。

(2) 研究生是社会创新中坚力量

创新人才的培养是一个国家政治、经济、社会发展不可缺少的条件,离开人才的支撑,发展将失去动力。创新人才不是天生的,是高等教育的成果。高等学校及科研院所,担负着最高学历层次研究生的培养任务,是培养高素质创新人才实施知识传授和技术创新的基地,应责无旁贷地挑起培养具高度创新能力的高素质人才的历史重任。有人根据世界银行1998年的年度报告,对41个国家高等教育层次结构及经济、人口情况进行分析,发现研究生教育与人均GNP的相关系数为0.445,呈正相关关系。可见,研究生教育的发展与社会主义经济的发展密不可分。而硕士研究生教育作为研究生教育的中坚力量,其对社会主义经济发展的促进作用更不可小觑。研究生群体是高等学校中最为活跃的生力军,也是未来建设创新型国家的重要力量,他们的创新能力直接影响到国家整体的自主创新能力,是社会创新的中坚力量。研究生教育的质量和水平已经成为反映一个国家或地区专业技术队伍整体水平的重要因素,直接影响着一个国家或地区科技、经济与社会的发展。抓好研究生教育的质量,是培养高层次人才的关键。2003年,教育部启动"研究生教育创新工程",目的就是培养和增强研究生的创新能力。

从人与社会的相互关系来看,创新型人才是社会的主体也是社会的客体。在目标任务的定位上,创新人才的规划既要关注经济社会发展对人才的需求,还要关注并满足经济社会发展对创新型人才的需求。创新型人才是支撑人类社会发展进步的重要力量,需要立足本国国情,根据经济社会发展总体规划和布局研究制定各个时期、各个阶段的创新型人才发展规划,使创新型人才培养、引进、使用等与之相匹配,以便更好地为经济社会发展提供有效的人才智力保障。

(3) 创新培养是本学科的核心责任

创新是科研的本质属性,如果没有创新,科研就失去了其存在的必要和价值。马克思主义是发展的科学,与时俱进是马克思主义的重要理论品质。失去创新性,马克思主义理论研究就只能是低水平重复研究或无效研究。马克思主义理论学科研究生应该是能够把握学科前沿、具有独立思维意识的科研创新型人才。其创新能力通过对马克思主义理论学科的原创性研究体现出来。但事实上,目前很多高校的马克思主义理论学科研究生的科研创新能力明显不足。大部分马克思主义理论学科研究生还是习惯于接受、理解和掌握课堂上教师所讲授的马克思主义理论基础知识和经典理论,缺乏用批判的眼光对前人理论提出质疑的能力,不擅长从全新的角度来思考马克思主义理论中的一些僵化、教条的理论,并且通过现实的实践来加以发展和创新。在注解和阐释马克思主义理论上,在对马克思主义中国化理论的阐释上,有的倾向于将相关文献的研究方法和研究思想简单地重复或移植到自己的科研成果中,或者将前人的研究成果稍加推演或论证,或者为了证实而证实已有马克思主义经典理论的正确性,学生本人很少有对马克思主义理论的独到的见解和原创性的研究成果。

提高研究生综合素质,理论知识和创新能力两个方面相互联系,相互制约,缺一不可。没有一定的专业理论知识,能力、方法难以培养,而没有科学的方法和现代人的思维方式,知识就会僵死,很难有所发明创造。但两个方面比较起来,创新思维方法、科研创造能力的培养是最终目的,更为重要。从科技发展史上看,每一次理论上的重大突破,都是先从方法论上突破的。作为知识分子,如果只熟识一堆现成的知识,而没有解决问题的能力和创新精神,只能是"两脚书柜",对于科技转化的创新事业是没有多大用处的。而一个有研究能力、开拓精神和创造性的人,即使少读了几本书,在今后的工作中也会大有作为,也能较快地弥补不足,而且掌握知识的速度、深度也会超过他人。所以,培养创新人才是马克思主义理论学科的核心责任。

(4) 高水平学科需要创新目标

第一,高水平学科重在培养高层次创新人才。人才是科学研究的核心因素,人才也是科学研究的重要一级。科研平台建设,就是要组建结构合理,创新能力强的科研团队。无论科学硬平台建设的有多好,人才的缺失会引起科学研究的停滞不前。"走出去"和"请进来"的科研人才交流,可使科技人员较快地进行了知识更新,缩短差距,推动科研平台中科研人员的成长。通过科研项目的联合攻关,可以促进新兴学科和交叉学科的建立与发展。首先要提高科技人员的思想道德水平,良好的思想道德关系到其才能的发挥,从而影响事业的成败。其次,创造力是科研人员的重要能力,它是在认识能力、实践能力基础上产生的更高层次的能力。科学研究其实就是不断的推陈出新,因循守旧不可能搞好科学研究工作。只有不断地创新,不断地发散思维,不断地拓展自己的视野,科研人员的科研能力才能提高,科研工作才会硕果累累。再次,科研人员内部要形成良好的学术氛围,注重理论与现实问题的结合。要定期不定期组织学术交流活动,科研人员之间进行交流和沟通,这样既可以提高团队的协作精神,又可以促进整个科研团队水平的提高。最后,建设良好的科研环境,做好科研人员的继续教育工作,提高科研人员业务水平。当今时代,科技突飞猛进,为了适应新形势,在职人员的继续教育尤为重要,它可以使科研人员知识不断更新和补充,知识结构得以扩展。

第二,高水平学科要有创新目标。高水平科研创新团队应有相对创新的研究方向。有了明确的创新目标,团队才能少走弯路,使研究工作得以顺利开展,且能在本学科领域形成优势和特色,从而多出成果,出好成果。在选择科研创新目标时,首先应对本研究领域国内外发展动态有一个全面的了解,并对未来的发展趋势做出科学的预测,这样才能使团队的科研工作紧随时代的发展。其次应掌握国家经济、科技发展的重点,这样才能使团队的科研工作符合国家经济建设与科技进步的需要。三是要根据团队的科研基础和软硬件条件选择创新目标方向,注意发展团队的优势和特色,并做到优中择优,使团队的科研工作始终处于本学科领域的领先地位。

第三,创新人才上接国际下接地气。加强科研创新团队的人才建设迫在眉睫。一个科研创新团队科研能力的强弱,关键在于是否拥有高水平科研人才。首先是要选择优秀的团队带头人。一个优秀的科研创新团队带头人,必须具有雄厚的专业知识,具有分析问题、解决问题的能力,具有组织协调能力,具有创新意识与奉献精神。有了这样的团队带头人,团队就能朝着正确的研究方向,按照制定的研究计划,有条不紊地开展研究工作,取得丰硕的研究成果。其次,团队应具有相应数量的研究骨干,对于规模较大的团队或大型团队,应由具有不同专长的研究人员构成一个结构合理的梯队。为加强科研创新团队的人才建设,一是要努力做好科研人才培养工作,以提高他们的研究水平;二是要做好科研人才的组织协调使用工作,以充分调动他们的科研积极性,尤其应注重科研创新团队带头人的培养与使用。在创新性实践教育中,优秀学生需要在高水平导师指引下,提出问题探索新知,在良好的研究环境和条件中,经过多层次不断提升的创新性研究实践,反复强化创新意识、提高创新素质和能力,逐步取得创新成果,成为既具有国际视野、时代精神,又有实践经验,本土特色的,上接国际下接地气的创新型人才。

5.1.3 改革目标设置

培养马克思主义理论创新人才是整个马克思主义理论学科不容

回避、不可忽视的重大任务。马克思主义理论创新人才是指能够在马克思主义理论研究和实践领域开拓进取，与时俱进，开创马克思主义发展的新局面，对社会发展做出创造性贡献的人才。培养马克思主义理论创新人才是建设创新型国家与社会主义文化强国的需要，也是马克思主义中国化、时代化、大众化的需要和马克思主义理论学科发展的需要。

（1）德育目标

明确德育目标是实现马克思主义理论学科研究生全面发展的内在要求。马克思主义理论学科研究生首先应该具有良好的德行素质。要明确培养真学、真懂、真信马克思主义者的学科培养目标，对马克思主义、社会主义建设和共产主义理想、中国特色社会主义事业等，不但要知其然，而且还要知其所以然，并用马克思主义指导自己的言行，使自己的思想、言行具有方向性、科学性和先进性。马克思主义理论学科要不断提高学生的政治素质，通过坚定的理想信念，提升其政治形象和人格魅力；同时，要强调德才兼备，言行一致，通过自己创新性的道德实践，践行马克思主义。马克思主义理论学科要强调综合素质教育，德才兼备德为先，有了明确正确的人生目标，有牢固的精神支柱，可以有效促进研究生自身潜能的发挥，使其思路开阔，具备发散性思维，不断提升创造力。

（2）智育目标

坚实的基础理论。专业知识和宽广的知识面是研究生创新的基石。合理的知识结构和创新能力实际上是内容与形式的关系，理论知识为创新提供原材料，创新是知识的转化与整合。当然，知识结构和创新并不是简单的线性关系，但合理的知识结构至少为创新能力的培养奠定了前提和基础。必要的理论知识和科研方法是研究生阶段不可或缺的智育培养目标。课程是研究生智育培养的重要载体，其设置是否合理直接决定着研究生合理知识结构的形成和创新能力的形成。课程设置的基础化和综合化有利于研究生研究生合理知识结构的形成和创新能力的形成,因此在课程设置中要体现课程设置的创新性,进而在研究生培养过程中激励创新潜能。

马克思主义理论学科智育培养的课程设置要做到渊博结合、文理交融。马克思主义创始人马克思既是无产阶级革命家,又是百科全书式的学者,几乎对于当时的每门科学知识都很关注,不仅哲学、法学、经济学、文学、历史、地理等社会科学有极深的造诣,而且在数学、生物学、天文学等自然科学方面的研究也达到很高的水平。马克思的亲密战友恩格斯是当时世界上最为博学的学者之一,作为著名哲学社会科学理论家,深入研究当时的自然科学成果,开创了《自然辩证法》这一新的学科。马克思、恩格斯都能用多种语言进行阅读和写作,通晓多国文化和多面知识。他们正是在整个人类文化成就的基础上才创立了马克思主义。马克思主义理论学科培养创新人才,应该明确提高创新素质的智育目标,在课程设置、科研训练、实践活动中,要注重广博的知识及一定的外语能力。

创新须有一定的知识基础和理论素养,必须充分学习、吸收前人成果,站在巨人的肩膀上才能看得更远,才能在实践中有所发现和发明。社会现实是复杂的,社会问题是千变万化的,新时代马克思主义者,认识和解决社会现实问题就要不断学习,就要有高度综合的知识和能力,才能客观地分析、研究、解决纷繁复杂的现实问题。

(3)"不教之教"

国内外有许多可以借鉴的寓科研能力的培养于教学之中的教学理论,以丹麦物理学家玻尔提出的"不教之教"的教学理论最为著名,对强化研究生科研能力的培养极具借鉴意义。所谓"不教"是指研究生阶段对诸如基本原理、一般性结论和方法等不需要或不需要以此为重点进行教学,教师在教学过程中仅对学生加以引导,教师要精讲、少讲,给学生留出更多的思考空间,由学生独自通过自学完成。"需要教"的是创新意识、创造性思维方法,教师通过对相关研究领域研究成果的综述,讲授该领域的最新研究进展和发展趋势等,并有选择性地介绍相关研究成果的研究方法和思维方法[1]。

马克思主义理论学科的重要目标是培养研究生分析、研究和解决复杂的社会现实问题的创新能力,要探索"不教之教"的创新培养规律。社会是世间最复杂的领域,社会上千变万化的复杂问题,没有简单的重复,不能像自然科学那样重复精确验证,非高超的创新思维不能分析、研究和解决。马克思主义理论的创新活动是一项高级的科学实践,不仅要具备优良的科研素质,还要有勇敢的探险意识。创新能力的提高不是简单地从书本上和课堂上得到的,要通过深入实际的科学研究逐渐形成,所以必须制定一定的科研目标。既有参加学术活动、社会实践活动的要求,还要有量化的科研成果指标,不仅毕业论文要严格按照标准模式完成,而且要撰写甚至发表一定的学术成果。严格规范、有一定压力的科研活动,才能潜移默化地培养研究生的创造性思维能力。创造性思维习惯不是一蹴而就的,而是在反反复复的科研活动中经过长时间的锻炼逐渐形成的。

5.2 优化专业课程设置

5.2.1 课程设置存在的问题

(1) 专业课程内容陈旧

人类社会进入信息时代,科学文化知识的保鲜期不断缩短,教育

---

[1] 李贞玉,孔祥金.加强马克思主义理论硕士研究生科研能力培养的思考[J].中国校外教育,2011,20:16—20.

课程资源不断更新和扩充。马克思主义理论学科课程内容却基本处于静止状态,课程内容不能及时反映学科领域内的最新动态和前沿性问题。一是理论知识有些陈旧,包括事实、观点、原理、理论等陈旧,古典的东西或纯理论的内容所占比重过大,最新发展缺乏及时研讨;二是教学研究范式过时,固守课堂灌输和抽象理论论证为主的教学模式。研究问题的思维方式、教育教学和研究活动的组织方式、问题和知识体系等多年未进行深度改革,没有触及教学体系和教学内容深层次的问题。课程体系和内容陈旧老化,有些课程之间内容严重重复。马克思主义理论学科核心课程内容反映不出学科领域内的新知识和新成果,研究生课程内容缺少研究和创新特色。

当今社会,知识日新月异,任何人都不可能掌握所有的知识和信息。方法论课程的学习不仅能使研究生在学校教育中更快捷的学到知识,而且还能使他们在以后的工作中独立探索、发现新知识。但马克思主义理论学科研究生课程设置过分强调理论知识的学习,忽视研究方法的教育。在大部分高校包括一些名牌高校,创新研究方法的课程设置都很少,这就严重影响了研究生创新能力的培养和发展。

(2) 实践教学形同虚设

多数学校马克思主义理论学科本科生安排有实践课程,而研究生阶段安排实践活动较少,导致研究生只重视理论知识,不重视解决现实问题能力的训练和培养。严格说来,研究生是高层次人才,更要注重知行统一。关于这点可以借鉴国外教育注重实践环节的一些做法。例如加拿大开设的"合作教育课程",让在校大学生从二年级开始就到实习单位参加为期4个月的带薪"合作教育课程",然后返回课堂再学习4个月。这样每4个月学和用就轮换一次,直至毕业。让在校大学生较早、较多的参加实习,无疑是国外培养大学生更能适应现实需求的重要模式和途径。这个经验对于当前我国马克思主义理论学科创新人才培养,具有一定的参考价值和借鉴意义。

马克思主义理论学科研究生,大部分是从校门到校门的大学生,没有参加社会实践,缺少社会阅历,对复杂社会的理解,包括对国际形势和国家大事的理解,既缺乏宏观认识,又没有微观考察,与社会现实有一道鸿沟,很多事情感情用事、夸夸其谈,没有真情实感,缺乏责任意识。应该让他们在读研期间进行必要的社会实践锻炼,并列入培养计划。

要根据学科建设实际和学生实际,设置系统规范的社会调查、社会兼职、社会实习等教育环节。做到有社会实践学分,有严格规范的实践安排和监督考核制度,有实践过程中的调查研究科研成果,有对实践单位的综述评价和发展建议等。在理论联系实际的实践中培养学生与人民群众的感情、参与解决社会问题的热情、创造性解决复杂社会问题的能力。

(3) 学科建设缺乏特色

研究生教育应该包含培养的规格要求和目标方向,是各种要求和标准构成的体系。由于研究生的培养目标包含适应国家发展和社会发展的需要,因而它的目标并不是单一的,应该具有多样化。17世纪以来到20世纪后,世界发生了两次大的科学革命,三次大的技术革命,将人类社会带入工业化、现代化的进程。进入21世纪以来,全球化的背景下,我们已经身置于创新时代。当前,创新已经成为了未来的趋势,不再是传统意义上的以某项重大科技突破为标志和某个领域的突起为代表的创新,而是众多学科、领域全面持续系统创新为特征。多领域、多学科、全方位的创新风起云涌,百舸争流;重大发现和发明、重大科技成果如雨后春笋竞相涌现;各类创新浪潮此起彼伏,后浪推前浪,汹涌澎湃;新技术、新产品加速更新换代,为人们工作社会带来的变化日新月异……研究生是祖国未来的希望,是创新工作的传承者,应当扩大视野,面向世界培育创新胸怀。行进在创新的大道上,我们才会体验到创新过程惊涛拍岸的壮观,体验到创新浪潮的波澜壮阔,体验到大浪淘沙的惊险。

我国具有马克思主义理论学科的学校范围很广,既有文科学校、综合性大学,也有理工科学校、军事院校、医学院校、艺术院校等,各校的办学目的、师资队伍、社会影响有很大差别。各种不同类型的学校都建设马克思主义理论学科,这是我们的优势,有利于培养熟悉和适用于各行各业工作的马克思主义理论人才。所以,各类学院都应从需求侧出发自觉地谋划和设计马克思主义理论学科建设,举全校多学科之力着力培养具有本校特色的马克思主义理论人才。

就全国范围看,马克思主义理论学科有统一的建设标准和基本规范。但就具体学校而言,又必须根据本校特色、本地需求、本学科实际情况,在统一建设标准的基础之上,创造性地进行具有本校特色的学科建设。或者说,各校要培养有本校特色的马克思主义理论学科研究生。

目前我国多数高校的马克思主义理论学科,机械地按照基本标准设置课程体系,独立地进行单学科的培养,没有将本校的优势学科资源、优秀专家学者、学校社会资源等等,融入马克思主义理论学科的育人过程中。这是一种不负责任的资源浪费,是造成毕业生就业难的重要原因之一。没有特色的产品是没有市场的,培养具有本校特色的马克思主义理论学科创新人才是提高就业质量的重要方面。

5.2.2 课程设置改革创新

(1) 课程紧跟学术前沿

培养推进马克思主义理论创新发展的人才,要创新改进核心基础课程,让学生通过课程深入了解各个二级学科核心课程的学术前沿。所有课程,哪怕是选修课程,也要强调每次讲授都要增加学术前沿最新信息、实践活动最新创新,要让学生了解每门课程的最新发展动态,通过一系列反映学术前沿的课程,进行系统理论的学习,在深刻了解马克思主义中国化的进程以及中国马克思主义的最新理论成果过程中,揭示出马克思主义是与时俱进的科学体系,具有不断发展与创新的品质,深化对马克思主义的理解。所有课程都必须紧跟学术前沿,其重要价值不仅在于让学生掌握最新学术成果,更重要的是在分析研究实践热点和学术前沿成果的过程中,感悟和提高学生科研创新能力。

紧跟学术前沿,可以从国家和省市每年发布的社科基金项目《立项指南》中筛选和概括。《立项指南》中的相关项目,既是学术前沿,又是重大现实焦点问题和难题,导师引导学生分析研究各级各类立项指南,对于了解各级政府科研需求重点,对于社科发展动向,对于社会科学发展趋势,对于提高学生的政治敏锐性和科研方向敏感性,对于提高发现问题和研究现实问题的能力和自觉性,对于培养复合性实用人才,都有重要意义。

(2) 实践中创新发展

马克思主义理论学科建设作为高校思想政治教育学科支撑的主要功能和职责,是为加强和改进大学生思想政治理论教育,提升马克思主义理论研究水平,为马克思主义中国化过程中培养马克思主义者服务的。中国特色社会主义在实践中发展,马克思主义理论在实践中创新。马克思主义中国化过程中遇到很多新问题,创新很多新成果,马克思主义理论学科必须通过创新课程设置、更新教学科研内容,及时反映中国化马克思主义的最新成果,推进马克思主义的创新发展。课程设置须从实际出发。同我国其他学科面临的现状相同,学院式培养,应试化教育,课程设置缺少新内容,不能紧跟学科发展前沿和新的社会实际不断更新,是当前马克思主义理论学科课程设计的缺陷。

实践性是马克思主义的基本特征,从"现实的实践"和"现实的人"出发是马克思主义理论创立和发展的重要特点,也是新形势下马克思主义理论学科研究的根本立足点和出发点。马克思主义理论学科课程设计应该从这个立足点出发,反映社会现实和社会理论前沿问题,针对社会发展的新形势、新政策进行课程改革,课程设置和专业教育要揭示出新的实践所蕴涵的时代特征和历史发展的规律,揭示出马克思主义理论本质的时代意蕴,回应现实热点问题,指导社会实践活动,丰富和发展马克思主义理论。

马克思主义理论学科的实践环节,包括课程设计、科研课题从社会实践出发;也包括有组织有计划地让学生深入社会,安排他们到农村、企业、社区、学校等社会基层开展实习实践活动,开展社会调查,进行问题研究,深刻体验社情、民情,提高创新性分析和解决问题的能力。

之所以马克思主义理论学科的学生一定要参加社会实践,深入了解当今世界,首先,革命理论源于革命实践,是革命实践的总结和概括。马克思曾说过:社会生活在本质上是实践的。实践是一切认识的基础,因为认识本身产生于实践的需要,而实践又给认识提供了可能。理论则是系统化了的理性认识。科学的理论则是在社会实践的基础上产生并经过社会实践的检验而证明了理论,这样的科学理论就是真理,亦即对客观事物的本质及其规律性的正确反映。实践、认识,再实践,再认识,这是认识发展的过程。通过实践而发现真理,又通过实践证实真理和发展真理,这又是真理发展的过程。这些基本原理说明,任何正确的认识,科学的理论和真理,其唯一来源只能是实践。马克思、恩格斯之所以能把唯心主义从它的最后避难所驱逐出来,并创立唯物史观,正因为他们亲自参加了革命实践。他们创立的科学社会主义之所以成为科学,区别于空想社会主义,正因为他们在实践中发现了社会发展的客观规律,找到推动社会前进的力量,在现实实践的基础上抛弃了前人的空想。

(3) 反映各校优势特色

不同学校有不同的优势学科和著名专家学者,马克思主义理论学科应该反映各个学校的优势,具有各自的特色。这样的课程设置能够充分利用各校的优势资源,也能培养具有各校特色的马克思主义理论人才。高质量的研究生教育,应该是培养研究生个性化的研究品格、个性化的研究定向、个性化的研究视野和独立的思考,以获得独创的研究成果的教育。从这一意义上讲,各校马克思主义理论学科的课程体系,应该结合本校多学科发展实际,依据学生不同的学科背景、知识基础和研究方向,设置弹性化的课程科目,进行有针对性的分类培养;要全面考虑学生的具体情况和未来发展方向,设置柔性的、多样化的课程门类,设置学术讲座、讨论或研讨等不同性质的课程,鼓励学生在导师的指导下自主设计符合自身知识结构和未来发展需求的课程体系与课程学习计划。学校要进一步丰富现有的课程资源,特别要重视跨专业、跨学科课程以及综合类课程资源的开发,加大课程选择范围,使课程范围囊括哲学、政治、法律、历史、经济、管理、教育、心理、文学、艺术与欣赏、科学与技术等多个领域。尤其是本校著名的专家、学者,要开设通俗易懂的前沿性介绍课程,让全校研究生都有机会搭多学科的便车,接受本校顶尖学者的熏陶和影响。这对于研究生教育开拓思维、文理交融、培养学生的综合素质和创新能力至关重要。

有特色的创新型人才是 21 世纪最为重要的人才类型之一,创新型人才可作为一股新鲜的血液注入各行各业当中,不但可促进改革创新,与时俱进,还有利于提高可持续发展能力,是推进各行各业健康持续发展的重要人才类型。因此,培养具有各个学校特色的,具有创新意识与创新能力的马克思主义理论学科研究生是学校建设的重要组成部分,也是提高学生就业竞争力重要因素。传统封闭式的与其他学科隔绝的培养工作,不利于研究生创新思维与创新能力的提高。马克思主义理论学科与各校重点学科、专业密切结合,联合培养——马克思主义理论学科也要自觉并深入地参与到其他学科的培养工作中去,是培养研究生创新意识与创新能力的重要途径与方式,是提高本学科研究生就业竞争力,有效提高本学科研究生就业质量的重要途径。研究生通过了解多学科信息,参与学科交叉的科研工作,能够对已拥有的理论知识进行系统的整理与巩固,锻炼从多角度思考问题的能力,有利于研究生创新思维与能力的提高。

5.2.3 课程设置强化特色培养

(1) 规范学科建设

第一,树立学科意识。马克思主义理论学科意识,是指从事马克思主义理论学科相关工作的研究、教学人员及对本学科归属的准确认识、明确定位和正确理解,是对本学科性质、任务及目的的科学把握,而树立和强化学科意识是搞好学科建设的前提条件和思想保证。目前,各高校中马克思主义理论一级学科所属的各个二级学科的研究方向还存在五花八门现象。如何明确规范地凝练学科研究方向就成为学科建设富有成效的关键。[1] 不少学校因人设课,因人设方向,有的包罗万象,学科不伦不类,有的毫无特色和生气。

第二,树立规范意识。特色是建立在规范建设的基础之上的,马克思主义理论学科首先要规范化。马克思主义理论学科的规范化问

---

[1] 艾四林,吴潜涛.《高校马克思主义理论学科发展报告(2013)》第155页。高等教育出版社,2014.11.

题一直是困扰马克思主义理论学科发展的一个重大问题。在不同的历史阶段规范化的内涵和内容有所不同。当前,马克思主义理论学科建设需要牢固树立学科意识,准确把握马克思主义理论学科的基本内涵和主要特点,明确马克思主义理论一级学科及其六个二级学科的内涵与边界,处理好马克思主义理论学科与其他一些相关学科的关系,规范和凝练学科研究方向,建设具有自完善、自调整、可融合的学科构架。[1]

(2) 导师培养与特色设计

第一,形成特色人才培养模式。导师是培养研究生的主体,学生是否具有特色,是否具有创新精神,关系到就业质量。导师培养学生要做到"三个二"人才培养模式。

① "两种能力":科研能力、实践能力。科研能力在专业培养和课题研究过程中进行,学生要进入导师科研平台搞科研。实践能力则要求导师主动的和校外培养结合来进行。为了提高社会实践能力,学科要进行实训基地建设,采取共建模式,鼓励学生深入社会实习、实训、做课题,切实体会就业感受。可以实行"双导师"制,组建校外兼职导师队伍,校内校外两个导师联合培养。

② "两个功夫"学科基础理论和专业理论功底。学科基础理论要适时进行调整,但总体看,最基本的马克思主义经典著作学习必须加强。调查数据显示,2013年招生马克思主义理论专业硕士研究生中,65%是跨专业学习,这意味着,他们在本科阶段基本上没有系统深入地学习马克思主义理论,尤其是马克思主义经典著作。这会导致跨专业研究生的马克思主义理论素养先天不足。由于种种原因,当前非跨专业的研究生系统学习马克思主义经典著作的热情也不是

---

[1] 艾四林、吴潜涛.《高校马克思主义理论学科发展报告(2013)》第5页,高等教育出版社,2014.11.

很高。但马克思主义经典著作对于提高研究生的马克思主义理论水平、培养研究生的马克思主义理论素养具有奠基性重要作用。当下的时空背景和主客观条件需要马克思主义理论学科强化马克思主义理论经典著作研读。这是提高马克思主义理论学科点研究生水平和理论素养的基本路径。马克思主义理论学科意识是指从事马克思主义理论学科相关工作的研究、教学人员及对本学科归属的准确认识、明确定位和正确理解,是对本学科性质、任务及目的的科学把握,而树立和强化学科意识是搞好学科建设的前提条件和思想保证。目前,各高校中马克思主义理论一级学科所属的各个二级学科的研究方向还存在五花八门现象。如何明确规范地凝练学科研究方向就成为学科建设富有成效的关键。[1] 专业理论功夫则需要导师指定研讨书目和在课题研究中提高。

③"两个意识"即创新意识和就业意识。创新意识和就业意识是目前我国研究生教育的薄弱环节,以至于作为教育部社会科学司指导,清华大学艾四林、吴潜涛完成的《高校马克思主义理论学科发展报告(2013)》都未涉及这两项内容。培养马克思主义理论学科研究生的创新意识和就业意识,是全面打造学生的综合素质,助力学生可持续发展和职业续航能力的重要环节。

第二,进行特色培养改革。

首先,建立复合型课程体系。在以往的教育实践中,马克思主义理论学科培养重专业教育轻通识教育,重理论教学轻实践教学,具有培养口径过窄的弊端。这就需要在今后的学科建设中强化通识教育的课程体系构建,加强实践训练和实用能力的培养,提升综合素质。

其次,教学模式创新。要实现理论教学与社会实践相结合、新媒

---

[1] 艾四林,吴潜涛.《高校马克思主义理论学科发展报告(2013)》第279页,高等教育出版社,2014.11.

体教学和传统教学相结合、一专与多能相结合、校内外导师教育相结合。创新教学模式的核心是从实际出发,在思想认识上高度重视实践环节的重要性,进一步强化实践环节,设立专业实践基地,形成系统完整的专业实践体系,有效提高创新能力,拓宽就业面,为提高就业质量奠定基础。

(3) 形成阶梯培养意识

研究生科研能力的培养是一个循序渐进的过程,硕士生培养的三年时间里,不同年级应有不同的培养要求。

第一,硕士生一年级阶段的培养重点以夯实专业功底,尝试科研入门为主,在研一阶段需要开设马克思主义理论各专业的主干核心课程,其教学不同于本科阶段的课程教学,此阶段要以开放和引导式教学为主,教学内容相应地增加学科前沿和科研方法论的讲授比重。同时,积极鼓励和引导学生阅读相关的专业经典名典,制定本专业的指导性(或基本)读书目录,以体现思想政治教育专业学术训练的标准化和规范化要求。此外,还要注重学生对于通识性科研方法的掌握。

第二,经历了硕士一年级的"磨合期"之后,在导师组和学生相互之间逐渐有了更多了解的基础上,组织学生作出较为明晰的职业生涯规划。此阶段导师对于硕士生的培养要根据不同兴趣爱好、个人潜能和职业规划,因材施教,制定不同的培养方案和培养目标,设定科研(毕业论文)方向。对于完成硕士学业就要就业的学生,既要注重学生对于研究方法的掌握,培养学生的分析问题和解决问题的能力,也要根据不同学生职业规划和定位,有针对性地安排研究任务,培养学生的实践操作能力;对于具有一定科研潜力和研究兴趣,还想继续深造攻读博士学位的研究生,需要指导学生在专业的深度和精度上下工夫,不仅要熟悉人文社会科学的通识性研究方法,也要精通专业领域的研究特性和研究方法,同时,根据学生读博方向意愿,积极引导学生确立相应的研究方向和选题,为之后的研究打下基础。该阶段,学分已经修完,应规范性地组织安排学生一学期时间的社会实践活动。

第三,硕士生三年级阶段在遵循上一阶段培养思路的同时,应重点围绕硕士毕业论文,指导学生熟悉和巩固所学知识,熟练研究方法论的应用,强化学生在专业研究的精细操作方面的能力。需要就业的学生要加强就业指导和应聘训练,重点在创新意识和创新能力方面强化训练和提高。女研究生还要专门组织心理、形体、仪表等方面的训练。

5.2.4 专业特色利于就业质量

培养过程中激励创新。在知识更替日趋加快,边缘学科、交叉学科不断涌现,以数字化、信息化为特征的信息产业日新月异的知识经济时代,马克思主义理论学科培养研究生的创新能力,要重点做好三件事:一是把学生创新能力的培养作为学科建设的重点,作为评价导师的硬指标;二是加强培养模式和课程体系的创新,增设创新课程;三是要推进教学内容和教学方法的创新,增加科研活动和社会实践活动。

(1) 专业创新培养要有自信

中央提出马克思主义理论学科领航计划,表明了马克思主义理论学科在我国哲学社会科学学科中优先发展的战略地位。马克思主义理论下设六个二级学科都要在如何发挥"领航"作用上下工夫,并且要形成一个有机整体,使马克思主义理论学科更好地引领我国哲学社会科学创新和社会主义现代化建设。

社会上形成的对马克思主义理论不重视、不信任,甚至逆反现象,一是反映了马克思主义理论学科自身建设有一定问题,如"文革"

中的"左",今天面对复杂局面不能满足社会需要;二是反映了国内外敌对势力极力破坏的强大作用,从对马克思主义理论的公开诋毁,到通过报纸杂志、微博微信宣扬西方思想,破坏我党形象;三是反映了中国特色社会主义事业迫切需要加强马克思主义理论学科的领航。

学科地位重要不一定能发挥引领作用,关键看自身建设。自身建设的核心是培养高素质的马克思主义理论学科创新人才。决不能受外界干扰把马克思主义理论学科建设成无足轻重的四不像。坚守马克思主义理论学科阵地,必须具有学科自信。要正确认识和处理好学科自强与学科引领的关系问题。马克思主义理论学科和哲学社会科学其他学科的关系是一种引领和发展的关系,和自然科学诸学科更是引领和发展的关系。马克思主义是关于自然界、人类社会和思维发展的客观规律的科学,马克思主义理论是集正确的立场、观点和方法于一体的科学体系,既是科学的世界观,又是科学的方法论。

马克思主义理论科学要自强,要办出特色,要培养高质量创新型人才,必须培养学生,在马克思主义理论学科指导下,批判地借鉴中国古代和西方国家的有益成果,实现中华优秀传统文化的创造性转化和创新性发展,做到古为今用。批判地借鉴西方社会科学的研究成果,做到洋为中用。靠马克思主义理论学科的真才实学引领社会思潮发展,获得社会意识形态领域的领导权、管理权和话语权。

坚持以马克思主义理论指导和推进哲学社会科学的科学研究,深化理论创新。我国哲学社会科学理论创新的实质,就是要把马克思主义的普遍真理和中国的具体实践结合起来,坚持以问题为导向,自觉用马克思主义的立场、观点和方法,分析、研究、解决我国社会主义现代化建设亟须解决的重大理论和现实问题,促进马克思主义中国化的理论创新、话语创新和实践创新。

推进哲学社会科学的理论创新,一定要坚持以问题为导向,以我们正在从事的社会主义现代化建设的伟大事业为中心,以我国的经济、政治、文化、社会、生态、军事、外交等方面面临的突出现实问题为重大课题,坚持从实际出发,深入调查研究,透过现象看本质,提出解决问题的理论和方法。

(2)专业建设细化创新内容

是为更好地贯彻执行培养规划,要制定培养计划实施细则。要结合学生实际情况,对培养计划作出更有针对性、更加详细、具体的解释,制定具有可操作性的执行方案和培养路线图。其目的是使培养规划发挥出具体入微的培养效应。

马克思主义理论学科研究生的创新能力培养具有实践性特点,要求培养研究生具备的素质和能力是一种适应性、应用性能力,能够符合做人的思想工作和处理人事关系工作的要求,满足社会形势不断变化、信息技术不断更新、思想文化多元化和日益复杂的需要。因此,导师和学生需要在培养计划的基础上研究培养细则,为实现一对一精确培养服务。例如,除公共必修课和基础课程外,在选修课、专业基础课选择上要瞄准每个学生的常识基础、就业意向、兴趣爱好进行慎重选择。更重要的是,导师要根据学生具体情况和就业意向与学生协商确定研究方向,并据此制定学习研究计划,包括阅读书目和搜集文献资料范围,社会实践形式和内容,研究成果任务和要求等,以及确定讨论汇报时间方式等。

(3)培养过程微调培养方案

制定培养计划和培养细则都是为培养学生创新能力服务的。学生是学习的主体,导师是培养教育的主导,二者都在进步和变化,社会也在发展变化,所以,多年一贯、一成不变的培养方案不利于学生创新能力的培养。学科培养计划,每个同学的培养方案都需要进行及时调整。

根据素质教育理念和研究生创新能力培养任务,马克思主义理论学科教学内容要突出时代性、实用性特点,例如,继"特色理论""三个代表""科学发展观"之后,中国共产党的最新理论成果"中国梦"、"习近平总书记系列讲话"、"四个全面"、"一带一路"等重要思想理论、观点政策等,都要及时进入研究生培养的过程之中,并使之尽快入心入脑,使学生时刻紧跟时代精神,充分感受和领略马克思主义理论在实践中的继承发展,激发学生服务社会弘扬马克思主义正能量的热情和冲动。

基础课程的教学内容不能仅局限于教材,要引入不同的学术观点,追溯理论的本源,探索问题的本质。专业课程的教学内容要将新的观念、新的思维方式、新的理论和新的操作技能融入到教学内容中。导师培养学生要突出实用性,应该是学生现在和将来生活、工作中用得着的东西,能够给他们以指点和引导的东西,真正地做到学有所用。

改革就业指导课程,增强职业生涯规划和创业教育课程教学内容。进行职业生涯教育,使学生立足现实,认真规划自己的大学生涯,帮助学生及时找到自己的职业目标,少走弯路,尽早在观念、心态、知识、能力和素质等方面做好应对职业挑战的全面准备。同时,加强创业教育,注重学生创新人格的培养,通过制度建设、营造创新氛围、形成创新机制,鼓励和提升学生的创新能力。

5.3　明确学科培养方向

5.3.1　面向世界培育创新胸怀

(1) 培养国际化人才

学习马克思主义理论必须树立世界精神,用发展的眼光来看待世界和自身,用两点论观察和处理问题,以整体思维和时代精神来实现中国梦和世界梦。一要用发展的眼光看到我国的社会主义建设和世界的未来趋势。历史经验告诉我们,世界上没有放之四海而皆准的发展道路和发展模式,也没有一成不变的发展道路和发展模式。正如邓小平同志所说:"发展起来以后的问题不比不发展时少。"这就要求我们增强忧患意识,做到居安思危。不断深化改革开放,不断有所发现、有所创造、有所前进,不断推进理论创新、实践创新和制度创新,在坚持和发展中国特色社会主义这篇大文章上继续写出令人民满意的新篇章。二要用两点论来处理问题。矛盾分析方法是我们认识世界、改造世界的基本方法。我们观察形势、分析事物、制定政策、解决问题,都要坚持矛盾分析方法,坚持"两点论"。在观察判断国际国内形势问题上,他强调,面对错综复杂、快速变化的形势,我们要保持清醒头脑,既看到我国经济社会发展基本面长期趋好的态势,也要看到国际国内各种不利因素的长期性、复杂性、曲折性,不回避矛盾,不掩盖问题。要善于运用"底线思维"方法,凡事从坏处准备,努力争取最好的结果,做到有备无患,遇事不慌,牢牢把握主动权。三要以时代精神和整体的思维方式来进行实践。世界是一个整体,中国在世界上有着举足轻重的地位,根据时代发展的要求,把马克思主义理论同中国实际问题相联系,不断研究和解决新的问题,这是研究生应该学习甚至终身学习的重点。为此,马克思主义理论学科一定要推进研究生教育国际化,其中首先是实施培养方案的国际化。培养方案是在实施研究生教育过程的行动指南,是实现研究生培养目标的具体化。马克思主义理论学科研究生教育要达到国际化的要求,应该从培养方案的国际化入手,这也是研究生教育发达国家的研究生教育机构融入国际教育市场的惯常做法。在培养研究生的过程中,实施与国际接轨的培养方案,这将对研究生的培养质量有极大地提高,能够有力地提升学生的国际科研竞争力。其次要推动课程设置的国际化,要设置与国际接轨的研究生教育课程体系。在课程设置上,尽量向国际上研究生教育水平较高的教育机构看齐,学习借鉴先进的课程设置体系,对马克思主义理论学科的课程体系进行优化。

马克思主义者,只有紧跟世界潮流,深入了解世界先进水平,才能创新性地运用马克思主义为社会现实服务。

(2) 培养胸怀世界人才

全球化是当今时代的一个重大特征,偌大的世界日渐成为一个联系紧密的整体。而当今的世界开放的世界,中国也是开放的中国。因此,世界胸怀是马克思主义理论学科研究生学习的生长点,根据时代发展的要求,把马克思主义基本原理同中国具体实际相结合,不断研究和解决重大实践问题,这是培育研究生专业素质和个人素质的重要指导。

第一,学习革命导师放眼世界解放。在历史的革命长河中,无产阶级革命导师为了世界劳动人民的解放付出了心血,马克思、恩格斯、列宁、毛泽东等人都是伟大的无产阶级运动的领导者,致力于人民的福祉和解放,无产阶级革命导师顾全大局、胸怀世界、心系人民,因此兢兢业业、艰苦奋斗,马克思主义理论研究生要看清大局,将中国梦与世界梦相联系,将人民的福祉与自己的行动相关联,做真正有意义的人。

革命导师博大世界胸怀。无产阶级革命导师都具有博大的世界胸怀。马克思和恩格斯是全世界无产阶级的伟大革命导师和领袖,共同创立马克思主义,指导了国际工人运动,是无产阶级政党的指导思想和理论基础,是指引全世界劳动人民为实现社会主义和共产主义伟大理想而进行斗争的理论武器和行动指南,直至今天马克思主义理论学说仍有继承和发展。列宁领导十月革命建立了世界上的第一个社会主义政府,并带领红军打退了资本主义国家的侵略。在世

第5章　优化马克思主义理论学科体系

界上指导德国、匈牙利、法国、意大利等国的无产阶级革命及其共产党的成立,指导了共产国际的成立,还从理论上发展了马克思主义——马克思列宁主义。毛泽东是伟大的无产阶级运动的领导者,为我们党和中国人民解放军的创立和发展,为中国各族人民解放事业的胜利,为中华人民共和国的缔造和我国社会主义事业的发展,建立了永远不可磨灭的功勋。并引导中国走上社会主义发展道路,确立了社会主义基本制度;领导中国人民开辟了社会主义现代化建设道路,开始了沿着社会主义道路实现中华民族伟大复兴的新纪元。此外,他胸怀世界,为世界被压迫民族的解放和人类进步事业作出了重大的贡献。

第二,胸怀信念决定思想格局。新华出版社出版的《严介和新论语》系列图书中曾介绍过"高端的人,胸怀是衡量的第一标准;中端的人,品德是衡量的第一标准;低端的人,才能是衡量的第一标准。"中国的革命历史中,毛泽东就是这样一位胸怀宽广、信念坚定的伟人,他有博大胸怀,总是站在高处来看世界,有几十亿人口生存的地球,在他看来,不过是小小寰球,登上庐山,豪情油然而生,长江九派,浪下三吴尽收眼底:"云横九派浮黄鹤,浪下三吴起白烟"。这是他吐纳百川、包蕴天地胸怀的表达,看问题总揽全局,高瞻远瞩,表现出异于常人的卓识。同时,他也具有英雄的性格,凭着坚定的意志,走过草地,翻过雪山,进行革命,并坚信革命一定成功。永不服输,不屈不挠的精神、吞吐日月的胸怀决定了伟人的事业和人格美。

胸怀天下。当今时代,人才应对国家发展和社会进步抱有强烈责任感和担当意识。"两耳不闻窗外事,一心只读圣贤书",已经不能作为当今人才的标签。尤其是人文社会科学的学习和研究,不能脱离时代发展和社会需求。研究生必须关心国家大事,弘扬天下兴亡、匹夫有责的优良传统,将自己的学术使命与国家和民族的发展紧紧联结在一起,做出无愧于时代的成果。

第三,树立创新的思想意识。毛泽东早在五四时期,就有了创新的思想意识。在新文化运动思想的影响下,他认识到:"近年欧潮东渐,学说日新,全国学界人士,靡不振臂奋起,顺应潮流,从事改革。"他带头在湖南传播新思潮,认为"没有新文化由于没有新思想,没有新思想由于没有新研究,没有新研究由于没有新材料"。他主张要在半殖民地半封建社会的旧中国,开辟出一条新路。毛泽东不仅大力倡导创新精神,而且也身体力行地将其付诸实践。如果说中国共产党的历史是一部不断创新的历史的话,那么,毛泽东的一生就是不断创新的一生。毛泽东的创新思想的实践,不仅以丰硕的成果奠定了中国革命胜利的基础,而且也为中国共产党人作出了光辉的典范。毛泽东将创新精神付诸实践的表现有中国的客观实际出发,思考中国革命,那时候的中国革命是一个全新的革命,不断有新问题出现。毛泽东指出:我们不仅应该研究一般战争的规律,也应该研究革命战争的规律,更应该研究中国革命战争的规律,更应该尊重中国革命战争的经验。毛泽东敢于探索中国革命自己的路,勇于开拓创新局面。中国革命走什么样的路,一直在不断地摸索。

(3) 善于从实际出发

古人云:"合抱之木,生于毫末;九层之台,起于累土;千里之行,始于足下。"凡事都要脚踏实地去做,不驰于空想、不骛于虚声,才能取得成功。有志于成为当代人才者,应学习、学习、再学习,思考、思考、再思考,以此开阔视野、砥砺精神、充实头脑、提升德行、强化技能、增长智慧、强健身心、完善人格,承担起时代赋予的神圣职责和使命。马克思主义理论学科的研究生要有社会责任感和历史责任感,要有我是世界一份子的高度觉悟,在现实中了解、研究世界上的难题,并积极运用创新思维和不同的方法、脚踏实地的解决问题。

世界难题寓于现实问题。世界难题产生于现实之中,在我们身边的方方面面,是一个现实问题。具体的有生态危机、国际局势中不稳定因素还在、恐怖组织威胁仍未解除等等。随着经济全球化的深入发展,诸如以上这些问题或现象还会不断出现,涉及全球所有国家,而解决问题又非一个国家或几个国家所能及或能够取得成效。马克思主义学科研究生科学地认识和把握这些当代国际社会面临的超越国家和地区的界限,关系到整个人类生存与发展的严峻问题过程,正确地用马克思主义分析现实,努力探索方法,创新思路,有助于研究生综合素质的培养。

马克思主义理论学科研究生既要能够思考纷繁复杂的世界问题,又要善于脚踏实地分析身处其中的细小社会现实问题,并且能够大局着眼,具有国际视野,小处着手,扎根中国大地,创造性地运用马克思主义基本理论分析和解决社会现实问题。

(4) 理性看待世界问题

马列理论是世界各国革命在实践中继承和发展马克思主义的重要理论,是马克思主义理论研究生创新能力培养的基础,研究生要以马列理论为基础,放眼世界,分析世界,力图探索世界问题上的创新点。

第一,创造性地分析世界问题。恩格斯说:"马克思的整个世界观不是教义,而是方法。它提供的不是现成的教条,而是进一步研究的出发点和供这种研究使用的方法。"这一论断为我们提供了学习和运用马克思主义理论的态度,就是马克思主义理论不是教条,而是方法,学好马克思主义理论的落脚点就是解决问题,指导实践。要推动马克思主义理论的中国化时代化和大众化,就需要帮助广大人民群众在熟知中国特色社会主义理论体系的基本内容,理解中国特色社会主义理论体系的主要观点的基础上,从理论学习中找到并掌握运用理论、指导实践的方法。避免死记硬背理论知识,生吞活剥主要观点,把理论变成深奥难懂、远离工作实际的教义教条。

第二,运用马列理论分析当今世界。毛泽东曾经指出:对于马克思主义的理论,要能够精通它、应用它,精通的目的全在于应用。邓小平也倡导:学马列要精、要管用.江泽民也强调:学习理论,武装头脑,要努力在掌握理论的科学体系上下工夫,在掌握基本原理及其精神实质上下工夫,在掌握马克思主义的立场、观点、方法并用以指导实践上下工夫。在这里,我们党的几代领导人既强调了马克思主义理论是有"用"的,因为马克思主义理论为我们党提供了正确的立场、观点、方法,又强调了对马克思主义理论"用"什么,就是要用马克思主义理论提供的正确的立场、观点、方法.因此,推进马克思主义中国化、时代化、大众化,根本目的就在于掌握和运用马克思主义的立场、观点、方法,解决我们面临的各种复杂矛盾和问题,把改革开放和社会主义现代化建设的伟大实践不断推向前进.

第三,学习马列分析世界问题精髓。世界问题并不是表面上那么简单,我们要学会用马列主义通过现象来看本质。本质和现象相互区别,二者存在着明显的差别和矛盾。本质是事物的根本特征,是同类现象中一般的或共同的东西;现象是事物本质的外部表现,是局部的、个别的。从人的认识方面看,事物的现象可以为人的感官直接感知;隐藏在事物内部的本质,由于它的间接性和抽象性,只有借助于理性思维才能把握。世界问题的本质和现象是相互依存的,一方面,问题的本质存在于发生的现象之中,离开现象就无法认识问题的本质,现象和本质的统一提供了科学认识的可能性;另一方面,一些问题的现象又不等于本质,把握了现象,并不等于认识了事物的本质,现象和本质的矛盾,决定了认识过程的曲折性和复杂性。客观事物的发生、发展和灭亡有一个过程,它的本质的暴露也有一个过程,因此，研究生对世界问题本质的认识必然要经历由片面到全面逐步深入的过程。当我们认识了许多不同世界问题的特殊本质以后，通过抽象和概括可以由某些问题的特殊本质进而认识各种问题的共同本质。

习近平总书记面对改革开放新的形势，比以往任何时候都更强调必须推进马克思主义的发展，更强调务必坚持马克思主义的基本理论。把坚持与发展马克思主义有机地统一在一起，是以习近平为核心的党中央领导集体的一个鲜明的特点。习近平总书记明确地指出，"马克思列宁主义、毛泽东思想一定不能丢，丢了就丧失根本。"他强调指出："我们党现阶段提出和实践的方针政策，之所以正确，就是因为它们都是以我国现时代的社会存在为基础的。"但在他看来，强调正确的方针政策来自于实践，并不意味着排斥马克思主义，特别是马克思主义的历史唯物主义的指导作用。他认为，强调面对现实与强调马克思主义的指导作用并不是相互矛盾的。就拿面对社会现实、从社会实际出发来说，之所以能够做到这一点，正是由于遵循了马克思主义的"社会存在决定社会意识"的基本原理的结果。马克思主义理论仍然也随着社会的发展而与时俱进。基于这一基本认识，他在这一讲话中着重强调要"推动全党学习和掌握历史唯物主义"，认为唯有如此，才能"更好认识国情，更好认识党和国家事业发展大势，更好认识历史发展规律，更加能动地推进各项工作"。

5.3.2 面向祖国培育创新能力

马克思主义理论学科是神圣的学科，随着中国特色社会主义事业不断深入发展，本学科的社会需求和贡献空间会日益突显。本学科研究生要胸怀中国梦，立足自身创造能力，努力掌握服务祖国建设，促进祖国振兴的创新能力。

21世纪是知识经济时代，培养千百万创新型人才已经成为提升国家核心竞争力,建设创新型国家的重要保障。世界各国都采取了积极主动、各具特色的创新人才培养计划、措施和政策,并取得了实际效果。中国为了更好地抓住与用好21世纪前20年发展的重要战略机遇,党和国家领导人多次强调创新问题,创新已成为民族进步的灵魂和国家兴旺的不竭动力。

(1) 祖国发展需要创新人才

第一,中国落后源于创新乏力。纵观人类发展的历史,当欧洲人进入黑暗中世纪时,中国步入历史上最辉煌的隋唐宋元时期,在世界处于领先位置。然而,进入近代之后,中国越来越落后于西方,随着历史的推进差距越来越大。美国美籍华人科学家杨振宁博士在探讨我国近代以来科学技术为什么落后于西方的原因时也认为,"其基本原因是中国封建社会抗拒新思想",即创新乏力。

纵观人类科技发展的历史,不同国家、不同民族在不同历史时期所拥有的文化底蕴、文化背景和文化环境,无不对科技发展产生强大的影响。古希腊人之所以产生许多科学家、哲学家和艺术家,这与他们热爱自由、追求真理、能言善辩、崇尚理性和智慧的科学精神是分不开的。近代西方科学技术之所以能够得到迅速发展,这与他们在文艺复兴时期继承了希腊人的科学精神以及自身所追求的人文主义文化是息息相关的。正如中国科技史专家吴国盛教授在他的《科学的历程》一书中所描述的那样:"希腊科学是近代科学真正的先驱,几乎在每一个领域、每一问题上,希腊人都留下了思考,都是近代科学的老师"。相反,在西方黑暗的中世纪(5世纪—15世纪),由于宗教神学文化占统治地位,则成为西方科学发展的羁绊。当欧洲人开始进入到黑暗的中世纪时,中国却步入到历史上最为辉煌的隋唐宋元时期(5世纪—14世纪)。这一时期中国的科学技术得到了空前的发展,一直处于世界领先地位,这与当时中国的大统一文化、实用主义文化和经济贸易文化是紧密相连的。然而,当中国进入近代以后,其科学技术的发展就逐渐落后于西方,而且随着历史的推进差距越来越大,这与中国当时统治者的封建专制、夜郎自大、闭关自守、拒绝外来文化(西方资本主义的经济文化和科技文化)的输入有着密切的关系。犹如英国著名科学史家李约瑟所言,由于中国科学"在公元3世纪到13世纪之间保持一个西方所望尘莫及"的水平,作为这一光辉传统的继承者的清朝学者们,根本不可能设想对自己传统的东西进行彻底改革和突破,相反每每表现出天朝大国的优越感,中国历史从那时候开始衰败、屈辱甚至曲折。

20世纪以来,中国的科学技术发展可分为三个历史阶段。从1915年的新文化运动到新中国的成立为第一阶段。此阶段中国基本处于军阀混战、抗日战争和国内战争状态,创新文化对中国科技发展的作用几乎是微乎其微,即使陈独秀、李大钊等人所倡导的"科学"、"民主"的新文化运动,也未能促使中国科学技术的发展和创新。第二阶段是从新中国成立到20世纪70年代末,近乎30年的时光。其间,尽管新中国有了"两弹一星"的科技创新成就,但其大部分时间仍是在政治斗争中渡过的。计划式的经济、科技和教育体制以及"反科学、反教育、反经济"的所谓"文化大革命"则成为中国科技发展的桎梏。闭门锁国的治国理念,使新中国不能很好地吸收外来先进的科学技术知识和优秀的创新文化,并最终导致中国的科技创新系统处于"熵增"状态。因而,科技创新的成果与西方发达国家相比更是相形见绌。20世纪70年代末中国科学技术才真正进入了跨越式发展阶段。在现代科技革命和经济全球化浪潮推动下,西方的市场经济文化、科学技术文化、教育模式文化、现代企业文化和科学精神文化传入中国,这些西方特有的根文化与中国传统文化撞击和融合,形成了具有中国特色的创新文化,影响和激励着中国知识分子科技创新的积极性和创造性。同时,中国的领导人不失时机地对各种旧体制进行了改革,制定了许多促进科技创新发展的政策、法令、科技创新项目规划,并在学术界创造了相对宽松的学术思想自由空间。

第二,科技创新是基本国策。从"科学技术是第一生产力"意识的形成,到"科教兴国"基本国策的选择,再到建设创新型国家目标的确立,科技创新的地位和作用被不断强化。创新是历史进步的动力、时代发展的关键,位居今日中国"五大发展理念"之首。习近平同志在党的十八届五中全会上提出的创新、协调、绿色、开放、共享"五大发展理念",把创新提到首要位置,指明了我国发展的方向和要求,代表了当今世界发展潮流,体现了我们党认识把握发展规律的深化。用以创新为首的"五大发展理念"引领时代发展,必将带来我国发展全局的一场深刻变革,为全面建成小康社会、实现中华民族伟大复兴中国梦提供根本遵循、注入强劲动力。

现在,世界范围的新一轮科技革命和产业变革蓄势待发,信息科技、生物科技、新材料技术、新能源技术广泛渗透。世界大国都在积极强化创新部署。把创新放在发展全局的核心位置,体现了以习近平同志为核心的党中央的坚定决心和历史担当,是党中央在我国发展关键时期作出的重大决策,凝聚的是立足全局、面向全球、聚焦关键、带动整体、持续发展的国家意志和国家战略。把创新放在发展全局的核心位置,就能紧扣世界创新发展脉搏,顺应世界创新发展大势,赶上世界创新发展脚步,从后发到先发、从跟跑到领跑,引领世界创新发展潮流。

第三,国力竞争较量创新人才。创新人才是人才队伍的重要组成部分,是推动经济发展和社会进步的重要力量。大力加强创新人才培养,对于更好地落实人才强国战略,不断提升我国综合国力和企业竞争力,加快构建社会主义和谐社会具有重要而深远的意义。

首先,综合国力核心是创新力。习近平指出,综合国力竞争说到底是创新的竞争。要深入实施创新驱动发展战略,推动科技创新、产业创新、企业创新、市场创新、产品创新、业态创新、管理创新等,加快形成以创新为主要引领和支撑的经济体系和发展模式。2012年7月,党中央、国务院召开的全国科技创新大会提出了创新驱动发展战略。将这一战略明确写入党的十八大报告,充分表明了我们党依靠创新实现经济持续健康发展的坚定决心和对科技创新的高度重视。首先,创新驱动是适应全球新一轮科技革命和产业变革的必然要求。其次,创新驱动是加快转变经济发展方式、实现国家发展战略目标"最根本、最关键"的力量。再次,创新驱动是中国特色自主创新道路的最新实践。发挥好科技创新的战略支撑作用,实施创新驱动发展战略,促进科技实力提升是基本前提,促进自主创新能力大幅提升是关键环节,促进经济实力提升是首要任务,促进综合国力提升是根本目的。当前,经济竞争、国力竞争已前移到科技进步和创新能力的竞争。要通过创新驱动发展战略的实施,实现科技进步对经济增长贡献率大幅上升,进入创新型国家行列的目标,推动科技实力、经济实力、综合国力实现新的重大跨越。

其次,创新人才是国家硬实力。加强高技能人才队伍建设,是增强我国综合国力、提升企业竞争力和创造力、建设创新型国家的重要举措。建设创新型国家,必须以科学发展观为指导,走以信息化带动工业化、以工业化促进信息化的新型工业化道路,不断提高全民族的自主创新能力。加快自主创新,主体在企业,关键在人才。我国工人阶级队伍中的高技能人才,是推动技术创新和实现科技成果转化不可缺少的重要力量。提高企业的核心竞争力,不仅需要掌握核心技术的科研人员,而且需要一大批掌握现代生产制造技术的高技能人才,没有这支高技能人才队伍,再先进的科技和机器设备也很难转化为现实生产力,更谈不上以一流的产品、一流的服务和一流的品牌,在激烈的国际市场竞争中抢占一席之地。

再次,培育未来型创新人才。未来型创新人才作为创新型人才培养的新思路,体现了与时俱进的时代精神,是推崇知识进化产生的一种智慧经济——作用与效益、价值与资本的体现。具体来说具有以下几方面能力:一是具有宽厚的基础,包括宽厚的人文底蕴,广博的科学素养,必要的基础知识与扎实的专业功底。二是具有较强的创新能力,包括很强的学习能力、动手能力、研究能力、思维能力、表达能力与组织管理能力,以及在此基础上对事物创新性的想象能力,创造性的计划、组织与实施某种活动的能力。三是具有高尚的品格,即创新人格,包括敬业精神、奉献精神、求实精神与合作精神,以及鲜明的主体意识与强烈的社会责任感;同时要具有顽强的意志毅力,能经受挫折和失败的良好心态。四是富有特色,包括知识的特色、才能的特色、兴趣的特色与方法的特色。五是善于创新。所谓创新精神,主要包括好奇心、探究兴趣、求知欲、对新异事物的敏感、对真知的执著追求,对发现、发明、革新、开拓、进取的百折不挠的精神。包括强烈的创新意识、超常的创新思想与综合创新能力。

(2)面向祖国培育创新才干

第一,培育国家需要人才。国家跨越发展呼唤创新人才。当前,我国经济发展进入新常态,传统资源要素优势正在减弱,经济发展必须由要素驱动向创新驱动转变,而创新驱动实质上是人才驱动。党和政府已将创新提到了前所未有的高度,创新驱动发展战略与科教兴国战略、人才强国战略一并成为重要的国家战略。创新事业需要创新人才,崇尚创新、鼓励创新、保护创新的时代是科研的春天,是人才的舞台。

"盖有非常之功,必待非常之人。"人是科技创新最关键的因素。

创新的事业呼唤创新的人才。尊重人才,是中华民族的悠久传统。"思皇多士,生此王国。王国克生,维周之桢;济济多士,文王以宁。"这是《诗经·大雅·文王》中的话,说的是周文王尊贤礼士,贤才济济,所以国势强盛。千秋基业,人才为先。实现中华民族伟大复兴,人才越多越好,本事越大越好。我国是一个人力资源大国,也是一个智力资源大国,我国13亿多人大脑中蕴藏的智慧资源是最可宝贵的。知识就是力量,人才就是未来。我国要走在世界前列,必须在创新实践中发现人才、在创新活动中培育人才、在创新事业中凝聚人才,必须大力培养造就规模宏大、结构合理、素质优良的创新型科技人才。要择天下英才而用之,实施更加积极的创新人才培养政策,集聚一批站在行业科技前沿、具有国际视野和能力的领军人才。

马克思主义理论学科是领航学科,培养的人才是祖国快速发展各行各业急需的做人的思想政治工作,调动人的积极性,激发人的创造性的人才。

第二,培育创新创业精神。创新精神和创业能力是马克思主义理论学科创新创业教育的重点,它是一个持续不断的过程,应贯穿于研究生教育的各个方面,应系统化、有计划、有重点地开展创新创业教育。一要制定具有本校特色的马克思主义理论学科创新创业培养规划,成立专门机构组织开展活动;二要建立健全马克思主义理论学科的创新创业教育课程体系,必须有必要的理论指导和知识支持;三要严格进行正规的创新创业科研立项、评审、检查、结项等环节。各环节依次递进、有机衔接,使创新创业教育科学化、规范化。把创新创业教育落到实处,还应探索多样化的创新创业教育模式,开展丰富多彩的创新创业教育活动。创新创业教育既应是建立在学科基础上的学科课程,也应是建立在实践基础上的活动课程。创新创业教育的实践性决定了它不仅仅是学校的事情,还需要得到全社会的支持。

第三,培养创新人才的爱国情操。中央政治局第二十九次集体学习中,习近平总书记强调,要大力弘扬伟大爱国主义精神,大力弘扬以改革创新为核心的时代精神,为实现中华民族伟大复兴的中国梦提供共同精神支柱和强大精神动力。新一代青少年在开放的环境里必须成为创新性人才。只有不断地弘扬爱国主义,才能把个人的价值选择和价值追求与国家的发展和命运结合起来,在实现中华民族伟大复兴的梦想中,砥砺强国之志、实践报国之行,让爱国主义精神生生不息,代代相传、发扬光大。爱国是创新人才的基本素质。爱国主义是中华民族精神的核心,是创新人才的基本素质。在建设有中国特色社会主义的今天,爱国主义作为社会主义核心价值体系的基本内容之一,蕴含了中华民族最为深厚的历史情感,是全国各族人民的精神支柱,是建设有中国特色社会主义的巨大动力。爱国是中华民族的基本素质,也是马克思主义理论学科研究生的核心价值观之一。弘扬爱国主义精神,就要求我们遵循当今时代特征和世界经济技术发展规律要求,努力完善自身的综合素质,以自己的绵薄之力促进科技创新来加快我国现代化建设。

爱国是创新人才的基本素质,是创新创造动力的来源,祖国深厚的感情激励着一代又一代中华儿女积极进取、改革创新,中华五千年的历史文化底蕴是创新的根基,在不断地与外来文化交往融合的基础上去取精华,去其糟粕,推陈出新,实现中华民族伟大复兴是创新创造的不竭动力。

祖国感情是创新之源。"苟利国家生死以,岂因祸福避趋之。"爱国主义是个体发自内心地对国家深沉的爱。一个公民对社会制度的认可,对国家统一和民族团结的自觉维护,对民族历史与文化的尊重和传承,这些责任感的建立,最终都需要强大的精神认同,并视之为自己的精神依靠。因此,对爱国主义教育的认识,不能止于一般性的感情熏陶,而应更多从精神层面来认识爱国主义教育的价值,进行更为深刻的爱国启蒙。

祖国文化是创新之根。中华民族的历史文化是创新的根基。主要表现在以下五个方向:首先,博大精深的中华文化蓄积了几千年,其内在的爆发力是无限的;其次,中国人民几十年建设社会主义所创造的实践经验无比丰富多彩,由此形成了创新的不竭源泉;还有,改革开放使中国与外界紧密相连,中国人吸收世界文明成果的程度空前广泛和深入,中国的创新也是世界的创新;再有,历史上的文化创新,都是少数文化人的专利,在基本扫除文盲的社会主义中国,创新已经成为十几亿人共同参与的伟大事业;最后,代表先进文化前进方向的中国共产党依靠广大人民、统筹社会资源、调动社会力量所推进的创新注定成为中华民族伟大振兴的胜利旗帜。

目前,崭新的社会主义文化形态,把高扬主旋律和提倡多样化统一起来,把尊重传统和推动创新统一起来,把对外来文化的吸收和改造统一起来,百花齐放,百家争鸣,把中华民族十几亿人的创造性激发出来,凝聚成改天换地的伟大力量,去实现中华民族的伟大振兴,并对人类的文明进步作出更大的贡献。

(3) 为了中华复兴提高创新能力

第一,中华复兴人人有责,新一代马克思主义者更是责无旁贷。中国梦是国家的、民族的,也是每一个中国人的。也只有国家富强、民族振兴,人民才能幸福安宁;同理,只有人民同心同德、凝心聚力、奋发进取,国家才能富强、民族才能振兴。我们取得民族独立的历史性胜利,是中国人民在中国共产党领导下长期浴血奋战的结果。新中国成立后特别是改革开放以来我国所取得的伟大成就,也是全体中国人民在党的领导下辛勤劳动、各尽所能、奋力拼搏的结果。今天的辉煌是中国人民共同创造的,今后更大的辉煌同样要靠全体中国人民去创造。在日常生活中，人人有责主要表现为人人尽责。人生活于社会，总是有责任的。梁启超说得好，"人生于天地之间，各有责任。知责任者，大丈夫之始也；行责任者，大丈夫之终也；自放弃其责任，则是自放弃其所以为人之具也。"固然，由于社会角色、职业分工、所在岗位不同，每个人责任的性质、大小、轻重是有区别的。但是，新时代的马克思主义者，不论所居何职、所事何业，都要更加自觉地负塌振兴中华的责任。作为领航学科的研究者和执行者，以强烈的历史责任感和实实在在的工作，去强化全民的社会责任意识，使人们树立正确的权利义务观。让全社会自觉认识到，文明和谐的社会氛围要靠人人去营造，不良的社会风气要靠人人去抵制。实现中华民族伟大复兴，人人都应是参与者，人人肩上都须担负责任。

敢于担当，是一种责任，是一种精神，也是一种行为，每一位马列传人都要负起责任。要加强对他们进行社会主义核心价值体系和中国优秀传统文化教育，并帮助他们培养马克思主义责任意识，进而引导其树立正确的马克思主义责任观。首先，马列传人要求每个现实的人都必须树立共产主义的远大理想，并且为自身的自由全面发展而不懈奋斗的责任观。理想是一种方向、一种驱动力，为共产主义而奋斗不单是单个人的义务，而是社会中每一个人的责任和使命。其次，马克思主义要求在学习和生活中要把人民的利益作为一切学习和工作的出发点和落脚点，想人民群众之所想、急人民群众之所急、务人民群众之所需。

第二，培养具有奉献精神的马克思主义者。马克思主义认为人生的真正价值在于对社会的贡献。人对社会的责任是一种公共责任，体现的是个人与社会的关系，它的价值取向始终是国家、社会的整体利益。马克思主义理论学科研究生作为创新活动的参与者，应注重自身综合素质的提高，充分认识自身的优势和不足，结合自身的性格特点、兴趣爱好,进行自我提高、自我完善。在研究生学习阶段,努力做到学习上不怕吃苦,科研上勇于探索,生活上互助友爱,活动中团结合作,把自己打造成为品德好、专业知识扎实、动手能力突出、人际交往能力强的高层次复合型人才。科研活动为研究生的创新潜力转化为创新能力提供了有利条件。通过科研活动,研究生能够将自己所学与实践结合起来,学会独立思考,培养了对问题的高度敏感性、观点的多样性、思维的灵活性、认识的新颖性,为研究生提供了自由、宽松的环境,也使得学生勇于挑战自我,成就目标。科研活动也培养快速学习能力和担当能力,赢得一席之地。研究生参加科研活动后,想要有所收获就要迅速主动地向指导教师和前辈求教以提升自己,而随之而来的科研任务,也要求研究生能够独立担当以获得认可。

5.3.3 面向未来培育创新精神

马克思主义理论学科要进行深入的唯物史观教育,培养研究生的远见卓识,思考问题、研究问题、解决问题,都要脚踏实地,面向未来,在充分的理论自信、道路自信和制度自信基础上,研究探索当下的社会问题,避免虚无主义和保守主义。

(1) 今天是走向未来的平台

马克思主义理论学科是科学、发展、光明的理论,扎根于广袤的中华大地上,培养最接地气、最有远见、最能创新的专业研究生,研究当今最贴心群众、最贴近社会、最贴近自然的问题,收获的必将是一个崭新的未来。

第一,马克思主义理论学科发展前途远大。自其诞生以来,马克思主义作为一种科学理论在社会主义实践中获得了验证与新的发展,同时也在学术研究中取得了巨大成就。马克思主义理论作为一级学科在中国建立,更是从学科与学术层面全面推动了马克思主义的发展,这是马克思主义中国化、时代化、大众化的重大成就。

首先,马克思主义理论是科学的理论。习近平总书记指出,马克思主义是在批判吸收人类全部知识的基础上产生并且随着时代、实践和科学的发展而不断丰富发展的,是人类迄今为止最先进的思想理论体系。马克思主义作为一种先进的理论,作为一种代表未来社会历史前进趋势的社会意识形态,不仅具有强大的生命力,而且还具有现实性和巨大的实践力量。但其理论的生命力与现实力的发挥,离不开广大人民群众或者说广大的无产阶级。由此可见,马克思主义作为一种理论要被群众所掌握,首先就是广大人民群众要对马克思主义有一个最起码的科学认知。如果人民群众对马克思主义的认知是有问题的,是错误的,那么马克思主义理论再先进也无法发挥其现实的革命力,其理论的生命力就会变得十分脆弱。但在目前马克思主义学科发展中存在的一个重大问题就是不少群众对马克思主义的认知存在问题,有些人的认知甚至是错误的。这种现象在不少年轻人中表现得特别明显。如果这个问题继续恶化,得不到有效解决,对马克思主义学科发展将非常不利,应该引起高度重视。

其次,马克思主义理论学科最有前途,必须充分认识它的科学性和学术性。就它不同于一般学科的特殊性质说,其研究对象是我们立党立国的根本指导思想,社会主义意识形态的旗帜,社会主义核心价值体系的灵魂,全国各族人民团结奋斗、夺取改革开放和现代化建设胜利的共同理论基础和强大思想武器;在我国哲学社会科学中,马克思主义理论是基础理论学科、领航学科,是关系党和国家前途命运的生命工程学科,着力建设好马克思主义理论学科,对于进一步贯彻和落实中央实施的马克思主义理论研究与建设工程,进一步推进马克思主义中国化的发展和创新具有重要的学科支撑和依托作用。在社会主义中国,人文社会科学必须坚持马克思主义指导。我们强调的是指导。指导不是取代,也不可能取代。任何一门具体人文社会学科都有自己领域中的专门学术问题。各专业的学术问题,应坚持"双百方针",进行自由平等的学术探讨。坚持马克思主义指导,不是拒斥学术探讨,更不是以马克思主义基本原理取代各门学科的学术问题的研究和结论。专业问题是专业性问题,马克思主义不可能越俎代庖。从根本上说,巩固马克思主义在人文社会学科的指导地位,就是强调人文社会科学工作者要自觉坚持马克思主义的世界观和方法论,坚持正确的政治导向和价值取向。

再次,马克思主义理论不断丰富发展。马克思主义理论不断丰富发展,具有时代化性的特点。时代化就是说马克思主义要与时俱进,马克思主义要顺应历史潮流,把握时代脉搏,要有时代气息,就是要反映一个半世纪到一个世纪以来马克思主义面对的科学技术的发展,面对的社会历史条件的变化要与时俱进,要和当代的时代特色相结合,要和当代的社会技术进步相结合,要和当代的基本政治格局的变化相结合。如以毛泽东为主要代表的中国共产党人,在新民主主义革命中,实现了第一次历史性飞跃,形成了毛泽东思想,毛泽东关于新民主主义的理论。以邓小平、江泽民、胡锦涛为主要代表的中国共产党人,在十一届三中全会以后改革开放的革命中,实现了第二次飞跃,先后形成了邓小平理论、"三个代表"重要思想和科学发展观,即中国特色社会主义理论体系。这是马克思主义中国化的最新理论成果。这个理论成果在马克思主义发展史上具有重要的地位。

第二,今日中国是马克思主义理论大发展的最佳平台。马克思主义的强大力量就在于它与中国实际的结合,其中包括与中国历史和传统文化的结合。中国共产党是中国的共产党,是在中国建设社会主义。它们均植根于具有深厚历史传统和文化传统的13亿多人口的中国,必须重视中国的历史和文化遗产,尤其是对中国社会结构、民族性格、人的思想和价值观念的深刻影响。如今,马克思主义要在思想和情感上为中国先进知识分子和以农民为主的中国人民所接受,已深深植根于中国的历史和文化之中,中国发展需要马克思主义,今天的中国仍然是马克思主义理论发展的平台。

首先,中国社会主义道路是光明道路。道路问题是最根本的问题。习近平指出,无论是搞革命、搞建设、搞改革,道路问题都是最根本的问题。30多年来,我们能够创造出人类历史上前无古人的发展成就,走出了正确道路是根本原因。现在,最关键的是坚定不移走这条道路、与时俱进拓展这条道路,推动中国特色社会主义道路越走越宽广。我国在改革开放实践中找到的中国特色社会主义道路,是十几亿中国人民摆脱贫困、走向温饱、小康和中等发达国家的必由之路,是进一步实现国家富强、民族振兴、社会和谐的幸福之路。在当代中国,坚持中国特色社会主义道路,就是真正坚持社会主义。如果说,在鸦片战争以来170多年奋斗历程中,我们党团结带领中国人民,通过选择马克思主义、选择社会主义,找到了救中国的唯一正确的理论和道路,那么,我们党在改革开放的历史新时期,则通过创立中国特色社会主义理论体系和开辟中国特色社会主义道路,找到了一条振兴发展中国、发展社会主义、发展马克思主义的唯一正确的理论和道路。历史和现实无可辩驳地证明,中国特色社会主义道路是中国人民在新的伟大实践中所作出的正确选择,是一条光明之路、幸福之路,是实现国家富强、人民幸福、社会和谐的必由之路。找到这条路是国之大幸、民之洪福。

其次,中国道路是马克思主义理论实践的产物。习近平指出,我们说的道路自信、理论自信、制度自信,来源于实践、来源于人民、来源于真理。习近平强调"中国特色社会主义这条道路来之不易,它是在改革开放30多年的伟大实践中走出来的,是在中华人民共和国成立60多年的持续探索中走出来的,是在对近代以来170多年中华民族发展历程的深刻总结中走出来的,是在对中华民族5000多年悠久文明的传承中走出来的,具有深厚的历史渊源和广泛的现实基础。""现在,最关键的是坚定不移走这条道路、与时俱进拓展这条道路,推动中国特色社会主义道路越走越宽广。"但是,我们必须清醒地看到:虽然经过60多年的曲折探索,30多年的奋勇开拓,中国特色社会主义这条光明大道已经真实而清晰地展现在我们面前。然而,我们对中国特色社会主义事业发展规律的认识并没有完结,发展中国特色社会主义还任重而道远。必须看到,我国人口多、底子薄,发展很不平衡。我们在推进改革开放和社会主义现代化建设过程中所肩负任务的艰巨性和繁重性世所罕见,我们在前进中所面对的困难和风险世所罕见。因此,希望一蹴而就、一劳永逸地实现我们目标的想法是不现实的。只要我们像习近平指出的那样,深入把握中国特色社会主义的科学性和真理性的基础上增强自信,在改革开放和社会主义现代化建设的进程中继续开拓,按照党的十八大提出的坚持和发展中国特色社会主义的基本要求,不断开创中国特色社会主义事业新局面。就会更好地走向未来,不断交出坚持和发展中国特色社会主义的合格答卷。

再次,中国道路创新发展着马克思主义理论。习近平同志指出:"要根据时代变化和实践发展,不断深化认识,不断总结经验,不断实现理论创新和实践创新良性互动,在这种统一和互动中发展21世纪中国的马克思主义。"新时期推进马克思主义创新发展尤为重要。中国特色社会主义是前无古人的崭新事业,当前又面临全新的机遇和挑战,必须用发展着的马克思主义指导中国特色社会主义新的实践。为此,我们就不能满足于对马克思主义的一般运用和丰富完善,而要结合新的时代条件,实现马克思主义中国化的新飞跃,创造性地推进和发展21世纪中国的马克思主义。马克思主义创新发展是有规律可循的。掌握这一客观规律,就可以更加自觉地推进马克思主义创新发展。探索和揭示马克思主义创新发展规律,正是中国共产党人和马克思主义理论工作者的重要使命。

第三,勇于创新为祖国未来奠基。创新是当今中国最重要的战略。马克思主义理论学科发挥学科优势,将大众性和时代性相结合,与时俱进,大力培养创新型人才,为祖国的未来奠基。

首先,马克思主义理论学科前途在于创新。从马克思主义发展史来看,创新一般表现为以下几种:一是原创性的,在马克思主义发展史上新提出的重大理论观点;二是否定性的,即根据实践的新发展,对前人的个别已过时的观点进行修正;三是肯定性的,表现为对前人提出的思想进行补充和完善,把前人的思想放到特定的历史条件之下进行重新思考和定位,以使原有的思想发挥新的功能和作用。所以,不是任何新出现的理论、观点都具有理论创新的意义和性质。只有既坚持了马克思主义基本原理,又科学地回答了实践所提出的重大问题,并指导实践进一步发展,这才是马克思主义的创新。

其次,马克思主义理论学科价值在于创新。创新是马克思主义的理论品质,这种品质是马克思主义永葆生机和活力的内在根据。马克思主义理论通过总结和归纳人类创新实践的丰富经验,高度概括和抽象了解决各种问题的基本原理以及克服各种矛盾冲突的方式方法,深化丰富和发展了马克思主义的发展观,为人们的创新实践提供丰富高效的模型化手段,是解决各种问题的方法库。马克思主义认为:一个民族要想站在科学的最高峰,就一刻也不能没有理论思维。当代中国的马克思主义创新理论是当代人类理论思维的强大思想理论武装和系统的方式方法。在当今空前复杂的科学技术活动和生产实践中,缺乏马克思主义创新理论的武装,要想创造具有较大意义的新事物和创新成果,是异常困难的或没有可能的。原因很简单,靠传统上缺乏创新理论指导的"试错法",所必然付出的资源和时代代价是人们和社会无法接受的,只有掌握和应用马克思主义创新理论,我们才能科学的认识问题和有效地解决问题,才能不断地创造新事物,实现真正的科学发展。

(2)研究未来是创新培养过程

抓创新就是抓发展,谋创新就是谋未来。不创新就要落后,创新慢了也要落后。要扎根于全中国,激发调动全社会的创新激情,持续发力,加快形成以创新为主要引领和支撑的经济体系和发展模式。要积极营造有利于创新的政策环境和制度环境,努力支撑创新工作。

第一,研究中国道路坚定理想信念。中国道路,一头连接着国情,一头连接着梦想。道路承载着过去,也标示着未来。中国道路来之不易,它是在改革开放30多年的伟大实践中走出来的,是在中华人民共和国成立60多年的持续探索中走出来的,是在对近代以来发展历程的深刻总结中走出来的,是在对中华民族5000多年悠久文明的传承中走出来的。30多年间,中国在自己的道路上创造了奇迹:经济总量跃居世界第二,人民生活实现总体小康,国家面貌发生翻天覆地的变化,在世界舞台扮演着重要角色……历史是一条通道,现实由此而来。展望未来,中国道路是全面建成小康社会、加快推进社会主义现代化、实现中华民族伟大复兴的必由之路。中国道路反映了中国人的共同利益,也凝聚着中国人的共同理想和目标——中国梦。一条道路,从未如此清晰,指向民族复兴的光明愿景;一个梦想,从未如此真切,点亮十几亿人的美好希望。中国人民是中国道路开创和拓展的参与者,也是受益者,我们亲身体会到中国道路的正确性,理性地认同这条道路。因此,若为党负责,为国家负责,为人民负责,都必须坚定不移地沿着中国道路走下去,并不断拓展这条道路。

第二,研究中国问题培养创新人才。理论来自实践、指导实践,并接受实践的检验、在实践中发展。实践永无止境,理论创新永无止境。在发展中国特色社会主义的过程中,我们还有许多问题需要进一步探索和回答。特别是在改革发展的关键阶段,我国发展呈现一系列新的阶段性特征,出现一系列新情况新问题,既面临难得的历史机遇,也面对诸多可以预见和难以预见的风险挑战。这就需要我们继续大力推进实践基础上的理论创新,继续解答中国问题。而随着中国特色社会主义实践的拓展和马克思主义中国化的推进,中国特色社会主义理论体系必将得到进一步发展。与时俱进是中国特色社会主义理论体系的显著特征,丰富多彩的社会实践是中国特色社会主义理论体系保持蓬勃生机的永恒源泉,也是创新人才的培养手段。

第三,坚定道路自信服务中华复兴。道路决定命运。道路自信是来自于历史和人民的选择、道路前伸的内生动力、当代中国的成果实践。首先,道路自信来自历史和人民的选择。中国道路是近代以来中国人民经历艰难探索、反复选择和努力奋斗才开创出来的。其次,道路自信来自道路前伸的内生动力。中国道路的探索、开辟和发展过程告诉我们,它是科学社会主义理论逻辑和中国社会发展历史逻辑的辩证统一,因而它不会故步自封,拥有在实践中主动发展的自觉意识和创新动力。最后,道路自信来自当代中国的成功实践。中国道路在前进过程中经历了各种严峻考验,创造了世人瞩目的奇迹。实践的成功是最大的自信,在其他国情土壤上生长出来的道路说教,很难与本土生长的"成功"辩论。曾经沧海难为水,阳光总在风雨后。中国道路是经过非同一般的考验才走到今天的。在国内,我们经历了经济上的起伏、政治上的风波、思想领域的纷扰乃至自然灾害的肆虐;国际上,从东欧剧变开始,在一连串实质上是道路之争的各种"颜色革命"与"阿拉伯之春"所掀起的风浪中,中国都站住了,靠的是什么？就是中国道路。改革开放以来，中国发展取得伟大成就，无论是同自身纵向比，还是同改革开放之初在同一起跑线上的其他发展中国家横向比，都足够令人自豪。靠的是什么？还是中国道路。这条道路打破了发展中国家在现代化进程中对西方路径的简单依赖，同时也破解了发展中国家在现代化进程中不容易处理好的改革与翻船、发展与稳定、开放与自主这三道难题，从而使我们比历史上任何时期都更加接近中华民族伟大复兴的目标。

（3）面向未来树立创新意识

作为国家未来科技创新的主力军，国家未来发展建设者和接班人的研究生，精力旺盛，充满生机和活力，思维活跃而敏锐，有开拓精神，敢于标新立异，基本具备培养良好创新意识的素质，符合创新型人才的标准。

第一，未来存在于今天的创新。千里之行始于足下，由无数个今天构成未来。未来，始自于今天的创新实践。我们遵循客观规律，坚定核心价值观和信念，尊重社会的需要，实施创新发展战略，培育创新型人才。今天创新成果是未来社会文明的资源，对未来社会和政治、经济、文化产生重要的影响。

首先，今天成果是未来社会的资源。生活从不眷顾因循守旧、满足现状者，而将更多机遇留给勇于和敢于、善于改革创新的人们。过去五年，创新这个新引擎轰鸣不息，为我国经济社会发展不断提供新动力。站在"十三五"开局的时间节点上，发展条件、比较优势发生了深刻变化，适应和引领经济发展新常态，更需要依靠创新转换发展动力。当前，新一轮科技革命和产业革命正在兴起，用先进技术改造提升传统产业、加快发展优势特色产业、再造地区经济发展新优势，要求我们必须依靠创新来推动；打造经济增长新引擎、缩小同全国发展差距，同样需要我们加快创新驱动……抓创新就是抓发展，谋创新就是谋未来。未来,无疑是一个科技的时代。今天所产生的互联网技术、遥感技术、航空技术、生物技术、医疗技术等都是供后人所参考的结果,现代的理论研究和实践经验以后都会成为未来社会的资源,这将更好的指引未来的创新性人才随着科技大流、在丰硕的理论成果指引下,发挥出自己的创新能力,真正成为一个创新者。

其次,今天创新奠定未来发展基础。今天的创新战略、创新规划为未来发展奠定了基础。对中国来说,创新是一个全方位的系统工程。用十八届五中全会的话语表述,就是要"不断推进理论创新、制度创新、科技创新、文化创新等各方面创新"。这也就意味着,在经济发展上,"大众创业、万众创新"、释放新需求、创造新供给,依然将是未来发展的体制架构;在发展空间上,则要形成沿海、沿江、沿线经济带为主的纵向、横向经济轴带,培育壮大若干重点经济区,实施网络强国战略,实施"互联网+"行动计划;在产业发展上,中国的制造强国进程将进一步加快,实施《中国制造二〇二五》、工业强基工程,培育一批战略性产业,开展加快发展现代服务业行动。而在这样一大批关乎未来发展的工程背后,中国的政治、社会体制也将以创新的理念贯穿,迎来新的变革。比如,在影响创新发展的市场环境方面,产权制度、投融资体制、分配制度、人才培养引进使用机制都将迎来改革,同时,行政管理体制也将持续推进简政放权、放管结合、优化服务,提高政府效能,激发市场活力和社会创造力。新常态是新事物,需要不断加深认识和理解,主动学会适应和引领。中国依然蕴含着广阔的机会和市场,也有极大的潜力需要激发。以未来的5年为契机,中国将会迎来新一轮的机遇和挑战——这一次,通过今天的努力,创新之力将蓬勃而生。

再次,面向未来社会培育创新人才。创新型人才是实现创新驱动发展战略最具能动性的因素。这些年,人才强国已成为我国经济社会发展的一项基本战略,以高层次人才、高技能人才为重点的各类创新型人才队伍不断壮大。同时必须清醒地看到,当前我国人才发展的总体水平同世界先进国家相比仍存在较大差距,高层次创新型人才匮乏,人才创新能力不强,人才流动存在诸多体制机制障碍。最新的一项调查显示,创新人才短缺始终被企业家认为是妨碍企业创新工作的最重要因素,高达60.7%的企业家认为企业创新人才缺乏。正是针对创新型人才中存在的种种问题,《中共中央国务院关于深化体制机制改革加快实施创新驱动发展战略的若干意见》提出,要把人才作为创新的第一资源,更加注重培养、用好、吸引各类人才,促进人才合理流动、优化配置,创新人才培养模式;更加注重强化激励机制,给予科技人员更多的利益回报和精神鼓励;更加注重发挥企业家和技术技能人才队伍创新作用,充分激发全社会的创新活力。"三个更加"体现了中央把人才资源开发放在科技创新最优先位置的意图,对于改革人才培养、引进、使用等机制具有重要的指导意义。

第二,未来人才须有创新意识。中国人民具有锐意进取、勇于创新的优良传统,我们要积极继承,大力弘扬,继续保持并激发创新的锐气、创业的勇气、创优的志气,着力营造勇于探索、敢为人先、崇尚创新、宽容失败的创新文化。

首先,马克思主义不是教条。毛泽东曾说过"我们的同志必须明白,我们学马克思列宁主义不是为着好看,也不是因为它有什么神秘,只是因为它是领导无产阶级革命事业走向胜利的科学。直到现在,还有不少的人,把马克思列宁主义书本上的某些个别字句看作现成的灵丹圣药,似乎只要得了它,就可以不费气力地包医百病。这是一种幼稚者的蒙昧,我们对这些人应该做启蒙运动。那些将马克思列宁主义当宗教教条看待的人,就是这种蒙昧无知的人。对于这种人,应该老实地对他说,你的教条一点什么用处也没有。马克思、恩格斯、列宁、斯大林曾经反复地讲,我们的学说不是教条而是行动的指南。这些人偏偏忘记这句最重要最重要的话。中国共产党人只有在他们善于应用马克思列宁主义的立场、观点和方法,善于应用列宁斯大林关于中国革命的学说,进一步地从中国的历史实际和革命实际的认真研究中,在各方面作出合乎中国需要的理论性的创造,才叫做理论和实际相联系。如果只是口头上讲联系,行动上又不实行联系,那么,讲一百年也还是无益的。我们反对主观地片面地看问题,必须攻破教条主义的主观性和片面性。"[1]面对错综复杂的严峻形势,我们既不能把书本上的个别论断僵死化、凝固化,当做束缚自己思想和手脚的教条,也不能把实践中已见成效的东西看成完美无缺的模式,故步自封,自我陶醉。我们要坚持解放思想、实事求是、与时俱进,坚持以我国改革开放和现代化建设的实际问题、以我们正在做的事情为中心,着眼于马克思主义理论的运用,着眼于对实际问题的理论思考,着眼于新的实践和新的发展,积极借鉴人类文明的一切优秀成果,深入研究和回答重大理论和现实问题,不断把改革发展的成功经验上升为理论,不断赋予当代中国马克思主义鲜明的实践特色、民族特色、时代特色。只有这样,马克思主义才能成为我们克服时艰、经受历史考验、继续推进改革和发展的强大思想武器,才能在当代中国放射出更加灿烂的真理光芒。

其次,"左"倾右倾都是错误。"左"倾、右倾在不同时期有不同的表现。在新民主主义革命时期,"左"倾和右倾的焦点问题就是如何认识中国社会性质、革命性质和革命前途。陈独秀的"二次革命论"在社会性质和革命性质方面的分析是正确的,但是却对革命前途悲观失望,割裂了民主革命和社会主义革命的联系,王明的"一次革命

---

[1] 毛泽东,《整顿党的作风》,1942年2月1日.

论"对革命的最终方向是明晰的,但是却混淆了民主革命和社会主义革命的界限。在社会主义革命、建设和改革开放时期,由于历史方位、主要任务等方面与以前相比发生了巨大的变化,党内的"左"右倾表现与革命时期呈现出较大的差异,其焦点问题就是如何看待现实社会主义以及如何实现社会主义。"左"倾错误倾向于从马列书本中认识社会主义,忽视了中国社会主义初级阶段经济落后的基本国情,把纯而又纯的百分之百的公有制当成社会主义的信条,强调计划经济和按劳分配,他们对于社会主义的坚守是正确的,但是不善于变通;右倾错误则片面强调中国落后的国情,忽视历史发展的辩证法,总认为中国必须补资本主义的课,有的甚至否定中国已经进入社会主义这个最基本的国情。"左"倾和右倾都是认识偏离了客观实际,都是主观主义的产物,其结果往往导致中国革命、建设、改革的实践失败,因此评价标准只能是历史实践的效果。马克思主义中国化的过程就是把马克思主义基本原理同中国革命和建设的具体实际相结合的过程,也是中国共产党人不断地纠正"左"右倾错误进而找到了"中国化的马克思主义"的过程。毛泽东思想正是从修正上世纪20—30年代党内连续出现的右倾和"左"倾错误中形成、发展并走向成熟的。同样,邓小平理论在很大程度上也是在吸取毛泽东晚年的"左"倾错误的教训中成为了"当代中国的马克思主义"。

再次,培养辩证思维创新意识。辩证唯物主义是中国共产党人的世界观和方法论。改革发展任务越繁重,就越需要我们增强辩证思维能力。辩证思维给人以智慧的头脑、敏锐的洞察力、全面认识事物本质和规律的能力。可以说,保持战略定力一刻也离不开辩证思维。善于运用辩证思维审视创新发展。应善于运用辩证思维审视创新发展战略,既看到需要完善的方面和环节,又充分肯定已取得的成果,不因小的不足而全盘否定;既看一个时期的实施情况,又用发展的眼光审视更长时期,避免用僵化、静止的眼光看问题;既看创新思维本身单独发挥的作用,又看创新在其他平台上的相互联系、良性互动的合力效应。善于运用辩证思维把握创新大背景。运用辩证思维把握我国国情和世界创新浪潮,可以更好地统筹国内国际两个大局,有助于坚定不移走自己的路,不为外部干扰所左右。

第三,培育面向未来的创新人才。创新,是当前世界的主题——知识创新、科技创新、产业创新不断加速,以经济为基础、科技为先导、文化软实力为集中体现的综合国力竞争日趋激烈,肩负着"治学修身、兼济天下"理想的中国高等院校,更应该更新教育理念,探索并实践基于兴趣和自主选择的创新人才选拔和培养模式。

首先,培育接地气的马克思主义者。习近平同志强调,高校要成为马克思主义学习、研究、宣传的重要阵地。这表明:做好高校思想政治工作,必须坚定政治方向、找准问题要害,不断增强阵地意识。具体而言,就是高校思想政治工作既要坚定政治立场,也要深刻把握时代环境的变化,创新方式方法,更接地气、更顺应时代、更有成效。首先,要推进高校思想政治理论课改革创新。思想政治理论课是对马克思主义研究生进行思想政治教育的主要渠道,是开展思想政治工作的重要平台。这就要求我们编好教材,创新讲授内容,使思想政治理论课的内容更加接地气,更加适应时代的变化,更能引起青年学生的兴趣;改革思想政治理论课的讲授形式,变说教为说理,变灌输为互动,把课上好上活;既加强理论教学,也注重实践教学,做到入脑入心;加强思想政治理论研究,为高校思政课教师提供研究、实践和学习平台,提高他们的业务水平。其次,推进高校校园文化建设改革创新。校园文化对大学生的思想观念、价值取向和行为方式有着潜移默化的影响。优秀的校园文化,可以塑造人的思想品格、提升人的人文修养、陶冶人的道德情操。

其次,培育有远见的马克思主义者。培育有远见的马克思主义者,要求我们树立坚定的理想信念。习近平说过"坚定理想信念,切实解决好世界观、人生观、价值观这个"总开关"问题。理想信念就是共产党人精神上的"钙",没有理想信念,理想信念不坚定,精神上就会"缺钙",就会得"软骨病"。"总开关"问题没有解决好,这样那样的出轨越界、跑冒滴漏就在所难免。"

培育远见的马克思主义者,要求我们脚踏实地,打好理论基础。刘少奇指出:"我们的干部几年来做了很多工作,对日本帝国主义斗争,对地主阶级斗争,艰苦奋斗,这很好。但缺点是理论修养不够,许多同志最重要的缺点就在这里。"马列主义理论不仅同实际工作是"最有关的东西",也是我们许多同志最缺少的。如果我们各方面比较负责的干部,不具有马列主义理论修养,那就很可能犯经验主义的错误,成为"爬行的马克思主义者",看得不远,迷失方向。所以我们必须学习普遍真理,把马克思主义普遍真理与中国实际结合起来。"

再次,培育能创新的马克思主义者。要矢志不渝地信仰和坚持马克思主义,做一个坚定的马克思主义者。其中,最根本的是要正本清源,恢复马克思主义的本来面目,树立科学的马克思主义观。马克思主义理论是科学性、理论性和革命性的高度统一。马克思主义创始人从不讳言他们的理论是为全世界无产者和劳动者求解放的科学世界观和方法论,是为广大人民群众谋利益的理论武器。因此,马克思主义者必须站在广大人民群众根本利益的立场上去研究和解决问题。正反历史经验证明,坚持以马克思主义为指导,是中国人民长期艰难探索而做出的正确选择。要不断推进马克思主义的中国化和时代化,做一个与时俱进的马克思主义者。按照辩证唯物主义的观点,世间万物随时随地都处在运动和变化之中。随着时代的前进,世界的变化,我国改革开放伟大实践的发展,新情况新问题不断涌现。社会的发展需要大学生们主动学习,学校里课内的知识是远远不够的,只有勤奋刻苦学习的精神没有创新精神也是万万不行的,对已有知识不断推陈出新,有所突破和创新是 21 世纪的人才必须具备的基本素质。

第6章 提高导师素质培养创新能力

6.1 创新师资是落实创新目标的关键

6.1.1 主体间性理论与创新教育

(1) 主体间性理论

主体间性理论起源于胡塞尔的现象学。胡塞尔认为先验的主体性表现为高度的唯我论倾向,为了修正先验主体理论的不足,胡塞尔提出了主体间性的概念。胡塞尔的学生海德格尔将该理论提升到了本体论的高度。海德格尔的学生伽达默尔提出了"理解何以可能"的问题,极大地充实了主体间性哲学。随后,哈贝马斯的交往理性理论,进一步完善了主体间性的哲学。哈贝马斯认为,交往是一种主体间行为,相互理解是交往行动的核心,而语言占据特别重要的地位。交往行为是一种"主体—主体"遵循有效性规范,以语言符号为媒介而发生的交互性行为,其目的是达到主体间的理解和一致,并由此保持的社会一体化、有序化和合作化。主体间性是主体之间在语言和行为上交往平等、双向互动、主动对话和相互理解的融合关系,是不同主体取得共识,通过共识表现的一致性。

主体间性哲学相对于传统哲学有两大突破:一是突破了传统哲

学主客二分、主客对立的思想,将人类精神世界之外的世界也作为主体,设身处地地从全新的角度思考,不但改变了人类思维的角度,也提升了人类思维的高度;二是突破了传统哲学的实体论,转向了关系论,从而从更加根本的意义上反映了人与世界的本质。

主体间性理论对于激活马克思主义理论学科的师生双主体关系,形成新型的师生双主体关系,对于培养学生创新能力具有重要意义。

(2)新型师生关系与创新教育

第一,从主体间性理论角度认识马克思主义理论学科的创新教育。无论是教师与学生之间的关系,还是教育者、受教育者与教学内容之间的关系,都是主体之间的关系,都具有主体间性。传统的师生关系:不论是"教师中心主义"还是"学生中心主义",都是偏颇的教育理论。马克思主义理论学科导师要转变观念,在实施创新教育的过程中,教育者和受教育者是缺一不可的,教育的结果,是双方共同促成的,是共同作用的结果。师生关系是主体与主体之间的关系,二者在整个教育过程中所占的地位一样重要。教育过程就是教育者与受教育者相互作用的过程,教育者影响受教育者,受教育者也同样影响教育者。教育者与受教育者之间的相互影响,不仅仅是知识的传递,还有意志的培养、道德的形成,以及感情的交流。其实就是"主导—主体相结合"的教学结构——导师是主导,学生是主体。

第二,主体间性理论要求马克思主义理论学科导师自觉加入学科的现代化建构和重构改革实践,使学科创新教育趋向科学化、现代化、人性化,增强实效性和感染力。创新教育理念,实现交往式教育,树立互主体意识、民主平等意识和宽容意识。首先,要克服"二元对立"的思维方式对教育过程的误导;其次,要克服对马克思主义理论的僵化理解和形而上误用;再次,马克思主义理论学科导师要充实内涵,善于解读和借鉴中国传统文化中的有益因素和青年学生喜闻乐见的最新知识和信息;最后,要自觉改进教育教学方法,将主体间性理论和方法应用于创新教育过程的各个环节。

第三,主体间性理论与创新教育结合,解决旧教育模式面对诸多现代化的挑战:经济全球化带来社会经济政治体制的变化,特别是意识形态的交流与碰撞,思想观念和价值观念多元化,以人为本、平等交流、互利共赢、人性法制等观念,使得旧有的教育方式发挥的功能和作用逐步弱化。信息网络逐步普及已经深入到了社会的各个层面和领域,网络平台上的平等交流和信息共享使得旧有的"唯我"式思想政治教育遭到批判。社会主义市场经济体制的建立和政治社会体制的转型,"以人为本"的科学发展观和构建"社会主义和谐社会"的目标,要求全体公民的全面发展、人与人之间的和谐共处,人人平等、相互理解和包容等,都要求要以科学和人性的眼光来审视马克思主义理论教育。而主体间性理论的本质意义正是在于,把"人"从物化客体的位置上、从不平等的社会关系中、从灵魂的自我迷茫和自身价值的错误认识中解放出来。社会飞速现代化更需要新型创新人才,更要求称职的导师从国际化、现代化的视角,用主体间性理论指导,真正把学生作为主体进行创新教育。

第四,马克思主义理论学科实施创新教育,导师必须开展主体间性教育新模式的研究,深入研究创新教育的各个领域和环节。旧的教育模式强调教育者是主体而受教育者是客体或者相反,不管如何,作为客体的一方都被当作物、工具或者"活动布景",其主体性被淹没,积极性被抑制。主客体双方处于对立或者"无立"的状态,教育场面不是尖锐对抗就是死气沉沉毫无生机,教育效果比较差。教育内容在主客二分思维下功利化、政治工具化倾向非常严重,缺乏感染力。而主体间性教育模式从自由平等的原则出发,强调理解、包容和互动,贴近生活、贴近实际、贴近受教育者,使得教育内容更富感染力、教育方式丰富生动、教育手段多样化,使得创新教育成为可能。

马克思主义理论学科的研究对象是复杂性人类社会现象,必须由创新人才去分析研究和解决,分析研究和解决的过程也正是师生双主体创新能力共同提高的过程。

6.1.2 导师综合素质与学生质量

提高导师素质提高创新培养水平。导师是研究生成长的榜样、教练督导,导师综合素质和水平对培养人才的质量具有极其重要的影响。导师缺乏创新能力,缺少培养创新能力的方法手段,缺少培养创新人才的责任意识,是马克思主义理论学科师资队伍亟待解决的重大问题。培养创新师资应以考核为导向,培养为手段。

(1) 培养创新人才"关键是教师"

按照主体间性理论,教师是教育的主导因素,是科学文化知识的传播者和精神文明的建设者,要培养高素质的创新人才,需要具有创新意识和创新能力的新型教师队伍。马克思主义理论学科研究生创新能力培养,导师具有的引领作用非常重要,正所谓"师傅领进门,修行在个人",导师的研究理念、教学方法,对问题的把握和看法,甚至言谈举止等都深深地影响着学生。目前存在导师科研素质低,创新意识淡,培养创新人才能力差的问题,不能有效把研究生带入科学研究当中,启发他们进行创新性的研究。

现实中,马克思主义理论学科的师资队伍大部分是应试教育条件下成长起来的,从事教育工作后很少进行创新教育的培训和研修,也很少有机会体验国外先进的创新教育实例。先天创新教育不足和后天创新培训不力,造成马克思主义理论学科导师队伍创新培养乏力。深受传统教育思想观念的影响,导致存在"两强"、"两弱"现象,即文化知识强,考试能力强;动手能力弱,创新研究能力弱。什么样的师傅带什么样的徒弟,"两强"、"两弱"的导师培养"两强"、"两弱"的学生,恶性循环,严重影响创新教育的发展。所以,当务之急是提高导师综合素质和创新能力。

(2) 研究生导师的素质要求

第一,品德高尚思想进步。马克思主义理论学科导师首先要有良好的德行素质。马克思主义理论学科导师对研究生的培养起着举足轻重的作用,即使导师的科研能力很强,学术水平很高,但是如果没有良好的德行素质,没有良好的道德习惯和道德意识,不能以身作则并用个人人格魅力去指导和感染学生,那便不符合一个合格导师的资格。研究生在校期间,接触最多的就是自己的导师,导师对研究生的成长成才有直接的影响和作用。马克思主义理论学科导师要在真学、真懂马克思主义的基础上深化理解和认识,真信马克思主义,不但要知其然,而且还要知其所以然,并用马克思主义指导自己的言行,使自己的思想、言行具有方向性科学性和先进性要不断提高自身的政治素质,坚定理想信念,提升自我的形象和人格魅力,在言行上,通过自己的道德实践和职业素养,做好学生的楷模和表率,真正达到传道授业解惑,塑造有道德的学生。

本学科导师的"品德高尚思想进步"突出体现在具有坚定的马克思主义信仰。美国诗人惠特曼曾经说过:"没有信仰,则没有名副其实的品行和生命;没有信仰,则没有名副其实的国土。"信仰是一种精神食粮,如果一个人没有了信仰,那就等于没有了灵魂。在当今社会转型的特殊时期,各种西方势力意识形态不断向我国渗透,社会上的拜金主义、个人主义、享乐主义等不良思潮也风袭校园。从立德树人的角度出发,作为一门事关党和国家事业不断前进发展全局性学科,马克思主义理论学科的导师更应该保持清醒的头脑,高举中国特色社会主义伟大旗帜,坚定自己的政治信仰。作为教育者和指导者,马克思主义理论学科的导师必须体现教育为社会主义现代化建设服务的目标,始终坚持马克思主义理论的指导地位,结合自己的工作、思想和社会实践,秉承科学的态度学习、对待、领会、感悟马克思主义,融会贯通、深刻理解并把握其精神实质和内涵,用发展着的马克思主义指导学科建设和培养创新人才,将马克思主义中国化的最新成果贯穿于马克思主义学科建设的全过程,体现在马克思主义学科建设的各项工作之中。

第二,专业精通知识渊博。本学科导师和其他学科导师一样,应具有处于学科前沿的研究方向和独特的研究优势。许多研究生是因仰慕导师的成就和名声而来报考的,导师如果在学术、科研上不能成为研究生的指引者,就很难受到学生的爱戴和敬仰。因此,作为一名研究生导师,必须有渊博的知识修养和丰富的教学经验,在自己的研究领域中具有发现并解决问题的能力,能活跃在学术前沿,并在本学科具有一定的影响力。相关研究方向的突破性进展是推动学科发展的根本和原动力,是占领学科前沿实现科学创新的基础。马克思主义理论学者对所研究领域的学科前沿不甚了解若明若暗是很难正确选择学术创新的切入点的,更谈不上指导研究生进行创新研究。很难想象如果导师自己做的不是前沿工作,甚至导师本身都不知道这个学科的前沿在哪里,怎么可能把学生带到前沿领域。

作为马克思主义理论学科的研究生导师,博学十分重要。但每个人拥有的知识和精力都是有限的,导师的学问也是在不断研究中得到更新和提高的。因此,研究生导师应该集中精力形成自己明确的研究方向并逐渐形成独特的研究优势。当然,选择一个有研究意义和生命力,并具有很大突破潜力的研究方向很不容易,导师必须能全面把握学科发展的历史和发展趋势,特别是社会经济发展的需要和取得创新研究的可行性,充分结合本人的学术背景和研究的兴趣爱好,反复比较、慎重选择。研究方向一旦确定,要持之以恒,潜心踏实地进行长时间的深入研究,确立自己的研究特色。在学术方法上要具有自己的个性,并形成一套科学、独特的方法论,使旁人望尘莫及,从而在自己的特色领域取得权威的学术地位。笔者认识,导师学术方向的确定,最好是根据本校学科发展需要,学科统筹安排、合理布局。只有学科合理整合导师科研资源,并根据社会发展和学科建设需要谋划学科的研究方向,学科发展才有实力,导师个人发展才更有后劲,全体学科成员朝着共同的目标努力,才称得上学习性学科,才能培养出合格的创新性人才。

真懂马克思主义思想是一个比较高的境界和要求,要达到这个思想理论境界,需要下一番工夫。毛泽东曾说过:"要读通马克思的道理,就非攻不可。"马克思主义理论学科的导师要一字一句认真研读马克思主义经典著作,不仅要了解马克思主义的每一个基本原理,把握每一个原理的理论内涵和来龙去脉,而且要掌握整个马克思主义科学原理体系,全面理解马克思主义的精髓,真正领悟马克思主义的立场、观点和方法,增强自己扎实的理论功底。马克思主义理论学科的导师还要不断提升向学生和群众阐述马克思主义理论的能力,在工作中,要秉承科学严谨的态度,坚持和践行联系的、发展的观点,理论联系实际,增强并提升调查研究、明辨是非和分析说服的能力,提高研究和回答重大现实问题的能力,善于运用发展的眼光并教会学生用发展的眼光观察、分析和解决问题。

第三,热心教育勇于创新。当今信息化时代使知识折旧的速度越来越快,学习的思潮和交叉学科的出现使马克思主义理论学科导师面临着严峻的挑战。热心科研勇于创新对导师来说尤为重要,通过对马克思主义理论体系和教育教学体系等的研究,要求马克思主义理论学科导师必须以提高科研创新素养作为根本。而马克思主义理论学科导师提高科研创新素养的重要前提就是具备强烈的科研创新意识和崇高的科研创新精神。导师要不断关注马克思主义理论在现实生活中的应用及其发展,增强马克思主义理论学科研究的理论自觉、理论自信。要将马克思主义理论学科建设、马克思主义理论研究和思想政治理论课建设紧密结合起来,一体规划、一体研究,形成互相支撑、互相促进和共同发展的建设合力。针对重大的理论和实践问题,应按照"协同创新"的理念,不断推出丰硕的、经得起历史和实践检验的研究成果,积淀鲜明的学科特色和研究方向,产生良好的学术声誉。

在学术研究能力方面,导师首先是"学者",是学生的学科带头人。因此应具备学科带头人的学术研究能力,精深的学术造诣,知识底蕴出类拔萃、学术志向崇高,有敏锐的学术洞察力,能发现潜在的、有价值的新的学术研究方向,或新的学科生长点。而且,学科带头人所发现的前沿问题和研究方向将决定学科组织的战略和策略选择,也将影响学生能力的发展方向。导师如果发展成为具备相当学术影响力的学科带头人,则该学科必定有其存在的价值和足够的发展空间。

第四,勤于思考善于学习。在学习能力方面,知识的主要获取方式是学习,只有通过学习才能把自己的知识水平提高到一个更高的层次。因此,对一个优秀的导师来说,必须具有较强的学习能力。这种能力对一个学科带头人来说,主要是指善于学习,即在浩瀚的知识海洋里,在大量的知识面前,能够针对自己的研究方向,善于抓住重点进行学习。随着现代科学技术发展速度的不断加快,知识更新的速度也在不断地加快,学科带头人只有具有较强的学习能力,才能在不断涌现的大量的新知识面前,抓住重点,找到学习和研究的突破口,使自己的学术水平不断提高,才能在科研实践中培养具有创新能力的学生。

6.2 本学科导师队伍情况分析

6.2.1 导师创新能力分析

(1) 现行导师制度不利于创新

创新型导师队伍建设是培养创新型人才的前提。目前,影响我国马克思主义理论学科研究生导师队伍创新能力的因素很多。

第一,导师遴选标准以职称及其相关科研成果为据,职称与导师发生直接联系,以身份(职称)为界限,不利于选拔年轻有为,具有创新意识、创新精神和创新能力的年轻老师进入导师队伍,更不利于社会和企事业单位有能力、有意愿、有资源,能够培养创新人才的力量充实到师资队伍中来。

第二,导师群体内部缺乏利于创新培养的学术氛围和人文环境。马克思主义理论学科建设没有引入科学合理的导师竞争机制,没有形成健康的、有利于促进研究生创新素质培养的、促进导师竞争的学术氛围和人文环境。例如大力提倡和奖励导师指导学生参加创新创业活动、指导学生社会实践活动、指导学生申请科研立项、指导学生发表论文等等。

第三,学科内和学科间缺少良性交流,没有形成科研团队,缺乏学科交叉,因而难有学术创新,更谈不上团队创新,对学科建设和创新培养极其不利。所有学科都有多个学科,都有不同方向的专家学者,要培养文理交融、德艺双高的马克思主义理论学科创新人才,非常有必要将全校资源整合利用起来,这是一个系统工程,这是学科建设的重要任务,也是学科的责任,学科建设一定要把培养有本校特色的马克思主义理论创新人才当做大事来抓。

第四,导师队伍学缘近亲繁殖现象较为严重,有的学位点(尤其是一流大学重点学科)的导师多数是从自己的学生中培养出来的。有的学者从本科到硕士到博士再到任教,一直没有跨进过别的校门。包括一些名校,师资队伍缺少与外国外校交流与渗透,老是在内部近亲循环,这在一定程度上阻碍了学科及学术的发展,阻碍了导师队伍创新,影响到研究生创新素质的培养。提高研究生培养质量,导师群体的水平是重要前提,尤其亲任导师素质,对于研究生创新素质的培养具有举足轻重的作用。

(2)导师缺乏创新之"导"

高度重视师资人才并开创严格遴选制度的原清华大学校长梅贻琦先生说:"师资为大学第一要素,吾人知之甚切,故亦图至亟也"。教师在大学发展中具有重要而不可替代的地位。在中国特色社会主义迅速发展的今天,马克思主义理论学科研究生的培养更离不开一支高水平、高素质的导师队伍,导师的整体素质将直接影响研究生的培养质量。

马克思主义理论学科导师之"导",首先是引领学生的政治方向,培养坚定的马克思主义者,培养高水平中国社会主义事业建设者和接班人;其次是引导学生的学术方向,将社会需要、学科方向、学生特色和导师能力相结合,科学确定学习和研究方向;再次是指导学生的学习和研究创新方法;最后还要领导学生团队开展科技创新活动。

导师的作用取决于高尚的人品和人格魅力,扎实的理论功底和创造力,传送知识和创新精神的影响力。目前,我们的导师队伍在培养学生过程中没有在"导"上下大工夫,没有精心处理继承与创新的关系,轻视学生创新能力的培养。医学权威张孝骞教授总结自己的从医经验为"戒、慎、恐、惧"四个字。培养出杨振宁和李政道的著名物理学家吴大猷教授说:"医师不胜职是关系人命的,教师不胜职是误人子弟的。"可是我们很多导师,培养学生不称职还不以为然,根本没有"戒、慎、恐、惧"精神和害怕"误人子弟"的意识。自身不能适应时代发展,缺乏培养创新人才的能力,还不思进取,这是研究生培养的最大隐患。恶性循环,培养出很多缺乏创新能力的人才。

(3) 导师培养不顾就业意向

目前我国的研究生教育存在"教书和育人""培养和就业"脱节现象,马克思主义理论学科也未能幸免。"教书和育人"脱节表现在重理论教育轻实践能力,重知识素养轻道德素质,重读书能力轻创新能力;"培养和就业"脱节表现在,重学历学位轻就业谋划,就我国现行的研究生制度及其培养模式而言,研究生指导工作各单位虽有差别,有的偏重导师个人负责,有的偏重导师组集体指导,但大多趋于导师负责和集体指导相结合的模式,即导师组指导下的导师负责制。从实际情形来看,研究生质量的好坏和创新素质的高低,需要学科点导师组的整体实力,甚至与全体导师的综合素质密切相关,但是,最主要还是与亲任导师的综合素质和言传身教相关。在入学选择导师之后,导师组应发挥集体智慧,把为每位学生确定研究方向和就业方向作为第一项任务来抓,要把学科和导师组特点、学生综合素质、亲任导师特长、社会实际就业形势等方面相结合,进行深入研究,要像高中老师帮助学生高考后思考高考志愿一样关心学生的培养与就业。研究生入学后说是师生双向选择,极少数真正做到双向自愿选择,很多情况是学生主动选择导师,导师被动选择学生。由于招生数量有限,导师指导名额有限,不可能所有学生都选到期待的"名师",不可能所有导师都选到最理想的学生,结果很多师生都是无奈的选择。导师缺乏对学生综合素质、优势特长、兴趣爱好和就业愿望的了解,加上学校、学科没有对学生培养与就业质量结合的任务和要求,所以导致培养和就业脱节现象。解决就业难和提高就业质量问题,马克思主义理论学科的导师及导师组,应根据学生的基本素质、兴趣爱好、就业意向和个人身心条件等,制定精确培养方案。在论文的指导、选题的确定、方法的选择、论文的表达乃至于学风等方面导师应该充分考量学生的实际情况,因人而异,因材施教,结合就业意向有的放矢地培养。

6.2.2 导师素质基本要求

教育的出发点是人,教育的中心是人,教育的目的和归宿也是人,这就决定了在高等教育的发展中,首要的是提高人才培养质量。因此,高等教育内涵式发展就要注重办学理念、大学精神、教育科研、师资队伍、人才培养等内部要素方面的建设,就是坚持以提高质量为核心,重视高等教育内部潜力的发掘、结构的优化和素质的提高。

俗话说"名师出高徒",要保障硕士生的培养质量,首先要有一支高质量的硕士生导师队伍。要保障硕士生的创新能力,培养创新师资落实培养目标非常重要。在我国,硕士生导师一般是各学科、专业中学术造诣较深,在教学或科研工作中成绩显著的专家教授,他们的质量高低直接影响着硕士生的培养质量。马克思主义科学体系包括马克思主义理论体系和教育教学体系,要求马克思主义理论学科导师必须以提高科研创新素养作为根本。[1]而马克思主义理论学科导师提高科研创新素养的重要前提就是既具备深厚的理论功底,又必须有强烈的科研创新意识和崇高的科研创新精神。马克思主义理论学科教师应不断关注马克思主义理论在现实生活中的应用及其发展,增强马克思主义理论学科研究的理论自觉、理论自信,将马克思主义理论学科建设、马克思主义理论研究和思想政治理论课建设紧密结合起来,一体规划、一体研究,形成互相支撑、互相促进和共同发

---

[1] 张雷声.加强马克思主义理论学科的教师专业化建设[J].中国高等教育,2006(7):22—24.

展的建设合力。

第一,适应社会规范做人。中国是一个有着五千年文明史的古国,几千年的文化积淀形成了具有中华民族特色的优良传统,导师"学博为师,身正为范"的严格律己要求便是其中之一。唐代韩愈在其《师说》中提出了关于大师的经典论述,"师者,所以传道授业解惑也。"一语点破了导师的作用。然而,不仅仅自韩愈始,在春秋战国时期,中国古代的教育家就已经注意到了导师的重要作用,并严格要求自己,努力为弟子树立一个学习的榜样。伟大的教育家孔子在其教育实践中既重视言教,更重视身教。他强调以身作则的重要性,认为"子师以正,熟敢不正"。不仅是高高在上的统治者,教人以礼、义、道、德的大师同样应该并且能够达到"其身正,不令而行,其身不正,虽令不从"的效果。战国时期的荀况,在强调导师的巨大作用和崇高地位的同时,对导师也提出了严格的要求:"师术有四,而博习不与焉,尊严而惮,可以为师;耆艾而信,可以为师;诵说而不陵不犯,可以为师;知微而论,可以为师。"荀子认为,为人师则必须具备四项基本条件,即不仅要有渊博的知识,崇高的威信和丰富的经验,而且精通深刻的道理,并能够进行发挥,简言之,即能够在各方面成为学生的表率。汉代的杨雄明确提出"务学不如务师。师者,人之模范也"。

第二,治学严谨学风端正。师德是教师职业道德的简称,是教师和一切教育工作者在从事教育活动中必须遵守的道德规范和行为准则,其中包含对教师治学严谨与学风端正品格的要求。《国家中长期教育改革和发展规划纲要(2010—2020)》中明确提出"造就一支高素质专业化教师队伍"的改革和发展目标。"教育大计,教师为本",《纲要》把教师队伍建设摆在教育改革和发展的最优先的战略地位。师德是教师的灵魂,是教师的第一智慧,更是教师从事教育教学工作的原动力。同时,《纲要》规定了师德的具体内容,即"教师要关爱学生,严谨笃学,学风端正,淡泊名利,自尊自律,以人格魅力和学识魅力教育感染学生,做学生健康成长的指导者和引路人。"导师自身应该树立起教书育人的理念。导师作为接受了高等教育的知识分子,理应在思想道德上也达到一个相应的境界,应该富有强烈的使命感与责任感。在现代这个商品化的社会里,大学校园这一方净土也不免受到了一些污染,研究生导师们要时刻保持自己的清醒头脑,明确自己在研究生培养教育工作中的重要地位。研究生导师不仅是研究生的老师,还是研究生在生活上的朋友、思想上的战友,学生与导师的交流,会潜移默化的学到导师治学严谨与学风端正的优良作风。

第三,热心科研热情创新。热心科研热情创新是发展中国特色社会主义的迫切需要,也是实现中华民族伟大复兴的必然要求。研究生教育要以科学发展观为指导,走内涵式发展之路,通过创新研究生导师指导方式,提升创新型人才的培养质量。创新型人才指富于开拓性,具有创造能力,能开创新局面,对社会发展做出创造性贡献的人才。在马克思主义研究学科的研究生培养中,其创新型人才主要表现为具有独立从事科学研究与科研创新的能力,这种创新能力是在导师的指导、培养、实践、训练中而形成的。为此,在研究生导师的指导上,既不能采用"抱着走"的指导方式,也不能采用"放羊"式的指导方式;既不能放任自流,要做到"既管又不管"。这既能给研究生足够的独立思考的空间,培养了研究生的创新能力,又能对研究生产生一定的约束和压力。同时,导师要根据不同的研究任务、学生的情况,选择多样性的指导方式,包括个别指导、集体指导、个别与集体指导相结合等,以体现不同的培养方式,体现不同研究生的培养特色。在对研究生的指导中,导师可以进行研究方法指导、讨论评析、案例解读、重要文本解析等,帮助研究生提升研究能力,这是研究生教育的根本所在。

6.3　提高导师素质的举措

6.3.1　强化导师角色意识

在确立创新目标方面应该发挥重要作用。教师这个职业并不是简单的传授知识的职业,对于学生来说,教师同时也是他们人生道路上的领路人。教师教的并不能只是知识,同时还有正确的世界观、人生观、价值观。那么教师首先要自觉教会学生做人。只有有正确的世界观、人生观、价值观,学生才能在学习活动正确地认识自己,认识学习的意义。教师要和学生建立平等、和谐、融洽的师生关系。积极的情感可以激发学生学习的积极性,更加容易开展能够调动学生学习积极性的教学活动。学生也不会存在对教师的不满情绪而对导致的学习动力下降的情况。创新是一个民族发展的不竭动力,是一个国家的教育生生不息的根本。培养创新型人才是每个教育岗位上教育人员义不容辞的目标。因此,教师要发掘并且培养学生的创新能力,不能墨守成规的以应付考试为教学目标。当学生的创新能力提高后,学生的学习积极性也相对地提高了。

导师如何培养学生创新能力?要培养学生质疑和批判精神,不仅回答"是什么",更重要的是要知道"为什么"的意识;要培养学生从不同的视角,不同的时间来观察事物、考虑问题的习惯;要有计划地经常组织学生进行学术交流、问题讨论、观点辩论,培养学生借鉴、吸收不同建议、意见的能力;要鼓励学生对有争论的理论和现实问题提出质疑的积极性;要培养学生养成经常"理性反思"的习惯,通过自我思想观念的碰撞,激发创新的"火花"和创新的习惯。

6.3.2　培养创新师资队伍

马克思主义理论学科是最有挑战性的学科,包括马克思主义理论与实践体系和教育教学体系的研究,要求马克思主义理论学科研究生导师必须以提高科研创新素养作为根本。[1]

(1) 提高导师队伍创新素质

第一,马克思主义理论学科导师自身要有科研创新素养,具备强烈的科研创新意识和崇高的科研创新精神。马克思主义理论学科研究生导师应不断关注马克思主义理论在现实生活中的创新应用及其发展,每年都应撰写本研究方向的研究综述,学科应通过组织学术会议让导师们进行报告。通过紧跟学术创新前沿,增强马克思主义理论学科研究的理论自觉、理论自信,将马克思主义理论学科建设、马克思主义理论研究和思想政治理论课建设紧密结合起来,针对重大的理论和实践问题,带领学生深入研究并不断推出丰硕的、经得起历史和实践检验的研究成果。

第二,加强导师创新培训。

首先,请进来培养。创新需要广博精深的知识系统。创新素质的知识结构是由多专业的基础知识点及其相互间的逻辑联系而构成的具有高度综合性的知识系统。导师应对学生的知识结构起到整合、优化作用,使不同思维、观点、理论、技术之间相互碰撞,从而有利于学生"产生新的火花,得出新的创造性的结论"。学科培养的源头问题不解决,培养创新型人才只能是一句空话。

为了有效提高导师的创新素质,应着眼于发展导师的创新能力开展导师再培养工作。请创新专家到校定期培训,包括开设创新课程、举办创新讲座、开展创新比赛和进行创新考核等。通过培训,巩固和提高导师们政治学、哲学、经济学、教育学、社会学、历史学、心理学、伦理学等文科学科知识,增加理工科和管理学科知识,完善知识结构。

---

[1] 张雷声.加强马克思主义理论学科的教师专业化建设[J].中国高等教育,2006(7):22—24.

其次，走出去培养。以往，马克思主义理论学科的导师进修的机会不多，尤其是出国进修的名额很少，这在一定程度上限制了导师水平提升和发展的空间。因此，要提高硕士生导师在职进修提高的积极性，一方面，学科内部加强管理，制定导师自学提高规划；另一方面，为导师提供外出定向进修的机会，增加向高水平专家学者学习交流的机会。另外，还要为导师们外出提出参加学术活动的任务，提供参加学术交流的机会。通过有计划的培训活动，不断更新导师自身的知识结构，提高综合素质。

再次，马克思主义理论学科导师队伍要有进入和退出机制，其重要标准就是通过科学的评价体系检测是否具有创新能力，能否培养创新人才。通过对导师队伍不间断的创新培训，确保马克思主义理论学科硕士生导师的业务素质，一有超前意识，有能力将本学科的前沿性知识传授给学生，注意拓宽学生的知识面；二有求知意识，即硕士生导师要对相关学科的知识有所了解，要注重多学科知识的交叉；三有创新意识，在教学、科研、实践活动过程中，培养硕士生的创新精神、创新能力，带领学生出创新成果。

(2) 培育多元化的导师队伍

第一，导师队伍必须多元化。马克思主义理论学科是多学科交叉的学科，其理论和方法涉及多学科领域，必须从多学科、多角度进行研究，才能拓宽视野，开拓思路；只有在研究观点和研究方法上有所突破，才能有所创新。

随着社会对研究生教育需求的增加，对研究生培养规格的要求也更加苛刻，研究生导师不仅在规模上存在不足，而且在适应新需要方面也非常吃力。原因是信息社会知识爆炸，百科全书式的学者已不再有，任何名师只是某一领域著名的专家学者，而培养新时代创新人才，需要名师团队。所以，培养创新人才需要多元化的导师队伍。

多元化的研究生导师团队。在队伍构成上，不仅有来自高校的专家学者，也要有来自科研院所的研究人员，甚至有来自行政部门、企业单位和事业单位的专家。因为不同来源的导师对研究生视野的开阔、对研究生了解社会的需求有着不可替代的重要作用。

第二，组建学科交叉的协作创新团队。在建设高水平创新科研团队方面，具有最显著优势的科研机构便是高校，其优越条件是一般科研创新机构不可替代的，其主要体现在：在高校中，综合着自然科学和人文社会科学等学科门类，它们之间相互渗透，易于发掘新的学科创新点，也促使研究产生新的方向，为科研团队的组建提供了充足的学科知识保证；

培养人才、科学研究和服务社会是高校具有的特殊功能和特点，科学、技术与社会紧密结合共同发展中不断发生新的问题，高校最有条件灵活地组建科研团队，将多学科的基础研究、应用研究和开发研究等环节有机地结合起来，组织联合攻关，迅速解决问题。

学科交叉的协作创新团队重在组建！学科壁垒、相互隔离的传统弊端，严重影响了学术自由、崇尚创新的优良文化氛围的形成和发展。学科交叉的协作创新团队很难自发地形成，要由学校领导重视并引导组建，不断的协作成功，提高认识后才能逐渐由统一组织走向自觉合作。各学科都要谋划创建学科交叉的协作创新团队，学科交叉的协作创新团队由具体的科研课题带动，根据研究需要将相关学科的专家学者组织进来，让研究生参与进来。目前的导师都是在学科壁垒环境下培养出来的，缺乏合作、交叉的感性认识，更没有理性自觉，所以缺乏创新意识和能力，这样的培养路径再也不能在下一代研究生身上重复。必须让他们参与多学科交叉的协作创新团队，在学科交叉的协作创新团队中培养协同创新精神。

（3）科研过程培养创新能力

第一,导师科研的多重价值。

首先,为社会贡献创新成果,这是马克思主义理论学科导师队伍的工作任务之一。研究生导师是科学共同体中的重要成员,为科学共同体奉献科研成果的过程中提高地位和影响力。随着社会加速发展,科研成果逐渐成为经济发展中的最重要资源,而科学共同体是科学知识的生产者、传播者和使用者,因此社会发展对科技工作者的需求与日俱增,科学共同体正发展成为一只具有重要影响的社会力量。科技工作者大都具有较高科学文化素质和知识技能,随着科技社会化和社会科学化的相融相长。一方面国家和社会要求科技工作者承担更多的社会责任,希望他们在公共事务发挥更大作用;另一方面,科技工作者也更加自觉地意识到自己的社会责任和权利,开始面向全社会广泛参与社会难题的科学研究活动。马克思主义理论学科研究生导师在科学共同体中发展壮大,在参与科研活动中提高能力和扩大社会影响力,在发表成果的过程中提高自己的地位,展现自己的价值。目前,我国各级各类各学科的科研立项中,高校教师的贡献率几乎都占据绝大部分份额,已经成为我国科研工作的主力军。

其次,培养科研创新后备军,这是高校马克思主义理论学科导师队伍的本职工作。21世纪是"知识经济和互联网+时代",人类社会的发展从农业经济到工业经济,再到知识经济信息社会,这是不以人的意志为转移的,是人类社会发展进步的必然。知识经济和互联网+时代,其发展动力来自于知识的生产、信息的传播和互联网的应用,知识和信息成为第一生产力要素。知识和信息成为资产。知识经济和互联网+时代具有知识化、信息化、网络化、可持续性、资产无形化、全球化等时代特征。核心是知识创新,把握未来机遇的能力,并非源于实物,而是源于思想。创新思维成为对自然、社会以及对未来知识进行探索性学习和追求的推动力。

再次,培养学生创新能力是导师的责任。在创新教育中,导师是主导因素,为了适应创新教育,充分尊重学生的独立个性。为此,导师应对学生有一个立体的了解和理解,要面向每个学生捕捉和发现创新个性及创新潜质。尤其是马克思主义理论学科的研究生教育,为了培养纷繁复杂的社会背景下从事思想政治工作的创新人才,必须自觉地从根本上改变循规蹈矩、恭顺温驯者为优秀的应试教育观念,有意识地培养学生的怀疑态度和批判精神,鼓励学生标新立异、敢持歧见,培养其思维的多样性、批判性及研究生的人格独立性。要改变"唯师是从"的传统师生观,建立教学双重主体之间相互尊重、相互信任、相互理解的师生关系。导师应鼓励学生以独立的角色、建设性的态度对导师做出科学的质疑,形成师生双边心智对流、共享教学民主的现代"师生场"。尤其强调富有理性和健康人文精神意义的对话,对于发展师生情谊,促进学生人格和智力发育有重要作用。

马克思主义理论学科实现从传统教育偏重于知识累积向创新教育注重开发创造力的根本性转变,在具体教育实践中,导师从学生是求知创新的促进者和合作者的基本立场出发,通过引导、点拨、讨论等多种形式,使学生从内心需求出发忘我地参与到教学科研和实践活动过程中,通过师生共同努力,形成创新成果,为社会做贡献。

干一行爱一行钻一行,高校马克思主义理论学科工作重点是培养人,所以必须研究培养创新人才的规律和手段方式,必须由应试教育的灌输知识向素质教育的培育和激发学生创新能力的方向发展。创新能力蕴藏着相当的能量,不仅改变世界经济结构和总体布局,也改变社会组织结构与人类生活方式。马克思主义理论学科导师,应该研究如何为学生的成长创造更好的条件,提供有效的途径,激发学生的创新热情和智慧,为社会培养科研创新后备军。

第二,科研创新培养。

首先,马克思主义理论学科研究生创新培养的基本内容。马克思主义理论学科的科研活动,是运用科学的研究方法,在前人研究的基础之上,用马克思主义理论做指导,对社会现象进行深入探索、分析,提出解决问题的策略和方法。研究生科研能力主要包括创新能力、逻辑推理论证能力、资料搜集与处理能力、问题策划解决能力和语言表达能力等。科研能力必须通过具体的科研训练进行培养和提高。完整的研究生科研训练应该是在导师的带领下完成选题、阅读文献、研究探索、分析研究结果、论文发表等环节。科研训练包括科研意识训练、科研方法训练、文献综述训练、选题训练、开题训练、实地调查训练、研究报告撰写训练,以及学科或导师组织的一系列科研活动:学术报告、学术研讨会、科研小组活动及查阅科研相关文献等。

其次,马克思主义理论学科研究生创新培养的基本环节。从过程上讲,培养研究生创新能力的科研活动至少要分为课题研究、论文写作和日常学术活动三个方面。①课题研究包括研究选题、文献检索、调查研究、研究思路设计、科研方法应用、研究实践、研究结果分析论证。②论文写作包括文献综述、问题提取、原因分析、对策建议、措施论证、研究结果阐述总结。③日常学术活动指导师指导下的学术报告、研讨会、科研小组活动以及查阅科研文献等。总之,导师组织指导下的整个科研训练过程,就是对研究生的创新意识和创新能力培养过程。

再次,马克思主义理论学科创新培养重点。①成立科研团队,搭建科研平台,一定要避免从始至终简单的一对一师生培养制。即使是遇到水平高、负责任的导师,也不如导师团队的科研平台培养。学科由一个个研究方向和科研团队构成,每个科研团队都是师生科研创新的平台。导师是科研团队的核心成员,其价值观、理想信念、学术兴趣、心智模式等认知要素,以及以往从事课题研究取得创新成果积淀的经验等隐性知识,在团队科研活动中潜移默化地传播给学生,以提高学生的知识创造能力。科研创新团队的创新培养过程,既是有形的,如高素质的科研队伍、先进的设备、承担科研课题等;也有无形的方面,如良好的学术氛围、健全的规章制度、特殊的人际关系等。科研团队培养学生创新的能力分为内部塑造能力和外部影响能力。科研团队的内部塑造能力包括:知识创新能力、学生培养能力、组织管理能力;科研团队的外部影响能力包括:学术影响能力、科技成果转化能力等。②师生"合作"学习,培养创新能力。创新团队和学生合作完成教学、科研和实践活动,合作过程中导师组和学生双主体、双主动,使学生真正成为学习的主人。在合作创新学习中,导师组是教育过程的组织者、指导者、促进者,学生则是教学、科研和实践活动中合作学习的主角。合作学习的目的是保证学生的充分参与教学、科研和实践活动全过程,合作过程中实现学生知识体系的积极构建和调整完善。师生合作学习,要特别强调导师组为主导和学生为主体的意识,导师组要研究如何提高与学生合作的自觉性、必要性、艺术性,例如,精心设计和组织学生在学习、研究和活动中积极参与,营造探索、思考、怀疑、立异的积极学习氛围,一定要让每个同学都有暴露和展现自己观点的机会,促使每个人都学会汲取他人之长补自己之短,使自己的知识体系更加严谨合理和条理。合作学习有利于师生积极思考,将新知识积极地与已有的知识建立联系,还有利于学习和思考别人的观点,在与自己的思想发生碰撞过程中产生创新的火花,进而师生共同提高创新能力。

6.3.3 加强导师团队建设

(1)团队搭建创新培养基地

在知识经济时代,科学技术快速发展,现代科学技术既高度分化又高度综合,许多创新成果都是在多学科交叉、跨学科融合的基础上创造出来的成果。在这种背景下，科研的组织形式逐步发生了变化，高校科研已经由"单兵作战"向"团队作战"转变。高校科研团队正是在这种转变形势下产生和发展起来的，是现代科学技术发展的必然结果。在"大科学"时代，高校科研团队在搭建创新培养基地方面发挥着越来越重要的作用，高校高素质科研团队搭建创新培养基地已经成为提高高校创新能力的火车头。加快创新培养基地建设，提升高校科研团队质量，既是有效地开展科学研究的需要，也是建设研究型大学，培育创新型高校的需要。随着我国高校科研团队的不断发展，高校科研团队搭建创新培养基地在培育创新型高校、创建世界一流大学中发挥越来越重要的作用。

（2）团队合作培养创新人才

加强高校科研团队建设，组建更多的科研团队，让每一个人参与科研团队工作，可以打破传统的培养模式，建立产学研一体化培养模式，为培养创新型人才创造更好的条件。在合作协作精神方面，任何一个优秀的组织或团队都有一个合理的团队合作结构。同样，一个优秀的导师团队，在科研方向的把握、知识结构、学术背景、职称结构、年龄组成上应该有一定的层次性和互补性。提高团队的学术水平，使梯队在知识和学术结构上更加完善和科学。在其他的研究方向上，也采用同样的方法进行导师团队的建设。在年龄结构上也是老中青相结合的梯队模式，在职称上大胆启用具有博士学位的讲师。大力引进年轻的博士，并努力培养和使用年轻的博士。使得没有资格指导研究生的年轻博士得以参与到梯队中来，辅助指导研究生，并使年轻的博士生导师占到导师团队的一定比例，形成坚实的导师团队基础。导师梯队建设是一个动态建设过程，应注意梯队结构的不断调整和优化，使导师梯队始终处在一个最佳的梯队结构之中。

（3）创新团队课题带动

第一，重视团队组织建构。高校科研平台由若干学科和面向全校的共享平台为基本组织结构，宏观上综合集成而各学科内却相对松散。因此，在高校科研平台中，存在三条交织的权力，首先是日常运行的管理权力，其次是各学院使用平台的权力，第三是学术权威的影响力及号召力，三种权力共同对平台的运行起作用。科研平台应通过统筹规划，配备管理、科研和实验技术三支队伍，最终达到构建定位明确、层次清晰、衔接紧密的智力支撑体系。在管理队伍方面，由于科研平台是由多学科松散结合而成的，是一个人员流动、资源共享的开放式科研组织。为了保证平台的正常运行，必须配备管理队伍，实现对平台的有效管理。平台管理实行目标责任制，负责人由学校在该领域内有影响的学科带头人或资深专业管理者中选聘。负责监督科研项目的实施、管理平台资源、协调内外关系。同时配备若干工作人员，负责日常事务管理。

第二，制定团队科研规范。在科研队伍方面，科研队伍是完成研究项目的核心，由于其松散的联合性和个体经验性特征，决定了科研队伍适合实行各研究方向首席科学家负责制，各研究方向围绕研究主题，以项目为纽带组织科研团队，形成固定人员和流动人员相结合的组成模式。科研竞争、教学质量竞争实质上就是人才的竞争，应通过多种途径建设科研团队。

加强对学院现有人才的培养。学院十分重视导师、科研人员的培养提高，积极创造人才成长的良好环境和条件，大力培养各类专业技术人才，为我院的科研发展奠定坚实基础。①建立良好的激励竞争机制，积极组织、加强联合，鼓励导师主持或参加各级、各类科研项目。几年来，学院制定了相关政策，鼓励导师、科研人员积极申报国家、省部科研项目，承担企事业单位科研项目，申请科研成果奖,出版高水平论文论著,申请各类专利,开展面向企事业单位的技术服务,对成绩突出的科研人员给予表彰奖励,在全院形成了鼓励导师、科研人员积极投身科研开发工作的良好环境。②定期进行院科研开发与研究立项、结题、评奖等,选取前沿性、创新性、应用性强的科研项目开展研究,培养、提高导师和工程技术人员的积极性和科研能力。③按计划有步骤地进行中青年骨干导师和专业(学科)带头人培养选拔,逐渐形成以专业(学科)带头人和中青年骨干导师为核心的科研队伍。④鼓励并为导师提供提高学位、外出学习、考察、参与社会实践的机会。⑤制定科研工作规范,建立科研考核评估指标体系,通过考核、评优,不断促进导师整体科研素质的提高。

第三,培养团队协作精神。高校科研团队的内部管理是指对科研团队成员彼此相互联系、相互作用、相互影响并完成任务的过程进行管理,主要包括科学制定规划与合理实施决策,进行有效沟通与积极化解冲突,不断激励团队成员完成目标任务。

高校科研团队在组织管理、人才培养、学术交流与合作,以及科研经费使用等方面保持独立性,在开展科研作用的同时,往往还承担着教学任务。在这样的合作格局下,高校科研团队形成了"优胜劣汰、局域流动"的人员管理特色。高校科研团队根据团队成员的工作态度和业绩以及团队发展方向,进行着团队成员的局域流动,保持了团队健康、良性发展,保障了团队成员的吐故纳新。在与校外组织进行外部协调方面,为了避免高校科研团队在运转的过程中遇到一些组织和制度障碍,高校领导和管理层需要根据情况,进行必要的组织与协调。高校科研团队与外部组织唇齿相依的合作、交流关系,不仅为团队及其成员发展提供了重要保证,而且为高校蓬勃发展起到了重要作用。

6.3.4 激励导师创新育人

(1) 明确思想品德要求

培育选拔创新素质导师,明确思想品德要求。研究生导师既要做"学师",又要做"人师"。"学师"就是要做学问上的导师,"人师"就是要作为人的示范。既要给学生以科学文化知识的教育,又要通过潜移默化的方式陶冶学生的思想品德。"身正为范,学高为师。"为人,导师必须要做到"身正"和"学高",给研究生树立榜样。导师应该通过自己的行为和情操为学生的健康成长创造良好的周围环境。在思想修养方面,对导师的基本要求应该是:第一,要谦虚谨慎。通过言传身教让学生认识到谦虚使人进步,骄傲使人落后,"谦受益,满招损"。第二,坚持民主,善于博采众家,包括吸收学生合理意见,培养良好的民主、协作、共享、共赢思维方式。第三,勤奋刻苦,反映在学术上要永不懈怠。要培养学生咬住青山不放松的学术精神,敢于和善于追求真理。第四,培养学生健康的团队合作精神,善于与人合作,能够与合作者组成和谐、融洽的科研集体。第五,要实事求是,学风严谨,坚决抵制学术腐败。教书育人、科研育人、管理育人、活动育人,导师德才兼备才能培养德才兼备的高水平创新人才。

(2) 定期考核导师成绩

"名师出高徒",高质量的导师队伍是培养高水平学生的关键。导师水平参差不齐,迅速提高全体导师的科研水平和创新培养能力,要向管理要效率。很难想象一个自己都没有多少科研创新成果的导师能够培养出有很强科研创新能力的学生。导师自身创新素质的高低是决定研究生培养质量和创新能力高低的重要因素。

考核什么?如何考核?要向学生"请教",学生最有发言权。我们从通过座谈和问卷等形式了解研究生心目中理想导师的标准主要包括:①导师应具有较高的师尊素养。包括高尚的师德;强烈的责任心；学界有较高的知名度。②导师应具有较高的学术水平。包括基础理论功底扎实、宽广、深厚；有相对稳定的研究方向；学术思想活跃,科研成果丰硕。

归纳起来就是师德素质和学术水平。马克思主义学科建设要将"师德"和"学术"作为评价导师素质的一级标准,根据本校实际再细化成若干二级标准,建立指标体系,制定考核方案,定期进行检查和考核。考核过程,首先是一种管理方式和发展导向,目的是明确导师们的努力方向和奋斗目标,全面提高导师综合素质；其次也是检验导师进步过程,考核数据是学科进一步加强师资培养的依据；最后,考核也是导师奖惩、晋升的重要依据。

对导师"师德"和"学术",既要有具体的成果支撑,又要让学生参与。学生参与的过程,既是提高教师提高的过程,也是自身受教育的过程。

(3) 考察团队创新能力

科研创新团队是追求学术自由探索的平台,团队师生以知识创新为自身追求,渴望在学术上有所建树,希望通过协作产生有价值的学术成果。但是,团队科研创新相较于个体科研的复杂性,使其在发展过程中由于成员间性格、兴趣特长、学科背景及地位等差异的影响而产生一些摩擦和冲突,破坏团队的凝聚力,不利于团队创新能力的发挥。因此,学科要从科研团队建立起就向每一位成员强化团队共同的创新理念,使成员在团队中产生科研创新的共同愿景。

科研创新团队创新能力管理是指以团队为单位,把创新能力作为重要的战略资源,通过采取有效的方法和策略,对团队的性质与任务、组织结构、领导方式、文化氛围、信任与知识共享等影响团队创新能力的因素进行管理,最大限度地发挥团队的创造力,从而实现团队创新价值的最大化,以此推动团队可持续发展。一是科研创新团的组建要规范,团队的性质与任务、组织机构、领导方式、发展规划、管理制度等等要纳入学科管理体系;二是科研创新团队的成员构成要造册登记,并有每位师生在团队内的科研活动档案资源,为知识和成果共享,为不断革新团队的科研创新和创新培养服务。三要通过管理提高团队文化氛围,提高师生自觉通过团队开展创新教育的积极性。

  随着马克思主义理论学科科研团队越来越多地成为学科开展科技创新活动的单元,建立健全团队创新能力管理制度,提高团队创新能力,对学科科研团队的管理者来说已然成为重要的研究课题。

第 7 章 激发学习动机提高创新素质

马克思主义理论学科研究生创新能力培养,一方面是学习广泛的理论和专业知识,另一方面是培养创造性分析、研究、解决实际问题的能力。创造性和开拓精神的产生,离不开学习动机的激发和养成。

7.1 学习动机基本原理

7.1.1 动机理论

(1) 动机原理

动机是激发、维持并使行为指向特定目的的一种力量,对个体的行为和活动有引发、指引、激励功能。动机是在需要的基础上产生的,需要作为人的积极性的重要源泉,是激发人们进行各种活动的内部动力。动机的产生除了有机体的某种需要外,诱因的存在也是一个重要条件。因此,动机的强度或力量既取决于需要的性质,也取决于诱因力量的大小。此外,目标的价值、个体或群体对实现目标的概率的预期与动机的力量也有直接的关系。期望理论和归因理论是认知的动机理论的连理枝。

第一,期望理论。认知论的动机理论起点于期望理论。美国心理学家 E. 托尔曼通过对动物的实验研究提出行为的目的性,即行为的动机是指望得到某些东西,或者企图躲避某些讨厌的事物。凭借经验,我们还期望通过某些途径或手段来达到我们行动的目的。这就是期望理论的出发点。

动机理论不仅要解释人是如何被推动的,更要解释他为什么这样活动而不那样活动。达到目的的活动可以采取多种形式,有许多不同的途径,但一个人为什么采取这一条而不选取另一条? 这就要追究他是怎样看待事物的因果关系了。动机理论要追问三个方面的问题:①引发行为的起因是什么? ②使行为指向某一目的的原因是什么? ③维持这一行为的原因是什么? 在许多有关动机的文献中,心理学家们往往用动机作用这一术语来描述个体发放能量和冲动,指引行为朝向某一目的,并将这一行为维持一段时间的种种内部状态和过程。因为人们是根据他们对因果关系的了解而采取达到目的的手段的。这就是归因理论。

期望理论原想解决动机的两个问题:期望什么,即实现目的的可能性有多大,以及目的的价值如何。E. 弗罗姆为了解决这两个问题提出了期望、效价的似然率、效价数字模型。简单地说,一个人的努力大小是达到目的的似然率和该目的的效价的函数。因为效价和似然率成反比,所以似然率等于 0.5 是最优的。一个成就动机高的人,往往就采取难度适中的目标。

E. 洛克认为目标是动机的决定力量,要高标准才有最高的成就。不过这个目标一定要是自觉提出的,而且要求具体。如果只是提出"尽力为之"这样的笼统目标,结果就不会有提出具体指标时所取得的成绩。这样,洛克的理论就包含了弗罗姆期望理论中的"工具性"这一要素。因此,这两种理论并不完全冲突。

第二,归因理论。如果期望理论可以解释一个人这样做而不那样做,人们又不得不问:期望又是怎样形成的?归因理论对此作出了解释。F.海德认为,日常的因果概念并不来自逻辑的推理。他从完形学派现象论的观点出发,认为一般人的因果观念来自对复杂现象简单化、笼统化的常识理解。例如一个人工作成功了,他可以归因于自己的努力或能力,失败了则归因于环境的条件或他人的过错。所以归因可以分为内源的(如自己的努力或能力)和外源的(如环境条件或机遇)。内外源的归因,还可以分为稳定的和不稳定的两种。同为内源,禀赋是属于稳定的归因,而努力则属于不稳定的归因。例如一个人把失败归因于不努力,另一个人则归因于禀赋,这样就会形成两种结果完全不同的动机。归因于不努力可以用振奋精神来挽回败局;归因于天生一副笨脑袋,便不肯努力了。显然,归因不一定是真正的原因,但只有主观上所归结的成功或失败的原因,才会规定一个人去怎样做。

(2) 内部与外部动机

关于内部动机与外部动机的定义主要四部著作进行了阐述:定义一:彭聃龄在《普通心理学》(北师大,2004.11)中认为,内部动机是由个体内在需要引起的动机。外部动机是指人在外界的要求和外力的作用下所产生的行为动机。冯忠良在《教育心理学》(华东师大等,2010.2)中说,内部动机是由个体内部心理要素转化而来的动机。外部动机是指被外部条件激发而来的动机。陈琦在《教育心理学》(北师大,2013.12)中指出,内部动机是指个体因学习过程本身的意义和价值所引起的动机。外部动机是因学习活动的外部后果而引起的动机。梁宁建在《心理学导论》(华东师大,2010.8)中认为,内部动机是指个体因对活动或工作的过程感到满足而加强其继续这种活动和工作的内在动力。外部动机是影响或控制个体行为的外在因素和理论。

上述各著作中对内部动机和外部动机的描述大同小异,概念主要核心有以下几个值得注意的点:第一,对学习活动本身的动机,如:好奇心、求知欲、兴趣、内容本身的动机属于内部动机,这一点是没有争议的;第二,由于外部刺激和奖励引发的动机,如:考个好成绩,家长老师的奖励和赞许等明显的外部奖励属于外部动机,这一点也是没有争议的;第三,理想和信念,如:为了中华崛起而读书,这种即属于个体内部心理要素,同时又是学习活动本身之外的要素引发的动机,属于内部动机还是外部动机?从定义1和定义2来看应该属于对学习意义的理解属于内部动机;而从定义3和4来看不是活动本身属于外部。但从几本著作对内部动机和外部动机的两个概念的具体表述来看,除了陈琦版《教育心理学》,其他所有的著作都在内部动机中提到了对学习意义的理解,以及由好奇心、求知欲、情感、责任感、理想、信念、价值观等内部心理因素因为的动机属于内部动机,而陈琦在其著作中也没有对这些要素进行解释。同时冯忠良在其《教育心理学》中的内部和外部动机都提到了责任感。为了中华之崛起而读书属于内部学习动机。也就是说只要是出于学习中对于学习活动的意义的深入理解而产生的动机也属于内部学习动机。

(3) 学习和创新动机

学习动机是直接推动学生进行学习的一种内部动力,是激励和指引学生进行学习的一种需要。学生的学习受多方面因素的影响,其中主要是受学习动机的支配,但也与学生的学习兴趣、学习的需要、个人的价值观、学生的态度、志向水平以及外来的鼓励紧密相连。

对知识价值的认识、对学习的直接兴趣、对自身学习能力的认识、对学习成绩的成就归因四个方面,是学生学习动机的主要内容。研究生阶段的学习动机也包括这四个方面。其中对知识价值的认识即对所学专业知识理论价值和实用价值的认同是学习动机的基础;

对学习的直接兴趣与研究生个人的志向、兴趣、爱好直接相关,有"先天"和"后天",自觉和不自觉之分,可以培养;对自身学习能力的认识涉及学习规划、学习方法、学习过程和学习效果,处理的好,激发学习动机,处理得不好,可能丧失学习动机;对学习成绩的成就归因则是学习的反馈机制,无限循环的学习检验过程。研究生阶段规划、自控能力和意志力已经很强,在导师、同学和个人的共同努力下不断完善这四个方面,是有效调动学习和科研动机的正确途径。

创新动机是指引起和维持主体创新活动的内部心理过程,是形成和推动创新行为的内驱力,是产生创新行为的前提。创新主体的创新动机并不是单一的,而是多元的,这既与创新主体的价值取向有关,也与组织的文化背景、创新者的素质相关。

7.1.2 动机培养机理

(1) 需要与动机

中国心理学界60年代对心理过程的内因(内部矛盾)的讨论,反映了对动机的原动力或机制的解释。许多人都承认需要(包括个体的和社会的)和现实满足需要的手段间的差距是心理的内因。活动与需要之间的关系是辩证的,为满足需要就要进行活动,满足需要的活动又会产生新的需要。因此活动就具有积极的创造力。关于需要,既不能把它局限于生理的需要,也不能把人的需要都说成是社会的。现代人的衣、食、住不同于茹毛饮血、穴居巢处,但社会化的条件也不能完全改变活动的根本性质。事实上人的生理需要和心理的或社会的需要是难以完全分开的。需要也是发展的,在满足原始的需要后,又会产生新的需要,这是永无止境。正因为此,需要就不是固定的、天赋的,许多社会动机也就必然是后天获得的。

人性不是抽象的,所以动机也不是抽象的,研究生的学习动机也不是抽象的。现实中,大部分研究生通过学习达到比较满意的就业是最直接的基本需要,为社会发展奉献自己的聪明才智,是高层次需要,具体的从业方向和目标会进一步细化学习动机。由此影响着学生对所学知识价值的认识,对专业学习和研究的兴趣,对自身学习能力和刻苦程度的评价和调整,对学习成绩和研究成果的再认识。不断正向调整需要意识,调动满足需要的进取热情,就是学习动机的激发过程。

(2) 创新动机要素

第一是创新主体对某种创新目标的渴求或欲望。根据马斯洛的需求层次理论,人的需求可以分为生理需求、安全需求、社交需求、尊重需求、自我实现需求五个层次。按照他的理论,自我实现需求是指人们希望完成与自己能力相称的工作,使自己的潜在能力得到充分的发挥,成为自己所期望的人物。创新的心理需求作为创新主体对某种创新目标实现的欲望,实际上是创新主体希望自己的创新能力能够在创新过程中得以发挥,因此,创新心理需求可以认为是人的需求的高层次。创新主体的创新心理需求是由自己对个人成就、自我价值、社会责任等的某种追求而产生的,具体来说则是在各种创新刺激的作用下产生的。创新刺激可以分为内部刺激和外部刺激两大类。内部刺激来源于创新主体内在因素变动的影响;外部刺激来源于外部环境各种因素的变动对创新主体的影响。内部刺激通常受到一定的年龄、生理等特点的制约;外部刺激则受到环境的制约。当内外刺激和谐时会产生共振,使创新心理需求程度加大,推动创新主体积极进行创新。创新心理需求可反复产生,按照心理学所揭示的规律,需求产生动机,动机支配着人们的行动。马克思主义理论学科,要研究如何加强学生动机的内部刺激和外部刺激,重点研究创新主体内在因素变动的规律,探讨加强内部刺激的方式方法,有效激发学生的学习和创新积极性。

第二是成就感。成就感是成功者获得成功时为所取得成就而产生的一种心理满足。许多创新主体进行创新的直接动机就是追求成就和成就感,因为他们把自己的成就看得比金钱更重要。创新工作取得的成功或者解决的难题,从中所得到的乐趣和心理满足,超过了物质上的激励。正因为如此,具有成就感的创新主体更容易在艰苦的创新过程中保持顽强的进取心,推动自己不达目标誓不罢休。成就感通常只有成功的创新主体才会具备,因为如果创新总是不成功,创新主体的成就感就不会存在,原有的那么一点成就感也会慢慢地消失。但创新主体追求成就仍然是维持创新行动的动机。尽管这种成功可能未必给他带来多少经济利益,却能为其带来尊重,这就足够了。在日本那种自尊性很强的组织中,员工们的创新行动除了因为把企业看做是自己的家之外,还有就是希望创新成功能使其他人对自己刮目相看,受到他人的尊重。马克思主义理论学科培养学生的成就感,主要是从提高学生分析和解决社会问题的能力着眼,包括学生们讨论中有思想的发言,对社会热点难点焦点问题有价值的见解,参与团队科研课题完成的科研任务,发表的学术作品等等。

第三是经济性动因。在现实的经济社会中,劳动依然是谋生的手段,创新主体也要首先解决衣食住行等基本生存问题,因此不能排除创新主体因对收入报酬的追求和需要而产生创新的行动。创新主体在创新时的经济性动机,可以分为两大类:第一类是为了组织的经济效益提高;第二类是为了自己个人利益的增加。虽然第一类动机表面上只与组织效益有关,但组织效益良好最终还会以各种方式回报给为此作出贡献的创新主体。因此,创新主体的经济性动机是明确的,这就是各种创新的成功在增进资源配置效率从而导致企业效益的增加,提高资源配置效率的同时也能增加自己的经济收入。马克思主义理论学科的研究生的经济动因,主要是为理想地就业储备理论素质和创新能力。

第四是社会责任心。责任心是创新主体的另一重要创新动机,因为创新主体在其工作范围内是一个责任人,要对其所做的工作负责。只有具备高度责任心的人才会去寻找自己的不足和工作生活中的毛病和缺陷,希望从中找到改进和提高的方向,使自己的工作做得更好。社会责任心有两种:一是社会责任感,这是宏观的;二是对工作单位的责任感,这是微观的。完善并加强这两种社会责任心,会使创新主体在思想意识中产生一种社会责任和历史使命意识,促使自己坚持不懈地努力,最终获得创新成功。马克思主义理论学科必须加强社会责任心的培育,树立以天下为己任的意识,真正做到胸怀祖国,放眼世界,心系人民,立足当下。

第五是创新的勇气。仅有创新欲望、创新意识是不够的,还要有创新的勇气。由于创新是对已有理论和观念的怀疑、突破,对权威的挑战,创新的结果有可能成功,也有可能失败。因此,既要敢于质疑,敢于创新,同时又要有充分的思想和心理准备,勇于承担因创新而带来的风险。马克思主义理论学科的研究对象是非常复杂的社会现象,很多问题的解决需要既了解历史,还要了解现实,既精通理论和原理,又要尊重国情和民俗民意,既要合理,还要合情等等,每一问题的研究,都必须在深入分析古今中外的相关理论和案例,创新性地提出解决思路和建议。其研究成果很可能存在偏颇之处而受到批评,更有可能损害某些人的利益而受到攻击,这既需要创新的能力,更需要创新的勇气。创新勇气的获得,需要社会责任感支撑。

7.1.3 创新动机的激发

(1) 激发创新动机诱因

创新动机的激发是指在一定学习科研情境下,利用一定的诱因,使已形成的创新需要由潜在状态变为活动状态,形成创新的积极性。

动机是在需要的基础上产生的,需要是激发人们进行各种活动的内部动力。诱因是指能够激发有机体的定向行为,并能够满足某种需要的外部条件或刺激物。在动机中,需要与诱因是紧密联系着的。需要比较内在、隐蔽,是支配有机体行动的内部原因;诱因是与需要相联系的外界刺激物,它吸引有机体的活动并使需要有可能得到满足。没有需要,就不会有行为的目标;相反,没有行为的目标或诱因,也就不会有某种特定的需要。

动机是由需要与诱因共同组成的。因此,动机的强度或力量既取决于需要的性质,也取决于诱因力量的大小。实验表明,诱因引起的动机的力量依赖于个体达到目标的距离。

成就理论告诉我们,除了目标的价值以外,个体对实现目标的概率的估计或期待也有重要的意义。

培养马克思主义理论学科研究生的创新动机,需要对学生创新诱因进行科学的培育和保护:目标价值要帮助学生树立并不断巩固;成功预期要在学习和科研活动过程中科学地鼓励和帮助中提高。

(2) 研究创设问题情境

如何激发研究生的学习和创新动机,使他们那种潜在的学习创新愿望变成实际的主动学习创新的行为呢?启发培养是重要途径。启发的关键在于在教学科研活动中创设有一定挑战性的问题情境。所谓问题情境,指的是具有一定难度,需要学生努力克服,而又是力所能及的适度的疑难情境。导师提出的问题或布置的研究课题难度是构成问题情境的重要因素。

阿特金森在其成就动机理论中指出,在现实的学习活动中,存在着两类学习者,即力求成功者和避免失败者。由于绝大部分大学生属于追求成功的学习者,因此我们主要探讨如何到达成功。如前所述,当问题的难度系数为50%时,学生的学习动机最强。因此,在学习过程中,如果仅仅让学生简单地重复已经学过的东西,或者是去学习力不能及的过难的东西,学生都不会感兴趣。只有在学习那些"半生不熟"、"似懂非懂"、"似会非会"的东西时,学生才感兴趣而迫切希望掌握它。因此,能否成为问题情境,主要看导师布置的学习研究任务与学生已有知识经验的适合度如何。如果完全适合(太易)或完全不适合(太难),均不能构成问题情境;只有在既适应又不适应(中等难度)的情况下,才能构成问题情境。

好的导师应研究如何创设难度适宜的问题情境。首先要熟悉教学科研活动的内容结构和科研课题的问题视域和研究方法,了解新旧知识、新旧方法、理论和现实之间的内在联系;其次要充分了解学生已有的认知结构状态和科研基本素质能力,使学习内容、科研课题与研究生已有学习科研水平构成一个适当的跨度。这样,才能创设适度的问题情境。

创设问题情境的方式可以多种多样,它既可以用课题的方式布置,也可以用作业的方式提出;它既可以从理论和实际联系方面引进,也可以从师生的日常经验引进。还可以在教学或科研过程结束时创设新的问题情境。问题情境创设的方式可以多种多样,并且应该贯穿在整个教学科研活动过程的始终。

(3) 激发创新远景动机

陈琦在《教育心理学》(北师大,2013.12)中指出,学生的学习和科研既有直接的近景动机,又有间接的远景动机。直接的近景动机是与学习活动直接相连,来源于学习内容和学习结果的动机。间接的远景动机是与学习的社会意义和个人前途相联系的学习动机。从概念上来看,直接的近景动机主要包含两个方面的问题,一是由学习活动本身引起的学习动机,如:好奇心、求知欲;二是由学习的直接结果引发的学习动机,如:奖励、赞许等。而间接的远景动机主要是指由个体对学习意义的理解而激发的学习动机,如:情感、理想、信念、个人前途等。

马克思主义理论学科研究生属于高层次学习和科研人才,重点是培养学习和科研创新间接的远景动机,或者说,要引导学生自觉将近景动机和远景动机有机结合起来,让直接近景动机服务于间接的远景动机。将远大理想、坚定信念与个人前途、国家命运结合起来,克服直接近景动机的干扰,提高历史责任感和社会使命感,把自己的学习创新活动融入到为国家做贡献中去。

7.2 研究生创新动机问题

7.2.1 创新意识淡薄动机不足

(1) 创新意识淡薄

马克思主义理论学科研究生创新能力的因素固然是多方面的,但最关键的还是学生自身的创新动机和努力不够。创新动机会影响科研积极性和科研态度、科研方法探索的主动性。一是入学前创新意识不强烈,二是入学后创新动机激发不力。首先从研究生的入学动机来看,很多不是为了继续深造进行创新性的研究,而仅仅是为了文凭以便好找工作。这直接影响到能否全身心地投入到自己的研究领域进行创新性的思考。很多学生满足于修够学分,完成论文,顺利毕业,无心钻研和创新,入学伊始就身在学校,心在择业。其次是入学后,学科缺乏优良的创新培养机制和有效的创新培养方法。再次是导师缺乏创新培养能力,因而没有培养研究式学习的热情和创新思维的激情,没有激发和培养学生的创新意识。另外,学生受应试教育影响至深,习惯于被动地接受知识,习惯于老师一板一眼地对知识点进行讲解,习惯做一些有固定标准答案的题目,不能主动地查阅文献去研究并发现问题。

（2）研究生学习动力不足

与市场经济条件下暂时的就业质量和社会重视程度不高有关，部分马克思主义理论学科的研究生，存在学习动力不足。其典型表现：一是学习意愿低。选择课程、参与科研、实践活动等只是为了应付必修学分，不是为了完善知识结构，提高科研素质。学习动机不足是长期"应试教育"迫使学生着眼于考试的分数造成的。由于动力不足，注意力涣散，兴趣不断转移，易受各种内外因素的干扰，学习肤浅，满足于一知半解，对学习和研究采取敷衍态度。二是学习科研缺乏成就感。学习动机不强烈导致对学习的冷漠、厌倦情绪，学习坐不住，科研不深入，对理论一知半解，对问题不甚了解，学习过程心不在焉，没有深刻的学习体会和科研成果，享受不到学习成功带来的快乐。由于对学习总体上是一种消极的态度，因此不会去注意摸索适合自己的学习方法，导致学习能力弱、效率低、效果差，最终造成学习动机的进一步缺乏，对学习生活感到无聊，缺乏学习的自信心，形成恶性循环。

7.2.2 学习动机不足原因分析

（1）缺乏明确正确的学习目标

应该说能够考上研究生的学生都是比较优秀的学生。他们在大学阶段具有考研的学习目标，学习有一定动力。考上研究生后，目标实现，没有在新的学习阶段明确新的学习目标。研究生阶段，仍然要引导学生制定职业规划和学习计划，明确学习期间的奋斗目标，为未来发展奠定坚实的基础。明确的奋斗目标，严谨的学习科研和活动规划，是提高学习主动性自觉性的基础。

（2）缺乏浓厚的专业兴趣

马克思主义理论学科是相对好考的专业，所有学科的学生都学过马克思主义基本理论，不需要高深数学的考试，所以，在硕士文凭成为提高择业筹码的情况下,促使很多报考本专业困难的学生"无奈"地报考了马克思主义理论学科。由于所学并非自己最喜欢的专业,在本专业缺乏兴趣,自然影响积极学习的动机和提高创新能力的愿望。兴趣是可以培养的,"无奈"的选择既然成为现实,就要既来之,则安之,适应现实,顺势而为,乘势而上也是一种素质,学校和导师要注意因势利导,引导学生尽快"转型"。兴趣是可以培养的,需要学科进行理性的引导和学习进步过程中提升。

(3) 缺乏远大的理想志向

这是学习动力不足的深层原因,所以在研究生阶段,既要加强专业教育,还要加强世界观、人生观和价值观的教育,从根本上解决学习动力不足的问题。缺乏远大理想,没有认真树立社会责任感。责任感是促使责任主体从责任认识走向责任行为的动力。由于没有责任感的支持,学生的责任行为难以实现。即使偶尔表现出来,也是零碎的,可有可无的,或是出于其他功利目的的。

7.2.3 培养创新意识是关键

(1) 创新人才和创新意识

创新的定义有多种,伍一军研究员在《研究生创新思维和创新能力的培养》中(学位与研究生教育,2003.7)认为:"创新就是对现有构架的超越,是从另类角度上的探究,是在更高层次上对既有模式的新认识。创新的本质则是对已有知识的一种完全不同的思考"。创新人才就是具有创新意识的人才。人才之所以被称之为人才,是因为它依靠自己的劳动创造性为发展社会经济的和推动人类文明做出了巨大的贡献。人才拥有一定专业知识的储备量和强大的创新能力,能够从事创造性的工作,并在某一领域或某一特定领域发挥巨大作用,他们敢于创新且善于创新。一般来说,创新型人才具备一定的创新能力,并从事创新性活动,他们拥有探索问题的兴趣,发现问题的激情以及解决问题的能力。总之,缺乏创新意识,就谈不上创新思维,没有创新思维就没有创造力,缺乏创造力的人当然称不上创新人才。研究生作为人才后备军,创新意识的培养不可或缺,必须具备创新愿望、创新自觉和创新品格。

(2) 创新意识可以培养

上世纪 90 年代末,我国提出建立创新型国家的宏伟目标,对高等教育人才培养提出明确目标。从那时起,创新人才培养一直是高等教育发展的热点问题。21 世纪以来,创新人才培养研究取得了不少成果和经验,但是,从目前我国高等学校研究生人才培养的实践来看,创新人才教育机制尚未真正形成,仍然存在重知识轻技能、重理论轻实践、重规范轻创新的状况。甚至有人还有争论创新意识是否可以培养的问题。

唯物辩证法认为,内因是变化的根据,外因是变化的条件,外因通过内因而起作用。学生创新意识的产生,关键在内因。创新意识有驱使个体进行创新行为的心理动机的主体意识的含义,是心理上的一种内在驱动力、推动力。有着求真求知的主动意识、追求新异事物和真知灼见的强烈欲望,大胆质疑、标新立异的思想观念,不满现状、勇于开拓的奋斗精神。创新意识可以培养,其主要途径是培养主体意识。

主体意识是作为认识和实践活动主体的人对于自身的主体地位、主体能力和主体价值的一种自觉意识,是自主性、能动性和创造性的观念表现,包括自我意识和对象意识。只有当他能够自主活动并意识到自己活动所具有的社会意义时,他才最终成为主体。只有在这时,他才能正确地认识自己、评价自己,并不断学会按照自我的意愿,同时也按照社会的要求来设计自我、完善自我、创造自我、造福社会和人类,将自我变成真正的实践主体。研究生培养要引导研究生主体意识的觉醒,让学生主动地参与自身发展,以达到主体性的充分发展。主体意识越强,参与自我发展、在学习活动中实现自己的本质力量的自觉性就越大,从而在活动中充分发挥自己的能动力量,不断地调整、改造自身的知识结构、心理状态和行为方式。因此,从主体意识和创新意识的内涵来看,引导主体意识的觉醒与发展是创新意识培养的关键。

(3) 创新意识和创新能力

第一,创新意识和创新能力是构成创新人才的两个基本要素。创新意识主要包括创新的需求和动机,表现为强烈的创新意愿。创新意识支配着学生对创新的态度和行为,规定着态度和行为的方向与强度,决定着创新的动力,是创新基本素质结构的核心。具有强烈创新意识的人,具有"有条件要上,没有条件创新条件也要上"劲头和精神,能够主动创造条件,千方百计地通过各种途径获得其他创新要素,投入创新。

第二,创新能力是指在创新实践活动中,必须具备的多种能力,可分为三个层次。核心部分为智能,包括观察力、记忆力、注意力、想象力、思维力、创造力等一般能力;中间层次是运用一般能力组合而形成各种特殊能力,包括学习能力、表达能力、专业能力、职业能力等;外层是运用一般能力和特殊能力组合而形成的各种综合能力,包括发现机会、把握机会能力,捕捉信息,收集、处理和利用信息的能力,它反映个体与其周围外部环境的联系。

在创新活动中,综合能力是一种最高层次的能力,它直接影响创新实践活动的方向、方式和结果。其中,创新意识对于创新能力的形成具有基础性作用,是一个人创新能力逐步产生、完善和提升的关键第一步,强烈的创新意识有助于个人提高创新的主观能动性,对迅速提高创新能力有着强大的推动作用。

第三,专业创新胜任力。马克思主义理论学科研究生的专业能力或专业胜任能力,指的是马克思主义理论学科研究生毕业时应该具备从事一定领域的工作或者可以处理好相关事项的基本能力。要达到已从事该项工作得到领导和群众满意资格人员的基本水平,也就是稍作培训就能胜任主要工作的能力。当然,社会是复杂的,真正胜任工作还需要有一定的社会经验相辅助。这里主要讲的是从事相关职业应具备的专业素养和岗位实际操作能力。其中最专业的能力是研究式解决工作问题的能力,即灵活运用马克思主义基本理论,分析认识和解决工作现实问题的能力,尤其是润物细无声地做人的思想工作能力。

最终落脚点是培养就业岗位创新能力。马克思主义理论学科研究生的创新能力,是在工作过程中和各种实践活动领域中不断提供具有社会价值的新思想、新理论、新方法的能力。当今社会的竞争,与其说是人才的竞争,不如说是人的创造力的竞争。其中创新能力是可持续发展能力的核心,是形成竞争优势的源泉,其关键是以新思维、新技术、新方法赢得竞争优势,研究生有了以创新能力为核心的可持续发展能力,才能拥有如意的工作。

7.3 研究生创新意识培养

7.3.1 培养问题意识明确科研目的

马克思主义理论学科研究生多务虚少务实,重概念推演轻深入社会,很少针对当下社会现实问题进行深入分析解剖,文章写作多是文献剪贴的文字游戏,培养的人才不会创新崇尚空谈。教育教学改革让学生跟随导师进入研究平台,参与科研课题开展科研活动,是必不可少的科研创新训练。

(1) 文献综述立足学术前沿

文献综述是科研的基本功,能够发现问题、提出问题和提出解决问题思路的重要基础工作。文献综述既要全面,更要立足最新前沿成果、创新成果,一定要积极投身改革开放和现代化建设的最新实践,搜集那些分析解决社会现实问题和为社会服务的过程中不断推动理论和学科的发展的成果。从认识上看,只有深入研究、全面阅读才能发现理论前沿、重视社会前沿问题。前沿问题是研究活动在当前积累水平上向未知领域或更深层次前进时出现的问题。没有积累谈不上前沿,而如果没有达到或超出了未知领域的门槛和向更深层次前进的时空范围,前沿问题要么就是本学科的基本理论问题本身,要么属于对未来进行的推测。前沿问题有时可能是一个,有时可能是几个,或是一个问题群。前沿问题有的具有国际性,有的具有区域性。有些前沿问题在世界范围内可能解决了,但在不同地区又可能出现新的情况和新的问题。马克思主义理论学科研究生的文献综述,是发现、梳理、凝练前沿问题的基本训练,也是开展科研工作的一种创新能力。

(2) 深入实际找准问题症结

第一,马克思主义理论学科必须直面现实社会。在社会主义建设实践中,在各项工作进行过程中,存在一个带有普遍性的问题,那就是有很多好经验、好做法,或者由于实践走在理论前面,还来不及理论升华;或者实践者本身理论概括能力不够,自己不能上升到理论的高度。抑或发生的问题和存在的弊端,虽然已经露出端倪甚至出现危害,并未引起社会高度重视,缺乏理论上的研究和概括。马克思主义理论学科的重要职责就是要把这些未被重视、缺乏提炼的经验、问题等,深入实际及时发现,为党和政府研究决策提供参考。所以,马克思主义理论学科研究生,一定要了解经济社会发展实际,培养和提升问题意识,并重视研究在新的历史条件下推广经验和解决问题的有效途径和方法,要创造性地分析面临的机遇与挑战以及人民群众的思想特点和行为特征,提出行之有效的对策建议,为党和政府解决问题提供理论支撑。

第二,树立问题意识,注重对现实问题的阐释与解决,深入实际找准问题症结。马克思强调:"哲学家们只是用不同的方式解释世界,而问题在于改变世界。"马克思主义对现实的关注、阐释与解决,体现了该学科的实践特性。在学理性与适用性相统一的基础上,发挥马克思主义解决问题的实际指导作用,用创新的思维来对学科属性、体系进行深化研究,规划马克思主义学科建设的目标、任务,学科的系统性和整体性,思想内容的政治性与学术性,学科属性的一元性和研究方向的多样性以及学科服务的主要领域和广阔空间等。

第三,深入研究社会务求实事求是。马克思主义中国化,就是把马克思主义普遍真理和中国实际紧密结合,也要从中国传统文化中吸取营养。"实事求是"继承并发展了中国古代哲学,是一个历史的概念。一方面,"实事求是"借鉴并改造了古代哲学关于"道治"的决策观,倡导在发展中把握事物的客观规律,积极摈除了其中的唯心主义和形而上学的部分,明确"求是"的基础必须是对"实事",即对客观事实有充分的认知和思考。这是马克思主义"一切从实际出发"原则的体现,避免了"道治"的随意性和滥用。另一方面"实事求是"也改造了古代哲学带有封建政治依附性的"解释哲学",成为中国进行革命、建设和改革的"行动哲学"和"实践哲学"。"实事求是"也是马克思主义者科学认识中国国情,研究现实问题的哲学根据,一定要根据中国特色社会主义发展的客观规律,包括经济规律、社会规律、自然规律,发现问题、分析问题,提出科学改造中国的决策建议和方案。

(3)开拓创新论证解决方案

第一,培养正向创新人才,确保向社会输送正能量科研成果。

"创新"是国际化人才的本质特征,马克思主义理论学科应根据国际化的根本要求,以创新的精神去推动社会发展,营造创新的机制和环境,努力造就正能量创新型人才。在研究生教育实践过程中,不仅需要培养学生发现和提炼新观念、新思想和新变化的综述能力,而且还应培养他们创新思维的积极性,激发他们思想上开拓进取和与时俱进的亮点。要特别注意思想意识和政治立场的进步性、先进性、科学性,一定要顺应时代潮流、符合国际化的要求和国家发展的方向。确保创新理念贯穿理论研究的全过程,实现马克思主义理论学科培养进步创新型人才的目标。

第二,大局出发培养宏观意识。不谋全局者不足以谋一域,讲的是大局和小局的关系。一般来说,大局就是关系到事物生存和发展的整个局面或整个形势,具有客观性、条件性、利益性和系统性,必须用辩证的观点去熟悉和把握它。一域是小局,是局部利益,小局必须服从大局。面对经济全球化、政治格局多极化的发展趋势,马克思主义理论学科研究生,只有胸怀大局,才能发现、分析和正确处理好全局利益和局部利益的关系问题,出有理论和实际价值的成果。培养有大局观的研究生,是时代的呼唤,也是实现党的伟大历史使命的迫切要求。我们国家讲发展,讲的是全面、协调、可持续的发展。我们党和国家的干部讲政绩,也要讲全面,讲长远,既要看眼前的经济指标,又要看社会、人文、环境指标。马克思主义理论学科的研究成果,既要经得起社会现实的考核,又要经得起历史的检验。所以,马克思主义理论学科从大局出发培养研究生的宏观意识显得尤为重要。

7.3.2 瞄准培养目标激发学生创新动机

(1) 培养目标瞄准服务社会

第一,社会需要大量实用人才。以社会需求为目标是教育适应社会经济发展培养实用型人才的必由之路。必须以专业设置为切入点,力求专业设置适应市场需求,要按照社会、经济发展的需要,加快对国家急需的专业人才培养力度,以满足市场对人才的急需。要主动开展人才市场对马克思主义理论学科人才的需求分析和毕业生跟踪调查,根据社会的变化,及时改造专业设置,拓宽专业的适应性,努力办出自身的特色。人才培养的结构要根据社会需要作相应的调整,必须坚持按照社会需要培养人才,以满足社会的需要。

第二,培养目标必须社会需要和实用。提高人才培养的质量的核心就是在遵循教育规律的前提下,改革人才培养模式,使人才培养方案和培养途径,更好地与人才培养目标及培养规格相协调,更好地适应社会的需要。马克思主义理论学科承担着为社会培养创新人才的职能,主要办学目标是为社会发展和经济建设培养大批具备马克思主义理论素养和理论联系实际解决社会现实问题能力的应用型复合型人才。因此,必须根据社会发展的需要,与时俱进地实现人才培养目标的战略转移,更加注重提高学生的学习能力、创新能力、就业能力。实用型复合型人才培养模式以创新能力为中心,以培养社会实用为目标。这里所要求的"能力"不仅是岗位能力,更应是职业岗位群能力,不仅是专业能力,也是综合能力,不仅是就业能力,更应是一定的创业能力,不仅是再生性技能,也是创造性技能。总之,纷繁复杂的现实社会之迫切需要就是马克思主义理论学科培养目标的基本要求。

(2) 深入实践培养真才实学

第一,实践中发现现实社会问题。从马克思主义的基本原理中可以看出,社会问题的产生是生产力和生产关系这一对矛盾的外化表现。从现实来看,时至今日,我国改革开放已经迈入了深水区,可供借鉴的成熟经验越来越少,探索中国特色社会主义道路的任务愈发艰巨。在我国进入全面建设小康社会的关键时期,更是我国实现全面转型发展的关键时期,面对社会公平正义的呼声,面对转型发展的重任,我国必须不遗余力地维护社会团结稳定,用智慧化解现实存在的各种社会矛盾,为我国经济、社会、文化的全面协调和可持续发展打造良好环境。从社会现实问题的角度来看,社会现实问题的产生、发展和解决都是具体的社会生活的体现,这种对立与冲突本身就是社会生活的重要组成部分。列宁曾明确指出:"人类实践活动提出的问题归根结底只能依靠和通过实践来解决。"可见,实践是解决社会生活中各种问题的唯一途径。

正是因为实践培养的极端重要性,马克思主义理论学科中的社会实践教育就显得尤为重要。应把社会实践环节和解决社会现实课题作为必修课程列入培养计划,研究生期间有计划、有任务、有程序、有考核地深入社会进行一学期左右的社会实践活动;学科或创新团队有针对性地确立若干社会热点难点问题供学生研究。社会实践教育实质上就是对各种实践的正确引导,使受教育者认识到正确的实践方式、方法,从而提升受教育者改造客观世界的能力。社会现实问题的化解本质也是一种社会实践活动,这种社会实践活动的能力不是人们本身就具有的,而必须在具体社会活动中逐渐形成。马克思主义理论学科研究生,根据研究课题,在导师指导下有计划地参加社会实践活动,可以提升正确处理、化解现实问题的能力,进而提升社会创新能力。

第二,解决问题中培养科研能力。马克思主义是一个植根实践、指导实践和推动实践不断发展的理论体系。列宁强调:我们决不把马克思的理论看作某种一成不变的和神圣不可侵犯的东西;恰恰相反,我们深信:它只是给一种科学奠定了基础,社会党人如果不愿落后于实际生活,就应当在各方面把这门科学推向前进。马克思主义理论学科研究生的科研必须贴近社会发展需要的实际,勇于提出新问题,以需求和问题为导向,选择马克思主义发展进程中的重大理论和实践问题,进行战略性、前瞻性、全局性的研究。所谓需求,主要是时代和实践发展的需求、中国特色社会主义事业发展的需求、人民的需求。所谓问题,主要是马克思主义发展进程中提出的重大理论问题和实践问题。问题要建立在对现实的需求之上。问题的提出要体现对现实问题的穿透力,解决问题中要培养科研能力。当前,马克思主义理论研究直面现实,就是要对当代世界资本主义各种变化和发展趋势、发展潜力和生命周期作出回答,对当代世界社会主义遭遇的挫折和低潮、科学社会主义的未来命运和发展道路作出解答,对中国特色社会主义的成功经验和遇到的挑战作出解释,密切关注党的理论创新最新成果、改革开放和社会主义现代化建设新鲜经验、改革发展稳定面临的重点难点问题,在解决问题中培养科研能力。

7.3.3　学习科研过程中提高创新能力

(1) 学习理论知识奠定科研基础

课程设置中打破学科壁垒,加大选修课所占比例。当今科技既高度分化又高度综合,各门学科相互渗透,而且实践中的各种问题并不是按学科分类出现的,原有的、固定的学科已不能解决所有的问题,矛盾的解决只能依赖于跨学科的学习和科研。因此,硕士研究生只有具备交叉学科的知识,才能够充分借鉴相近领域内的新成果和新方法,并在能力结构、学术思想、科学思维上形成交叉复合效应,从而具有更大的创造力,在专业领域内做出创造性的成果。因此,在硕士研究生课程设置上要重视学科渗透和文理交叉,加大选修课的比例,鼓励学生根据主修科目提出的要求并结合自己的具体条件与学习兴趣,在导师的指导下,跨专业、跨学科、跨学院选修课程,甚至地理位置相近的几个学校可以打破学校壁垒,允许一定比例的学生跨学校选修课程。研究生教育在坚持正规的课堂教学的同时,都十分重视把科学研究作为培养研究生创新能力的主要手段。增加硕士生参与科研实践的机会是提高其创新能力的一个重要途径。

(2) 创新能力在科研中培养

创新、创造离不开知识的积累和能力的培养，离不开"灵感"，但同时也需要掌握创新理论及技法。创新理论与技法是构成硕士生创新素质不可或缺的要素之一，它是主体进行创新实践活动的具体的方式方法和技能。查阅大多数高等学校的硕士生培养方案，很难从中找到与创新有关的课程。硕士生课程学习阶段开设诸如《创新活动》、《科学创新史》、《创新发明及技能》、《创新工程学》等必修课或选修课是非常必要的。硕士生通过创新理论和技法的学习，可以提高创新思维速度，拓宽创新思维广度，扩大创新思维深度。

重视和鼓励硕士生参与科研实践。参与科研实践对于硕士生创新能力的培养是十分必要的，但是许多硕士生由于家庭、经济和就业等压力往往不愿意将精力投入到科研实践中，对此学校应该采取相应措施鼓励硕士生多参与科研实践。首先，学校应高度重视硕士生的实践活动，为硕士生参与科研实践创造机会和条件。一方面学校可以根据学科专业特点成立科技性、学术性的社团组织，广泛开展学术研究和科技交流，既有利于形成浓厚的学术活动气氛，又有利于硕士生了解最新的科研信息和学术动态。另一方面学校要紧紧围绕硕士生实践能力和创新能力的培养，创新基地是硕士生进行科研实践创新的重要场所，如何进一步加强校企合作，建设高校校内外创新实践基地成为促进硕士生创新能力培养的创新能力的形成贯穿于硕士生培养的每个环节，因此加强硕士生教育质量的管理对于提高其创新能力同样具有重要作用。

第8章 构筑创新平台培养创新素质

提高就业质量须培养创新素质,培养创新素质应针对就业需求。马克思主义理论学科研究生要转变就业观念和就业质量误区,把岗位创新、岗位创业、岗位贡献作为就业质量的评判标准。入学择师、选题论文、平台科研等各个环节,都要自觉与就业挂钩,把有限的时间和精力,用于比较具体的创新能力培养。解决马克思主义理论学科研究内容务虚多务实少的问题,让学生跟随导师进入研究平台,参与科研课题开展科研活动,是重要的科研创新训练。

8.1 学科构建科研创新平台

8.1.1 科研创新平台

(1) 平台和科研平台

平台的意义很广泛,不同人从事不同行业甚至在同一行业从事不同的方向对平台的认识和理解可能都会不同。但总体来说,平台也是有共性的,通常的理解是指一种基础的可用于衍生其他产品的环境。这种环境可能只用于产生其他的产品,也有可能在产生其他产品之后还会是这些衍生产品生存的环境。科研平台,顾名思义就是科研人员进行各项科研工作的舞台。广义的科研平台是指科研工作者在不同的学科领域进行科研工作的平台,是基于共享、公用机制的科学研究技术支撑体系,是研究创新体系建设必不可少的公共支撑体系之一,对提高科研水平、促进学科交叉和融合、加强高层次创新人才的培养起着至关重要的作用。狭义的科研平台是指科研人员在特定学科领域进行具体科研工作的平台。

马克思主义理论学科的科研创新平台,一般指学科、课题团队、教研室、研究所、研究基地等,进行教学科研活动的机构。

(2) 科研平台建设

我国科研平台概念的提出有其时代背景,它是我们国家适应世界经济发展潮流、建设创新型国家的战略选择。2004年7月,国务院办公厅转发了由国家科技部、发改委、教育部和财政部等四部委联合制定的《2004—2010国家科技基础条件平台建设纲要》,全面启动了我国科研平台的建设工作。至今,不同学科领域、不同科研单位内的科研平台相互交错,逐步形成了一个大小不等、形式多样、功能各异的科研平台网络。在这个网络中,任何子领域中的科研平台都是一个节点,这些节点都能成为科研工作者进行科研工作、实现科研目标的特定空间。

科研平台的建设是一个复杂的系统工程,构成要素众多,但均可归结为两大类——硬科研平台和软科研平台。硬科研平台包括:科研基地构建;科研实验设备;实验设备的维护与保养;各项硬件资源管理与共享等。软科研平台包括:科研创新团队;国内外学术交流与合作;科研人才交流与引进;科研人员的培养。

科研平台建设不仅要产出科研成果,而且还要产生科研创新人才。科研创新人员的培养是科研平台建设的职责,也是科研平台的建设基础和过程。科研创新人才培养,首先要提高科技人员的思想道德水平,良好的思想道德关系其才能的发挥,关系到科研团队的团结协作和凝聚力、战斗力的形成,从而影响科研项目的成败。其次,创新能力是科研人员的重要能力,它是在认识能力、实践能力基础上产生的更高层次的能力。科学研究是不断地推陈出新,因循守旧不可能搞好科学研究工作。只有不断创新,不断发散思维,不断拓展自己的视野,科研人员的科研能力才能提高,科研工作才会硕果累累。再次,科研团队内部要形成良好的学术氛围,注重理论与现实问题的结合。平台除了科研攻关外,还要定期或不定期地围绕学术前沿或热点问题组织学术交流活动,加强科研人员之间的交流和沟通,这样既可以增强团队的协作精神,又可以促进整个科研团队水平的提高。最后,要建设良好的科研环境,做好科研人员的继续教育工作,不断提高科研人员的科研创新水平。

科研平台建设还包括人事制度建设,管理制度建设等相关制度建设。平台管理相关制度是科研平台建设运行的"法律法规",不仅保证科研平台建设的正常运行,快出成果,而且有利于培养科研人员规范的科研创新精神和良好科研习惯。

(3)创新平台培养创新人才

第一,科研项目是创新平台的抓手。重大科研项目协同创新的过程,也是创新链中创新平台培育和增强各自核心竞争能力的过程。创新平台集中资源于优势领域,而专注于创新链的某一或几个重要环节。由于核心能力成为创新平台内在的创新资源,不仅有利于推进科研项目协同创新,而且可以形成在竞争环境中的相对优势,反过来促进创新平台的核心能力的提升和创新能力的发展。由于在科研项目协同创新过程中,分工协作关系紧密,创新平台可以大量分享创新信息,这样就可以确定各创新平台在创新过程中的成本投入、总体风险和总体收益,将没有能力参与科研项目的创新平台筛除,从而降低总体科研项目失败的风险以及财务风险。

第二,研究过程是创新培养的载体。科研工作者只有掌握更多的知识,拥有的知识类型更多样化,产生创造力的潜能也就更大。这里我们强调的知识,不仅仅局限于科研工作者自己熟悉的领域,对自己未涉及的或极少涉及的领域也要大胆地去探索,去汲取知识的养分,丰富自己的知识库,开阔自己的眼界,发散自己的思维,以便提高自身的创造力。当科学研究遇到暂时的障碍,又长时间解决不了眼前的苦难时,科研创新平台的头脑风暴式讨论,催促灵感的出现可能会成为解决困难最好的钥匙。灵感不是凭空想象的,它其实是科研人员潜意识的反映。没有长期的科学研究积累,没有多学科、多思路、多知识的交汇,科学的灵感也不可能出现。所以,科研创新平台是激发灵感的场域,是创新培养的载体。

第三,平台建设培养综合创新素质。科研创新平台以创新为目的,要设法进行学科与各类创新主体开展深度合作,充分促进资源的有效利用,实现交叉学科的有机融合,探索创新要素的共享机制,推动科技、教育、经济、文化的互动发展,促进创新能力与人才培养质量的同步提升。科研创新平台应紧密围绕社会发展中的重大需求,通过协同创新,有计划地研究多类型的课题,让研究生接受多种类型的创新体验。如:研究社会急需的战略性问题;国际政治经济形势和我国发展战略问题;社会发展的前瞻性问题;涉及国计民生的公益性问题;改革发展中的微观的矛盾和冲突;学生关心的热点问题等等。平台研究要对外开放,不限定范围,不固化单位,广泛吸纳科研院所、行业企业、地方政府以及国际创新力量等,形成多元、开放、动态的组织运行模式。平台整合优化师资资源和教学条件,针对各类创新主体的不同需求开展人才培养和培训工作,为创新主体间的人才交流提供便利。平台结合学科人才优势,推动与科研院所、行业产业以及境外高等学校、研究机构等开展学术交流,构建多学科交叉研究平台,探索建立文化传承创新的新模式,提升国家文化软实力。科研创新平台的创新活动,终极目的是培养学生的创新能力。

8.1.2　科研创新平台基础

(1) 平台建设与创新团队

马克思主义理论学科科研平台建设,以导师组为主导,以科研课题为依托。平台建设具有督察科研工作,督导和考核师生科研活动的责任。

第一,科研平台建设以导师组为主导。研究生导师组的总体目标是为研究生的培养提供一个良好的平台,同时兼顾科学研究。因此,导师团队的建设方法是否科学合理,直接影响到团队的质量,进而影响到研究生的培养质量和科研水平。一个优秀的导师团队应当有鲜明的学科特色、明确的科研方向、先进的科研理念、合理的梯队结构、宽松自由的学术氛围、勇于创新的学术思想、规范的制度和科学的管理,是一个学生开展科研活动的团结战斗整体,这样的导师团队才能满足研究生培养和科研创新的需要。

第二,科研平台建设要以课题为依托,汇聚科研队伍的智力资源,攻克重点科研项目,要克服科研平台缺乏规划、过于分散、研究方向交叉重叠等问题。科研平台应利用科研队伍优势承接科研项目。研究生导师团队的总体目标是为研究生的培养提供一个良好的平台,同时兼顾科学研究。因此,导师团队的建设方法是否科学合理,直接影响到团队的质量,进而影响到研究生的培养质量和科研水平。一个优秀的导师团队应当有鲜明的学科特色、明确的科研方向、先进完善的科研理念、合理的梯队结构、宽松自由的学术氛围、努力创新的学术思想、规范的制度和科学的管理,只有这样的导师团队才能满足研究生培养和科研创新的需要。

第三,协同合作是团队精神的核心,是平台建设的关键。团队成员间的沟通与合作是团队创新的基础。有效沟通与分工合作是团队创新气氛中参与保障的两个重要方面。在团队中,要大力弘扬团队合作精神,大力营造协同攻关、顾全大局、和谐共进、团结奋斗的氛围,产生创新团队的向心力和凝聚力。加强平台的协作精神,尊重个人的兴趣,创造浓郁的团队合作氛围,使之产生协同效应。

(2) 科研平台建设模式

加强学科科研团队建设,组建科研平台,让研究生参与科研团队工作,可以打破传统的培养模式,建立产学研一体化培养模式,为培养创新型人才创造更好的条件。

第一,文科、理工科模式。文科科研平台基本模式:硬件包括,从事研究活动的场所,支撑科研活动的文献和资料,负责管理与运行的技术支撑队伍,赖以维持的经费和其他资源。软件则是将硬件资源有效结合、高效运行的政策体制保障和文化氛围。国内文科科研创新平台,法学、心理学、管理学发展较快,其他学科尚不发达,文科实验室建设正在探索中。

理工科科研平台基本模式:一是基础理论研究的科研平台,二是技术创新的科研团队;三是公共测试中心等服务性质的共享平台。它们的共同之处,或者说与文科的重大区别是具有投资巨大的硬件实验设备。其软件建设也很发达,比较规范、完善。

第二,发达国家模式。目前,国内外科研活动基本组织管理模式是课题制。课题制是世界各国或地区科研活动的一种基本管理模式,它是按照公平竞争、择优支持的原则,确立科学研究课题,并以项目课题为中心、以项目课题组为基本活动单位进行课题组织、管理和研究活动的一种科研管理制度。申请的项目按其分类和难易程度分为两种组织形式:直线型组织形式和矩阵型组织形式。前者往往将项目分配到各个院系,由院系分成几个课题组,课题组之间以个体任务的完成为目标。相对于直线结构的矩阵结构,以纵向学科与横向任务相结合的科研单位矩阵型结构同样在高校科研中发挥了作用。纵向是专业部门的指挥线,横向是项目研究的指挥线,纵横交叉形成矩阵,较好地适应综合性课题的研究,促进学科水平的提高。在科研创新团队方面,国外高校并不着重强调科研创新团队,国外高校除了承接政府科研立项外,高校里不同领域的导师和科研人员就共同感兴趣的课题向政府或基金会申请立项,自由组合。

第三,中国创新培养的有利条件。国内对组建高校科研创新团队尤为重视,国家在政策上对科研创新团队建设给予了高度的重视和大力支持,各大高校也出台政策扶植、鼓励团队建设。可以说,我国高校科研创新团队的建设具备支持性的组织环境。

高校科研创新团队在我国有其生存的文化土壤和现实的迫切需要。首先,我国传统文化强调和合包容、求同存异、同舟共济的集体观念,坚信团结就是力量。即使在竞争意识、个体意识日益凸显的当今,竞争式合作依然深入人心。其次,我国高校担负了比西方高校繁杂的社会职能。高校的社会职能主要有教学、科研、社会服务三个方面。在教学育人上,国内外高校大体一致;在社会服务上,西方高校比国内高校做得早,做得到位;在科学研究方面,国外的高校以基础研究和战略高技术研究为主,自由研究活跃,而国内由于市场经济发育不成熟,企业作为技术创新的主体地位尚未确立,高校又担负起了技术创新主体的职责,成为科研创新和知识创新的主要力量。

科研创新有着稳定的研究方向和明确的研究目标,并且一般都定位在科技发展的前沿,显然需要研究集体协作完成,团队作战也就成为科研工作取得突破的必然选择。

马克思主义理论学科的创新平台建设,借鉴国内外科研创新平台建设的经验,结合本学科特点探索自己的模式,必将在教学、科研、社会服务三个方面做出重要贡献。

(3) 科研平台建设原则

马克思主义理论学科科研创新平台,是在知识和能力上互补的一定数量的师生,为了实现科研创新目标、承担共同责任而相互协调配合的正式科研群体。培养创新人才是科研平台持续和主动的追求,是创新平台健康发展的根本原则。

第一,培养过程创新过程统一。人才是科学研究的核心因素,也是科学研究的重要一极,组织优秀的研究人员和团队是开展科学研究的重要保障。结构合理、创新能力强的科研团队在科研平台建设中的作用是显而易见的。科研创新平台中的硬件条件再好,合理使用它们的是人,人才缺失会导致科学研究停滞不前。人事制度建设是整个科研创新平台运行机制的关键环节,建立科学合理有效的选人用人机制,创新管理机制,营造良好的用人环境,建设一支高层次、高素质、高学历的创新人才队伍,对于提高科研平台建设将起到至关重要的作用。

科研活动是出创新成果和培养创新人才的实践过程,科研创新平台的人才、制度在不和科研活动结合的时候,只能是潜在的创新能力,只有开展现实的科研活动,才能展现人才能力,并且在科研活动中发展创新能力,培养学生的创新能力。所以,科研创新平台的生命力在于科研活动,要持续不断地承接科研项目。

要进一步提高各类科研平台科研人员的科研主动性和积极性,尤其是牵头或参与大项目的主动性和积极性。师生主动积极参与到科学研究工作中,可以全力发挥他们的潜力、才能,大力推进科学研究的创新程度和效果。牵头或参与大项目才能真正紧扣国家重大需求,融入国家各项建设的主战场,才能有效提高个人的科技创新能力,才能涌现更多的高端人才,从而促进科研平台创新能力的提升。

应给予平台内现有师生更多的再学习和深造的机会,加强培训力度,扩大知识面,提高创新能力。创新能力是科研人员的重要能力,它是在已有知识与实践能力基础上产生的更高层次的能力。科学研究只有在不断推陈出新的过程中才能进步,运用以往的知识只能完成科研工作,做不了科学研究。只要不断学习,扩大知识面,发散思维,拓展视野,不断提高科研创新能力,科研工作必然会硕果累累。

第二,课题管理是平台建设的常态性工作。科技平台的建设是一项长期、浩繁、艰巨的系统工程。科技平台建设的指导者和参与者,要从整体着眼,采用系统的方法进行设计,按照软硬科研平台的构成要素进行构建。要努力营造良好的软环境,建立、健全科技创新平台建设的政策法规体系,通过强有力的制度保障,来推进创新平台的建设,最终满足科学研究发展、经济建设和培养创新人才等多重需要。构建现代化的科研平台,集聚优秀的创新性人才,完善科研设备,承接良好的科研项目,创建合理的运行管理机制,一定会极大的夯实学科科技创新水平。

科研创新平台要以课题为导向,汇聚科研队伍的智力资源,攻克重点科研项目,是克服科研平台缺乏规划、过于分散、研究方向交叉重叠等问题的办法。

科研创新平台要发挥科研队伍优势,鼓励导师组织团队承接重大科研项目,必须加强管理,出台鼓励创新成果的奖励办法和人才晋升机制。

科研创新平台通过建立良好的管理运作方式,充分调动师生科研创新积极性,在学科发展自身规律与市场机制双重作用下,促进创新团队良性运作和发展,促进各个创新团队面向社会服务,适应市场竞争和人才流动的需要,积极为推动政治、经济、社会全面进步提供科研服务。

要定期进行学科科研开发与研究立项、结题、评奖等,选取前沿性、创新性、应用性强的科研项目开展研究,培养、提高导师和学生的积极性和创新能力。

有计划有步骤地进行优秀创新人才培养选拔,逐渐形成以学科带头人和中青年骨干导师为核心的科研创新队伍。

(4) 科研创新平台建设标准

第一,科研团队围绕课题创新。高校及科研院所等机构服务课题的意识要得到进一步强化,通过技术转让获得经济效益,用知识创造了价值。高校及科研院所扮演的是"学"和"研"的角色。高校及科研院要克服重科研轻服务和科研、服务分离的倾向,把技术服务与科学研究更紧密地结合起来,并从中找到创新的突破口,不要把科研工作仅仅停留在实验室阶段。建立产学研机制,目的是集成优势资源开展一些前沿技术、关键技术、核心技术和共性技术的研究。在产学研机制下,鼓励高校及科研院所和企业通过双方或多方联合,优势互补,提高企业和高校及科研院所的自主创新能力,增强产业发展后劲。对于实际意义重大的方向和领域,要组织研发实力强的大企业和高等院校、科研院所进行联合攻关,以求尽快掌握一批核心技术。同时,健全产学研一体化的各类中介机构,包括资金运营、技术攻关、成果转化等一系列服务机构,更好地为产学研服务。

第二,硬件软件根据需要建设。为实现学科交叉融合、资源共享,开放科研平台为学生开展创新活动提供良好的环境。充分运用现代管理手段实现实验教学资源利用率的最大化,全面提高科研平台投入效益,从整体上提高科研平台综合效能。重大科研平台的开放共享可以从根本上弥补大学生在大型仪上实验动手机会不足的缺陷，提高创新能力和培养质量，为科教结合的创新教育模式探索新路。在学校财力有限的条件下，按照集中投入、统一管理、开放公用、资源共享的原则，开放一批在本科教学相关领域内急需的、而一般科研课题又无力购买的大中型仪器设备，这为创新人才的培养、特别是为学生实验动手能力提供了必要的实验条件。

第三，检验成果瞄准国际水准。评价体系对于推进科研创新具有决定性的导向作用。通过科研平台的构建，能建立和完善一整套客观公正、科学合理的评价体系。优化科技创新的土壤，形成崇尚创新、倡导高质量研究成果的学术氛围，使研究人员克服浮躁心理，避免短期行为，有时间和精力在学术研究领域打造学术精品。创立与国际接轨的学术评估体系。由知名专家组成学术委员会。条件允许的情况下，可以邀请国外知名专家加入到委员会中。学术委员会是科研平台的学术指导机构。负责平台的总体发展战略规划、科研项目的申请和评审、人才的引进和交流、学术评估及国内外学术交流等活动。组建国内外一流专家学者参加的评价咨询委员会。该委员会将对科技创新平台重大的事件提供评价咨询意见。他们拥有建议权，但没有决定权。顾问委员会可以选择固定的时间，定期对科研平台的阶段性发展提出自己的意见和建议。

(5) 导师在平台居主导地位

第一，导师在团队建设中的角色。导师须有科研团队的学科带头人的角色自觉，导师作为科研团队的学科带头人首先是"学者"，因此他在某一学科领域学术造诣精深，能准确把握学科方向，有敏锐的学术洞察力、判断力和学术研究创新能力。已经取得一定的学术成就，在国内外学科领域有一定的知名度，具有学风正派、治学严谨、爱岗敬业、勇于奉献及强烈的责任感。除了是"学者"外，学科带头人的另一重要身份是"领导"，他是若干学者和学生组成的科研创新群体的统帅,他能根据社会的需求,整合目标、制定规划、组织队伍、协调关系、指挥实施、谋划发展,使整个学术研究活动和谐有序地推进。所以科研团队学科带头人也可以称作为"领导型学者"。导师作为科研团队的负责人要认清位置,明确职责,既要当裁判员又要当运动员,既是决策者又要是执行者,他的目的就是提高学术研究的组织性、有序性和有效性,以保证学术创新活动、学术研究任务、培养创新人才目标的达成。一个优秀的科研创新团队带头人,必须具有雄厚的专业知识,具有分析问题、解决问题的能力,具有组织协调能力,具有创新意识与奉献精神。有了这样的团队带头人,团队就能朝着正确的研究方向,按照制定的研究计划,有条不紊地开展研究工作,取得丰硕的研究成果。

第二,导师在团队建设中的责任。导师具有育才育人双重任务。目前我们强调的三育人指的是"教学育人、管理育人、服务育人"。但随着科学技术的飞速发展,以及我们科研工作的全面开展,"科研育人"已初步成为高校研究生教育工作的中心之一。客观上科研工作应该成为构建全员、全过程、全方位的育人格局的重要组织部分,尤其对研究生教育工作来讲,更是一个重要渠道。研究生教育的一个重要特点是导师制,这就使得研究生与导师接触较多,研究生本身就是导师教学或科研的助手,关系密切;同时,导师是长者,学术造诣这就决定了导师对研究生德、智、体全面发展负有特殊责任。

首先,导师的知识技能育才任务。导师作为卓越的团队领军人物,应是优秀科技创新团队的核心,是科技创新团队建设成败的关键。导师作为团队的核心人物,要具有思维超前、学术精湛、品德高尚、凝聚人才的领军才能。这样才能带领团队成员团结协作,刻苦攻关,在科学研究中取得辉煌的成就,培养合格的创新人才。创新能力是一种综合能力,它既是对一个学科带头人能力的最高要求,也是一个基本要求。所以导师也应是创新带头人，其职责是根据学科组织的外部环境及学科自身状况来创新变革。当导师自身具有良好的创新素质，才能引领学科创新，才能培养和造就一大批具有创新精神的高素质人才。导师作为一个团队的领路人，是否具有较强的创新变革能力是决定学科组织能否始终走在学术前沿的关键。

其次，导师的道德品质育人任务。马克思主义理论学科导师对研究生的指导大部分是对科研论文的指导，在指导过程中，导师的科研思想、治学方法对研究生的成长起着重要的作用。目前普遍存在的反映教书育人工作比较薄弱的现象，对研究生来讲，就在于没有明确导师育人工作中言传身教育人的地位及作用。因此，明确导师的言传身教育人，对研究生有特别重要的意义。在科研创新平台上，导师作为团队中的领军人物，除应具备科学家应具有的基本素质外，还应具有通过言传身教帮助学生成人的育人素质。优秀的导师要有坚定的理想信念和宏伟的远景目标，要有良好的意志品质，做到求真务实和创新精神的统一，要具有海纳百川的博大胸怀，要具有淡泊名利的高尚情操。

第三，导师在团队建设中的领导作用。导师是科研创新团队的领军人物，是学科中的帅才，所以具有组织管理、任务协调、联合攻关等领导作用。

首先，谋划学科发展。跟踪国内外学科前沿发展动态，正确把握学科研究发展方向与主攻目标，主持制定科学、合理、可行的学科建设发展规划，提出具有战略性、前瞻性、创造性的研究构想，形成相对稳定的学术团队，带领所在学科，尤其培养团队中的青年教师和研究生不断提高科研创新水平。

在战略规划能力方面，集中反映了导师作为学科带头人是否具备有机地协调外部环境变化与内部组织成长关系的能力，它将直接影响学科组织的灵活性和生存能力,首先,要具有统领者的战略眼光。一个学科要发展好,不走弯路,学科带头人必须具有战略眼光,审时度势,不但要弄清该学科真正有价值的空白地带,真正前沿性的领域,真正需要攻坚的课题,把握学科发展总体趋势,其次,要弄清各高校在该学科领域的优、劣势,牢牢把握校际之间的竞争格局,依托本校优势,制定本学科的发展规划,包括具体的奋斗目标和详细的落实措施,做到人无我有,人有我强,人强我特。最终影响学科组织的成长方向和空间。

其次,组织领导团队运作。在组织协调能力方面,任何好的规划,不去组织实施,落实到具体行动中去,那永远只是一个美好的蓝图。随着社会经济的发展,学科不断出现分化、交叉、融合、渗透,跨学科、跨单位、跨国界的合作科研不断加深。导师作为团队负责人根据科研工作的需要和学生创新能力发展需要,精心谋划、科学安排、协调力量、加强引导、检查和督促团队成员的科研工作,组织带领团队开展科技攻关,贯彻落实科研规划,形成具有创新性的科研成果。要采取开放式科研,积极主动开展对外联络,为学科组织拓宽交流合作渠道,进而促进学科组织的长足发展。积极组织各类学术活动,开展国际学术交流与合作,活跃学术氛围。导师需要有较强的组织协调、组织指挥能力,以整合学术资源,率领学者们去实现共同的学术目标。此外,要完成学科发展的任务,一支知识结构和年龄结构合理、具有团结协作精神和较强研究开发能力的学术梯队不可或缺,学科带头人在各项科研活动起到组织协调、指挥和带领梯队成员的作用。学科带头人还要定期检查目标落实情况,提出详细的指导意见适时激励梯队成员发动、组织申报科研项目,落实必备的实验条件和组织配备合理的科研教学队伍,并根据本学科成员的特点进行合理分工规划使用科研教学经费,有计划、合理安排使用经费组织、安排各种类型的学术活动,营造浓厚的学术气氛。

再次,形成民主的团队氛围。科研创新团队崇尚民主,民主的领导与作风可以促进团体成员的交流与合作,增加团体对团队成员的吸引力,有助于团体成员的积极性和创造力的发挥,有助于提高团体的工作效率。而专制的领导与作风则会造成团体成员的敌意与攻击,产生紧张的人际关系,产生潜在的不满情绪,团体成员表现出更多的虚伪和欺骗。在专制领导下,人们更多的趋向于顺从与依赖,较少有独立性和个性,因而也缺乏创造力,影响生产与工作的效率,团队领导方式也是团队创新能力的决定因素。导师民主的领导风格会潜移默化地影响学生创新能力的养成和健康发展。

8.1.3 科研创新平台价值

(1) 创新攻关过程体悟创新

实践操作能力不强。受传统文化、应试教育的深度影响,实践动手能力不强是当今研究生科研能力构成要素中评价最差的部分。具体表现在:不少研究生害怕进实验室,乐于纸上谈兵;不少研究生面对具体的科技任务,离开导师的指导就不会拟定实施方案与技术路线;不少研究生也不知如何在实验中验证自己的理论创新,不知如何将自己的设计变成实用的产品。

创新意识淡薄、创新能力不强。应试教育的弊端集中反映在学生学习的目的不明确,导致学生缺乏不断学习的动力,更导致学生缺乏创新的能力。这表现在一部分的大学生既缺乏智商,也缺乏情商。由此也就导致我国的研究生创新意识淡薄、创新能力不强,缺乏科技创新过程难能可贵的批判精神与勇气,不善于提出新见解、新观点和新理论。

(2) 导师言传身教感悟创新

构建研究生科研创新团队。在科研创新活动中,创新团队的指导老师和创新团队同伴对于研究生创新能力产生重要影响,通过数据调查也充分验证了这一点。研究生导师要结合自己的课题项目来组建创新团队,让研究生充分参与进来。对于研究生导师,国家、学校要制定相关规定,对研究生导师所承担的科研课题量,来限定导师所指导研究生的数量,以保证研究生有充分的机会来参与课题项目团队。对于没有课题项目的导师,就不能进行研究生培养,不能带研究生。研究生也可以根据自己的学习科研兴趣,寻求共同爱好的同伴,请该领域的专家学者作指导老师来自建创新团队,充分发挥创新团队对研究生创新能力培养的作用。高校可以根据本校类型和学科优势,制定对研究生创新团队注册运行管理办法、规章制度、奖惩措施,鼓励规范研究生创建的创新团队。

(3) 团队协作攻关激发创新

一是团队精神。当今的科技实践成就表明,标志性的科研成果的获得离不开高效、合作的科研团队。团队精神是大局意识、协作精神和服务精神的集中体现,对研究生进行团队精神的评价与考核不仅能保证科研平台的高效率运转,更有利于研究生人格魅力的形成。二是组织协调能力。组织协调能力是指根据科研工作任务对科研资源进行分配,同时控制、激励和协调群体活动过程,使之相互融合,从而实现组织目标的能力。对研究生进行组织协调能力的评价与考核有利于培养研究生的全局意识,有利于培养研究生实现科研目标的心理特征,更是独立科研能力形成的根本保证。

(4) 平台培养领军人才

创新人才特别是领军人才——是最宝贵的高校科研团队建设资源。领军人才是创新人才的杰出代表,是高校科研团队的领导者,对高校科研团队建设具有至关重要的作用。改革人才体制,提升领军人才综合素质是充分发挥高校科研团队引领作用的必然要求。

在大学建立专业平台,为培养领军人才成长提供优质平台。一方面,国家可以明确在某些研究型大学的优势学科建立专业平台培养领军人才。为实现我国领军人才国内培养的目标,可以在某些研究型大学的优势学科建立专业平台培养领军人才,遵循领军人才的成长规律,发挥自己应有的效用,提供优质的资源,为这些潜在科技精英打好宽厚的基础。另一方面,在进行领军人才培养中实行更加宽松的学术自由小环境。营造宽松的学术自由与民主探究氛围,对于提升我国研究生教育、培养领军人才的能力尤为重要。也只有这样,才能培养出越来越多具有学术自由观念的领军人才,才能促进国人思想观念的改良,从根本上促进我国政治、经济、社会等整体面貌的改善,才能促进我国成为具有持续创新能力的国家。

(5) 平台培养协同精神

团队应具有相应数量的研究骨干,对于规模较大的团队或大型团队,应由具有不同专长的研究人员构成一个结构合理的梯队。为加强科研创新团队的人才建设,一是要努力做好科研人才培养工作,以提高他们的研究水平。二是要做好科研人才的组织协调使用工作,以充分调动他们的科研积极性,尤其应注重科研创新团队带头人的培养与使用。

团队不仅要重视科研项目的完成,而且要重视团队文化建设,才能使团队内部形成和谐宽松、合作互助、共同学习、互相激励的工作氛围,增强团队凝聚力。团队协同精神是科研创新团队形成和发展的前提,是科研创新团队创新力和竞争力的基础。在专业科研中,科研工作者在科研工作中培养团队精神,学科带头人增强团队对成员的吸引力,成员对团队的向心力,成员之间的粘合力等等,形成团结的、有协同精神的整体。所以,科研创新团队是否具有凝聚力,凝聚力是否强大,直接关系到科研创新团队的形成与发展,科学研究工作的创新以及科研人才的脱颖而出。

8.2 创新人才培养立足科研平台

8.2.1 学科创新能力的内涵

(1) 理论综述学术前沿把握能力

理论综述学术前沿主要把握三个方面：一是马克思主义面临的当代性问题。马克思主义研究必须对马克思原本的思想进行科学的解读，必须放在历史发展的过程中去思考，以突出解决当代中国的核心问题。二是马克思主义面临的当代社会性问题。马克思主义是从工人运动中发展起来的，如果不考虑马克思主义发展的社会基础，不考虑它的大众化，不去让大众接受和理解，就会失去其社会基础。三是马克思主义面临的国际性问题。马克思主义中国化是马克思主义在中国的发展，但是中国化的马克思主义面临的突出问题是世界性问题，这里就有文化沟通、融合问题，有研究的共同旨趣问题。

(2) 古今中外学术成果比较研究能力

作为马克思主义理论创新型人才毫无疑问首先必须具备高超的马克思主义理论水平，这是成为马克思主义理论创新型人才的基础。创新不是盲目的，必须在前人的基础上进行。只有充分学习、吸收前人成果，才能站在巨人的肩膀上看得更远。他们不仅要熟悉马克思主义经典著作，对马克思主义基础理论具备深厚的学养，能根据时代的发展和形势的变化灵活地运用马克思主义理论去分析解决现实问题，把马克思主义理论与现实结合起来，还必须熟悉各种马克思主义流派，如西方马克思主义、东欧马克思主义、后马克思主义等等，能对这些马克思主义流派的思想学说进行分析批判去其糟粕、取其精华。

(3) 实事求是解决疑难问题能力

马克思主义是理论性和实践性的统一，作为真正的马克思主义者就必须坚持理论与实践相统一,不能躲在书斋搞纯学术,必须具备广阔的国际视野。真正的学者都是关注时代、关注现实的。马克思主义学者必须以马克思主义理论来回应世界范围内的理论和现实问题。用马克思主义的基本观点、基本方法、基本立场来研究现实问题、回应现实。马克思主义理论学科建设既要提取西方马克思主义的理论精华,也要关注国外对马克思主义的研究动态,必须注意研究的方法和视野,必须考虑历史与现实、国内与国外、实践与创新的结合。

8.2.2 科研平台建设与创新的培养

(1) 文献综述把握学术前沿

文献综述是研究生针对某一课题,通过广泛搜集、阅读、整理、分析有关国内外文献,对所研究的问题在一定时期内已经取得的研究成果、存在问题以及新的发展趋势等进行系统、全面的叙述和评论而写成的一种学术论文。文献综述应把握学术的前沿性,综述不是写学科发展的历史,而是要搜集最新资料,获取最新内容,将最新的信息和科研动态及时传递给读者。近期文献引用频率越高,越能反映文献内容新颖程度,一般引用最近5年内发表的文献数应达70%左右。文献综述是研究生从事科研创新所必需的技能,是研究生创新能力的直接体现。同时也是衡量研究生培养质量的重要标志,是考核研究生科研创新能力的重要手段。文献综述,根据学科专业的发展方向,结合研究生承担课题项目情况来选择有研究价值的问题进行综述。在文献综述中,应有整个平台的实践支持,让研究生的文献综述既有理论意义,也具有实践上的意义。在写作方面,高校创新平台为文献综述写作准备了充分的资源,为写作的有效进行提供了保障。

(2) 熟练掌握科学研究方法

在知识学习方面,通过创新系统模型,我们知道个体在一个领域是否能表现出很强的创新能力和个人的知识储备、学习背景存在很大的相关性。本学科领域最基本的规范体系和合理的知识结构，是一个具有创新潜质的人必须具备的。研究生作为具有潜质的有志从事科研创新的新人，需要具备大量的具有某个学科专业的知识理论体系。研究生课堂上理论知识的学习，就是要求研究生系统掌握创新所需的学科基本知识、理论和方法。更重要的是研究生要有运用所学基本理论、知识和方法去分析、判断和解决有关理论问题和实际问题的能力。高校创新平台能为研究生提供学术前沿知识信息和学科交叉性知识，扩展研究生认知的视野，形成独特的创新思维方式。对学科前沿知识的洞察和实践性把握，是保证研究领域、研究方法、研究结论具备创新性的关键。在高校创新平台中，研究生所掌握的知识技能体系，不同于课堂上按学科内容说传授的系统知识，它直接来源于课题项目的实践需要，体现了学科前沿知识理论，反映了学科最新的发展动态，而且这种知识技能多有学科交叉综合。这样研究生掌握的知识扎实，能用得上，并在自己的创新活动中有突破性的运用。

（3）创新成果平台研究检验

平台检验评价对于推进科研创新具有决定性的导向作用。通过科研平台的构建，能建立和完善一整套客观公正、科学合理的评价检验体系。优化科技创新的土壤，形成崇尚创新、倡导高质量研究成果的学术氛围，使研究人员克服浮躁心理，避免短期行为，有时间和精力在学术研究领域打造学术精品。质量为先的机制，把制定和完善各种科研评价管理规定的过程当做一个改变思想观念的过程来进行，帮助科研人员树立质量第一的观念，使质量为先的评价理念深入到每一个在平台工作中的科研人员心中。

8.2.3 学科平台共建提高培养功效

(1) 组织平台间交叉研究共建

任何研究都不可能在闭关自守的情况下,仅仅依靠自身的能力在广泛的科技领域中掌握先进科技知识。只有通过组织平台间的广泛交流与合作,才能在科学研究中立于不败之地。开展跨学科的学术交流与合作,可以使我们清醒的认识存在的问题和盲点,了解世界科学研究的最新动向,争取得到最新成果。学术交流与合作不仅仅是促进了学术交流,更加快了科研工作的进展。科研人员积极参加各种国内外学术会议,通过各种方式进行交流,可以展示最新学术及科研成果,提高学术知名度,扩大影响。同时,学术交流与合作也是加快培养高素质的复合型人才的重要途径。科研平台应该实现共享及整合,要制订科研平台的管理和对外服务管理办法,不同科研小组之间,学院与学院之间,不同学校之间,都可以相互交流借鉴。这样做的好处就是可以提高效率,完成交叉研究共建。

(2) 鼓励平台间交叉指导检验

从科研思维能力方面来说,学科的交叉融合体现不够,存在人才学科单一、知识结构、学术成长环境和科研经历类似的情况,不利于学术思想的碰撞和新想法的产生;同时团队中也缺乏有实际工程和实践经验的校外人员。加强高校科研平台学术队伍建设,就要用好现有人才,发现新人才,稳住关键人才,引进急需人才,培养高素质人才。坚持"引进来"与"走出去"相结合。坚持"引进来",就是根据科研平台的建设和发展需要,引进急需的高层次人才,引进时要考虑学历结构、年龄结构、专业背景和学术影响力等,使学术队伍得以壮大和结构优化与实力提升。坚持"走出去",就是通过不同的渠道和措施,使现有科研人员走出科研平台,走出屋门、校门乃至国门,获得各种培训和提升。通常可采取以下措施:一是有计划地选送优秀科研人员到高校、科研院所或出国培训深造,促进平台科研人员能力和学历的提升。二是通过到国内外科研机构访问、学习以及参加学术交流活动等方式,使科研平台成员扩大视野、拓展思路、激发创新思维、提高学术水平。三是开展广泛的国际合作,在合作中追踪科技前沿,掌握科技动态,提升成员的科研能力、科技创造力和应对科技进步挑战的能力。

(3) 定期交流经验促进平台建设

定期召开全院导师大会,总结、安排科研工作,并实施表彰奖励;不定期召开高级人才参与的科研工作会议,研讨工作方法,交流推广工作经验,通报科研发展动态,追踪学科前沿,明确科研工作目标;邀请院内外学者专家举办学术报告会;定期开展科研成果、教学成果奖评审奖励活动;开展优秀科研论文交流评奖活动;及时发布各类项目申报信息等;鼓励导师积极参与国内外学术交流,加强与学术界的交往;支持科研人员与兄弟单位开展合作研究;组织导师到兄弟院校、科研院所参加相关学术活动、科研会议;资助一些导师到国内知名高校参加学术研讨和进修学习,开阔眼界,了解国内学科领域的发展动态。

8.3 促进创新平台良性运转

8.3.1 创新平台具有教和学的双重作用

(1) 平台检验导师创新培养能力

第一,展示导师组织科研能力。一个具有很强创新能力的优秀研究生导师应该非常善于合作,非常重视他所在的团队,非常善于调动帮助他创新能力发展的各方面因素。研究生导师个人所具有的合作精神对研究生导师队伍的整体创新能力是具有促进作用的。因为导师团体的创新能力是个别导师创新能力的集合,它并不是单个创新能力的简单累加,而是一种有机结合。在一个合作意识强烈的导师团体中,每个导师都具有合作精神,那么每个导师就会在不同方面表现出不同程度的创新能力,从而构成整个导师团体发散型的创新面貌,即使是缺乏创新思维和能力的导师也会在这种良好环境氛围的影响下增强创新能力。反之,在不具有合作意识的导师团体中,导师之间各立山头、分门别派,以致不能凝聚集体的智慧,造成"遍地丘陵而不见高山"的分散局面,即使个别导师有创新的欲望和能力,也会因长期在这种环境下觉得自己孤军奋战而致使创新的热情渐渐磨灭,从而不能有效发挥出导师队伍的整体创新能力,造成恶性循环,最后导致能提高导师创新能力的土壤也不复存在。

第二,显示导师科研创新水平。导师组织科研能力的高低是决定研究生培养质量和创新能力高低的重要因素。从科研创新的规律来看,导师通过长期的研究实践获得了一定的科研认知与创新性认识;而研究生尤其是硕士研究生在知识积累、科研经验和科学洞察力等方面存在不足,需要在导师的指导下,才能不断进步,实现科研创新。研究生的科研工作作为导师长期科研创新历程中的一个环节,其能否取得学术创新在很大程度上取决于导师的认识和研究思路是否具有创新性。因此,导师应通过大量的研究实践,努力打好自身的学术底子,准确把握学术方向,提高自身的科研创新素质,成为研究生治学创新的榜样。研究生心目中的理想导师的标准主要包括"导师应具有较高的学术水平和知名度;较好的科研条件;强烈的责任心;高尚的师德。

第三,体现导师培养创新意识。创新意识是研究生导师具有创新能力的思想前提,是研究生导师发挥创新潜力的首要环节。研究生需要导师的创新激情,而且他们的创新意识和创新激情,主要来自于导师的创新意识和激情。导师的创新意识不仅在于能高瞻远瞩地洞悉把握学科发展的方向,而且能跳出单一学科的框框,融合不同学科领域的知识对学生进行指导,激发学生的兴趣和创新意愿。创新意识的内涵非常丰富,研究生导师的创新意识体现在精神、素质和能力三个方面:一是要求导师具备科学的精神,即求真、求本、求是的精神,而不是唯书、唯上、唯众;批判反思的精神,以真理为唯一标准"怀疑一切",没有批判(质疑与否定)就不会有创新,就不会对学术问题和社会问题做出自己独立的思考和判断。二是要求导师具有科学与人文兼备的素质。三是要求导师具有理念创新、方法创新、手段创新的能力。

(2) 平台检测学生科研创新能力

第一,领会导师科研指导能力。应注重研究性学习。从现代课程论角度看,课程是一个主动建构的过程,是导师、学生和教材之间的合作和对话。在这一过程中,导师和学生是课程资源的开发者,在课程的创新和开发中,原先的"制度课程"中的物质性或文本化的东西,如教材之类,绝非是教学的终极目的,而只是提供给师生选择使用的材料。由此,课程教学具有一定的开放性、内在超越性和不确定性,其结果是知识真正为个人所理解,真正成为个人经验和个人知识的一部分,而不是仅仅通过呆读死记占有知识。在这个过程中,学生要承担主要的角色。导师要想方设法使每一个学生都参与到教学的活动中。只有导师与学生一起对教学内容进行探讨时,"教"才能真正起作用,学生才能真正从"教"中有所"学"。

第二,团队协作显示创新思维。在高校导师团队建设方面,应使团队的学科特色鲜明、科研方向明确,在国内外有一定的学术影响力;有可持续发展的硬件科研平台的支持;团队学科学缘、年龄、职称结构合理;团队学术氛围宽松,导师科研兴趣浓厚,交流、辩论、竞争、合作常态化;团队制度规范,管理科学,运行高效。完备的科研平台能够保证优秀的导师团队在第一时间验证创新思路,把握和引领学科前沿,使研究工作持续不断的向前推进。可以说科研平台建设是建设高质量导师团队的硬件基础。任何一个优秀的组织或团队都有一个合理的团队结构。同样,一个优秀的研究生导师团队,在科研方向的把握、知识结构、学术背景、职称结构、年龄组成上应该有一定的层次性和互补性。提高团队的学术水平,使梯队在知识和学术结构上更加完善和科学。在其他的研究方向上,也采用同样的方法进行导师团队的建设。在年龄结构上也是老中青相结合的梯队模式,在职称上大胆启用具有博士学位的讲师。大力引进年轻的博士,并努力培养和使用年轻的博士。使得没有资格指导研究生的年轻博士得以参与到梯队中来,辅助指导研究生,并使年轻的博士生导师占到导师团队的一定比例,形成坚实的导师团队基础。导师梯队建设是一个动态建设过程,应注意梯队结构的不断调整和优化,使导师梯队始终处在一个最佳的梯队结构之中。

第三,科研成果检测创新能力。研究者通过研究得出了某项成果,在经过确证并成为核心知识之前,必须通过交流与评价网络的漫长检验。对高校科研团队来说,只有掌握当代科学知识达作的规则,遵循知识的生产规律,才有提高科学知识的效率,进而提高科研团队的作绩效。对此,对高校科研团队进行评估,必须尊重科学研究规律,建立长效评估机制。其次,要确定合理评估时间。科学研究规律表明,高校科研团队的创新成果,在经过确证并成为核心知识之前,必须通过交流与评价网络的漫长检验。所以,对高校科研团队进行评估也必须改变目前存在的重短期轻长期问题,适当延长评估时间对利研效益明显、创新成绩突出科研团队,可以采取滚动投入的方式加以稳定支持,使他们能在宽松的环境下提高持续创新能力对团队效果不明显甚至根本没有进行实质性团队合作的,则进行淘汰或相应处理。把期间评估和累计评估结合起来。所谓期间评估就是阶段性评估,所谓累计评估就是到目前对该团队所有成员取得的所有成果逐年累计,进行总体评估。如此评估可以不以某一阶段果论成败,而是看科研团队累积的长期成果,有利于科研团队潜心进行长期研究,取得科研成果。

(3)平台建设师生创新水平共进

第一,创新平台是师生共创空间。科研平台提供一流的研究设备和稳定的资金保障,有利于高校吸引、培养和聚集一批优秀的学术人才,为优秀学术团队的成长和不同学术背景的高水平学者之间的交流碰撞提供支撑。这是科研平台软实力的体现,通过平台整合科研人力资源配置,集中师资形成具有专业学科和跨学科相结合的人才队伍。依托科研平台的研究生培养使得学生有更多机会与多学科的优秀导师团队接触,得到更多方位的指导和启发,有利于科研创新思维的成长。

第二,创新平台是师生教学实践。立足于科研平台的科研团队有利于激发创新潜能。科研团队是科研平台的重要组成部分。由层次各异、学科交叉、研究专长不同的导师、专职研究人员与研究生组成的科研团队会对研究生科研和创新活动产生方方面面的影响。表现在团队文化的号召力,包括团队的科研愿景、学术氛围、学术水平的影响;团队凝聚力的作用,包括团队精神的影响、行为规范的影响、管理方式的影响等;团队文化发展力的作用,包括合作机制的影响、竞争机制的影响等。优秀的团队领导、互补的团队成员、和谐的团队文化以及适当的团队竞争都十分有利于激发研究生科研创新的潜能。

第三,创新平台中实现教学相长。科研平台作为高等院校人才培养、科技创新、成果产出的主要基地和核心组件,有一套围绕科研工作为核心的运行模式,高水平的师资配备和完善的科研条件配备,此外基于科研平台的学术团队和浓厚科研氛围对激发科研创新力起到推动作用。科研平台建设为研究生科研创新力提升提供有益的环境,主要体现在以下几个方面:科研平台建设为研究生科研创新力实现提供实践基地。杨叔子院士认为:"如果'教'讲的是知识,'研'讲的是思考,那么实践是最根本的东西,教和研是绝对离不开实践基地的。"提出创新性问题后如何解决问题是创新的落脚点,实践是检验创新的必要途径。科研平台作为高校科技产、学、研结合的汇集点,为科研团队进行科研创新活动提供了实现"教"和"研"相结合的实践基地。此外,以科研平台为依托的各类科研项目也促使研究生积极参与科研实践活动,拓展了研究生科研创造力发展的道路与方向。

8.3.2 学生进入科研平台创新训练

(1) 平台是高层人才培养的主要途径

培养具有创新能力和核心竞争力的高层次复合型人才是研究生教育的核心目标。科研平台作为创新体系的基础性工程,对于科技资源配置优化,科技成果开放共享,区域创新体系构建,以及建设创新型国家和社会具有重要意义。在科学技术不断进步,科技创新日新月异的新形势下,科研平台具备的各种优势使其在科学技术研究、科技成果转化、科研人才培养中的作用日益显现。科研平台下的培养模式能提升研究生的专业能力和综合素养,提供促进研究生科研创新力提升的多个要素。科研团队是科研平台的重要组成部分。

科研平台是导师教练、导演和示范的重要现场,学生学习、磨炼和表演的实践舞台,也是师生科研创新成果接受检验、评判和推广的展台。由层次各异、学科交叉、研究专长不同的导师、专职研究人员与研究生组成的科研团队,会对研究生科研和创新活动产生方方面面的影响。优秀的团队领导、互补的团队成员、和谐的团队文化以及适当的团队竞争,都十分有利于激发研究生科研创新的潜能。

科研创新平台要提供先进的研究设备和稳定的资金保障,从而吸引、培养和聚集一批优秀的学术人才,为优秀学术团队的成长和不同学术背景的高水平学者之间的交流碰撞提供支撑。这是科研平台软实力的体现。通过平台整合科研人力资源配置,形成具有专业学科和跨学科相结合的人才队伍。

跟随导师参与科研平台训练,是马克思主义理论学科研究生成长成才的过程,是综合素质全面发展的阶梯。依托科研平台的研究生培养使得学生有更多机会与多学科的优秀导师团队接触,得到更多方位的指导和启发,有利于科研创新思维的成长。

(2) 创新平台培养考核学生创新能力

第一,通过科研成果考评创新能力。创新平台考评创新水平,应注重通过科研成果考评创新能力。科学研究需要尊重科学研究规律,注重长期效益,适当延长科研成果评估时间,反对急功近利,因此,建立长效评估机制是建立科学合理的高校科研团队评估体系的必然要求和基本前提。在考评过程中,要尊重科学研究规律。建立科学的高校科研团队评估体系必须尊重科学研究规律。高校科研团队的主要使命就是进行科学知识的生产,并且科学知识的生产也是评估科研团队的绩效的基本依据。对高校科研团队来说,只有掌握当代科学知识达作的规则,遵循科学知识的生产规律,才有能提高科学知识的效率,进而提高科研团队的绩效。因此,对高校科研团队进行评估,必须尊重科学研究规律,建立长效评估机制。

第二,通过团队活动考评创新能力。建议在高校科研团队项目实施中,把事前评审和事后评估结合起来,特别要加强对团队支持期满的绩效评估,这样既可以提高科研经费的使用效益,也有助于评价科研团队运行发展与目标完成情况,为后期的跟踪管理奠定基础。对科研效益明显、创新成绩突出的科研团队,可以采取滚动投入的方式加以稳定支持,使他们能在宽松的环境中提高持续创新的能力,对团队效果不明显甚至根本没有进行实质性团队,则进行淘汰或相应处理。把期间评估和累计评估结合起来。所谓期间评估就是阶段性评估,所谓累计评估就是到目前为止对该团队所有成员取得的所有成果逐年累计,进行总体评估。如此评估可以不以某一阶段成果论成败,而是看科研团队累积的长期成果,有利于科研团队潜心进行长期研究,取得重大科研成果。

第三,接受平台考评提高创新能力。在高校,越来越多优秀的科研人才,聚集在拥有先进设备和管理理念的实验室和研究中心等科研平台中。这些科研平台成为看得见的反映高校科研创造力的组织形式,对提高高等院校科学研究水平、促进科研成果转移和产业化、加强高层次创新人才的培养起着重要的促进和催化作用。科研平台的规模和质量正成为高等院校特别是研究型大学科研综合实力的重要指标。科研平台提供一流的研究设备和稳定的资金保障,接受平台考评提高创新能力,有利于为优秀学术团队的成长和不同学术背景的高水平学者之间的交流碰撞提供支撑。这是科研平台软实力的体现,通过平台整合科研人力资源配置,集中师资形成具有专业学科和跨学科相结合的人才队伍。依托科研平台的研究生培养使得学生有更多机会与多学科的优秀导师团队接触,得到更多方位的指导和启发,有利于科研创新思维的成长。

(3) 学生在平台科研实践中成长

第一,领略科研创新方向。科研平台增强了研究生创新意识,提高了研究生培养质量。基于科研团队的导师团队,以"统一领导、整体谋划、依托项目、分块操作"为指导思想,坚持"突出青年教师、加强研究生培养、开展学科交叉、鼓励原始创新"的原则,特别增强高职称导师对研究生地培养与引领作用,在团队内实行资源共享,切实领略科研创新方向。重点支持青研究生开展的学科优势明显、发展潜力大、能保持或提升科研持续发展能力的储备性研究,瞄准世界科学发展前沿、具有重要科学意义、学术思想新颖的前瞻性研究,以及以科学前沿和国民经济、社会发展、国家重大需求和地方区域建设需求为导向的交叉研究,鼓励他们在本团队研究方向内开展自主选题的探索性研究和原始创新。

第二,掌握科研创新规范。面对繁重的科研任务,研究生所在科研创新团队需要科学的管理制度为其运行提供保障,营造良好的科研环境和公平的激励机制。树立规范管理的理念就是要对高校科研团队及其相关事务进行规范管理,以保障高校科研团队健康发展。以课题为导向,汇聚科研队伍的智力资源,攻克重点科研项目:一是克服科研平台缺乏规划、过于分散、研究方向交叉重叠等问题的办法。科研平台应首先利用科研队伍优势,承接重大科研项目。其次,利用开放基金设定研究方向,避免科研团队分散力量。第三,提升自主创新能力,在协同创新上取得突破。在学校层面上,出台鼓励创新的成果奖励办法。高校科研平台通过建立良好的管理运作方式,在科技发展自身规律与市场机制双重作用下良性运作和发展,面向科研服务,适应市场竞争和人才流动的需要,从而为推动我国科技、经济、社会全面进步服务。

第三,形成协作创新精神。高校科研创新团队是为了攻克重大科研课题,取得科研领域突破性成果而设立的。其所面临的工作领域具有很多难点和未知因素,所承担的工作量也非常巨大。因此在漫长而紧迫的科研工作期间,一定要对科研团队的工作有一个长期的战略规划,把握科研工作的各个阶段,形成科研团队工作的主要目标。高效的科研创新团队对于所要达到的目标应有明确的认识,并且能深刻地理解这一目标的重大意义和价值,另外还要努力激励团队成员把个人目标、利益升华到群体目标、利益中去。目标的完成依赖于每个团队成员相互协作、和谐共进,应该根据任务和目标的需要,合理组合团队成员,在适当时机调整成员的出与进,致力于创造一种支持科研团队建设的开放性的团队文化,鼓励创新,容许失败,强调集体价值观,共同进步,重视成员的个性化发展。科研团队文化建设是一个长期而艰苦的工作,团队领导者应注重团队精神的培养,促进团队成员的交流与合作,倡导团队合作精神,营造协同攻关、顾全大局、团结奋斗的氛围。

8.3.3 创新能力在平台科研实践中提升

(1) 导师必须带领学生平台科研

在科研平台活动中渗透专业科研思想和科研方法,是导师通过所承担的专业课程在本专业中的地位、作用及应用等情况的客观分析,结合专业人才培养要求及目标,以课程教学大纲为依据,用剥茧抽丝的方法将课程内容中凝结的专业思想、专业思维、研究方法等信息挖掘出来并进行处理,在科研活动中有选择有侧重地向学生传递,使学生达到专业科研基础的学习、理解和应用的目的。作为一名导师,对科研部分的学习理解、认识程度及处理方式,包括在科研活动过程中的不同环节任务的合理分配,与科研内容的合理衔接与融合、讲述与体现等应是导师教学的投入成本之一,也是衡量专业导师科研教育的一个重要方面。

(2) 学生必须参加科研平台实践

课程教学具有一定的开放性、内在超越性和不确定性,其结果是知识真正为个人所理解,真正成为个人经验和个人知识的一部分,而不是仅仅通过呆读死记占有知识。在这个过程中,学生要承担主要的角色。导师要想方设法使每一个学生都参与到教学的活动中。只有导师与学生一起对教学内容进行探讨时,"教"才能真正起作用,学生才能真正从"教"中有所"学"。

(3) 亲身科研经验提升创新能力

研究生参与科研项目的过程中,学生明确自己的角色定位,提高自己作为研究者的认同感,抓住每一次科研实践的机会,充分利用学校和导师提供的科研条件,提高自身的人文素质和科学素质,从小事做起,从大处着眼,深刻认识和了解科研活动的意义,树立科学的科研价值观,努力把自己培养成创新型人才。现在绝大多数课题都是以团体协作的形式开展研究的,所以,自主学习的过程也要注重发挥团队的主观能动性,加强内部间与外部间关于科研课题的交流。总而言之,要多读文献,多做笔记,重视积累,常写心得体会和归纳总结,掌握大量反映本学科领域发展情况和最新成果的文献资料,然后分析和整理这些文献资料,并从中发现新信息、产生新观点或形成新思路,进行有效的二次创新。

8.3.4 科研创新能力平台培养考核

马克思主义理论学科科研平台是培养学生创新能力的课堂,也是检验和考核学生创新能力的考场。培养马克思主义理论创新型人才是整个马克思主义理论学科乃至我国不容回避、不容忽视的重大任务。马克思主义理论创新型人才是指能够在马克思主义理论研究和实践领域开拓进取,与时俱进,开创马克思主义发展的新局面,对社会发展做出创造性贡献的人才。培养马克思主义理论创新型人才是建设创新型国家的需要,建设社会主义文化强国的需要,马克思主义中国化、时代化、大众化的需要和马克思主义理论学科发展的需要。马克思主义理论学科科研平台要想发展,需建立比较完善的科研设备、丰富的科研项目、合理的管理运行机制。马克思主义理论学科科研平台的建立有利于现代化的科研平台形成。以此为依托,科研平台又为创新型人才资源的教育培养提供了物资保证、优秀引路人、信息支持和管理服务。不断提升科研平台的水平必定更有利于研究生科研创新能力的培养,更有利于为国家科技事业的发展培养合格的科技创新人才。研究生进入平台科研不是传统的课程实习和简单地社教任务,不能搞形式走过场,必须抓紧抓实。

(1)创新平台审核评判科研创新成果

第一,接收外部成果评审任务。目前较多高校的传统评价体制、价值观念等并未有明显转变,不利于学科的交叉与创新。学科交叉活动及其成果往往具有高度的综合性和广泛的跨界性,对它们的评价不是靠单一学科的同行专家的组合所能济事的,而是需要组织多方面的专家,其中包括善于学科交叉和精通交叉方法的"杂家"进行多元互补的协作。创新平台接受外部成果评审任务,这种"第三方评价"的模式能够从学术角度对外部成果的工作做出相对客观、公正的评价,能够做出较为全面、客观地评价。创新平台接受外部成果评审任务,能够在评审过程中借鉴外部成果的优势,能够促进自身技术创新。最后,在评审过程中,参与评审成员和拥有学术评价权力的学术同行,务守学术规范,坚守学术诚信,维护学术道德,减少科研评审中的人为因素,与评审体系本身的公正、合理同等重要。

第二,进行内部科研成果评审。科研评价,是对科研活动及其成果中的价值做出较为全面的评判。所谓价值,就是价值关系中客体性和主体性及其结合的程度。对于学科交叉来说,客体性就是通过学科交叉对客观事物现象包括交叉在内的属性、规律发现的程度,也就是"合规律性"的程度,而主体性也就是"合目的性"的程度,是学科交叉活动及其成果满足作为主体的人的需要,亦即社会需要的程度。目前高校的科研评价,往往重视客体性而轻视主体性,轻视其满足社会主体的需要。进行内部科研成果评审能够及时发现各类科研成果在建设和运行过程中出现的问题,并加以有效解决,可在每年年初召开科研成果评审工作会议,各科研平台成果应向大会进行介绍,由大会讨论给出科研平台成果评审结果。拟每2年组织进行一次校内考核评估,完全按照各类科研平台成果的建设和评估指标要求进行,对于考核不合格的科研平台成果给予修改意见。

第三,学生参与评审中感悟创新。以团队为单位进行的科研评审活动有利于提升团队所有成员的学术水平,从而激发研究生科研的创新潜能。其中,团队中导师对低年级研究生,博士生对硕士生进行指导,形成不同层次导师和研究生之间的互助合作,有利于形成很好的科研氛围,对指导者和被指导者都是一种激励,科学研究的有序继承也使得创新思维能得到延续和发展。因此,在科研平台建设中要注意培育优质科研团队,创造浓厚的学术氛围,形成积极的团队文化,加强团队凝聚力。学生参与评审中的良性竞争互动氛围,能使研究生产生克服自满、积极进取、精益求精的精神,激发研究生的自信心、意志力和紧迫感,带动研究生的创新意识、创新思维和实践能力的发展。评审在带来激励的同时也给研究生一定的约束,团队其他成员的表现会对研究生形成心理压力,使研究生的意志力和紧迫感被激发出来,自觉地控制懒惰、消沉等负面心理,同样会促进研究生的科研能力发展。

(2) 参与成果评审学习创新经验

第一,学习他人成果的创新内容。建设开放式的国际科研评审平台,加强学术交流。建设开放式的国际科研评审平台可为科研创新活动提供更宽和更高层次的交流与合作机会。在评审中可以博采众长,以灵活的学习借鉴方式加强对研究生的培养,能使其迅速融入科研活动中,在评审活动学习他人成果的创新内容,吸收多学科的知识和研究方法,使研究水平和创新能力得到迅速提高。开放式的科研平台的评审活动还可以为学者提供更多的参与到各种学术交流,开阔科研视野、丰富知识结构,通过了解他人的创新成果,夯实掌握本学科宽广的基础理论、系统深入的专业知识、相应的技能和方法,掌握国际上最新的学术发展动态,锻炼学习能力、科研能力、创新能力。

第二,学习他人成果的创新思路。参与他人成果评审学习过程中能够形成良好的学术研究环境,他人成果注重理论与现实问题的结合;在评审他人成果的互动过程中,能够激励科研人员积极主动去创新,能够形成和谐共进的人际环境,加强科研人员之间交流和沟通,触发科研创新灵感,提升科研能力,学习他人成果的创新思路,又可以促进整个科研团队水平的提高。应进一步加强评审过程中科研合作及交流,在评审中学习他人成果的创新思路,他们带来新理念、新思路和新方法,必然会在其他科研活动中产生良好的辐射作用,带动科学研究工作,进而提高整个科研平台的综合实力。高校的科研人员应积极参加各种国内外学术会议,通过各种方式进行交流,学习最新学术及科研成果的创新思路,提高学术知名度并扩大影响,还可以清醒地认识到和他人之间的差距,了解世界科技发展的最新动向,为科研平台的快速发展找到方向和目标。

第三,举一反三指导自己科研。在评审他人成果的互动过程中,能够激励科研人员积极主动去思考创新,触发科研创新灵感,能够提升科研能力,学习他人成果的创新思路,并且应举一反三指导自己科研,形成内部驱动的动机形式、面向问题解决的知识构架,更好地完成科研。

通过举一反三,发挥自身的学习自觉性和主动性,完善自身的知识结构,是提高自身创新能力的基础工程。科研人员要取得有创新性的研究成果,必须具备进行学术创新的基本知识。通过举一反三以及对学科前沿知识的洞察和把握,是保证研究领域、研究方法、研究资料或者研究结论具备创新性的关键。科学上的重大突破,新的生长点乃至新学科的诞生,常常是在不同学科彼此交叉相互渗透的过程中形成的。换言之,科研人员要想取得有创新性的研究成果,尽可能运用评审工作中的创新思路指导自己科研。

(3) 接受成果评审升华创新素质

第一,虚心接受专家咨询。科研人员可以通过邀请专家举办讲座、旁听相关课程或者自发互相讲授学习心得等方式,不断完善自身的知识结构。创造条件保障师生或者专家与师生之间学术交流讨论长期持续开展;组织学习创造力相关课程,定期进行专门的创新思维训练;充分发挥团队成员的学习自主性,完善知识结构;创造友好、和谐的团队氛围,从而增强团队的凝聚力。在校园内广泛开展专家学术交流、举办专家学术讲座,加强不同专业和不同学科方向研究者之间的学术交流。开展宽容而严肃的学术批评,鼓励研究者向学术权威专家虚心请教,指导自身的科研活动。

第二,认真倾听专家意见。认真倾听专家意见这样示范教育在科研活动中很重要。所谓示范教育,是指树立模范人物和运用典型事例,充分发挥榜样作用,感和启发研究者,以促进其思想认识与觉悟不断提高的教育方法。通过示范教育,能形成一种虚心学习精神的氛围,去激励、感召、在潜移默化之中引导研究者养成虚心学习的精神。高校里有很多协作攻关的优秀科研群体,如教育部"创新团队"、"985"团队、"863"团队等等,云集了众多的学术大师。通过参观这些科研组织,与学术大师们近距离对话,这些优秀团队中的学术大师们的思想品德、学识和行为对研究者潜移默化的影响所体现出来的教育作用是巨大的。研究生感受了专家意见的力量,从而培养了研究者创新团队的团队精神,增强了克服困难、勇于开拓的意志品质。

第三,悉心完善自身素质。科研人员应当具备的从事学术创新工作的基本知识包括如下几个方面:①学科前沿知识,熟悉前沿知识的前提是要具备较扎实的专业基础知识,也就是要熟练掌握本专业领域的理论演进轨迹和学术渊源,因为任何"前沿"和"新知"都是从"传统"和"旧学"中脱胎而来。②研究方法知识,研究方法是在研究中采取或使用的途径、工具、手段和程序,可以看做是研究逻辑,研究者以此提高研究工作的效率和质量。研究方法在学术创新中起着十分重要的作用。③研究论文写作知识,研究论文的写作有其独特的规范,这些规范是学者们在长期的研究和写作过程中总结出来的,是最有利于表达学术思想并使其形成一个学术体系的方法,并且在演化过程中逐渐被学术共同体所接受。④跨学科知识近现代科学发展的历史表明,科学上的重大突破,新的生长点乃至新学科的诞生,常常是在不同学科彼此交叉相互渗透的过程中形成的。换言之,学术上的重大创新往往是在跨学科知识的支撑下得以实现的。

(4)建立创新平台考核评价体系

第一,国家综合国力竞争创新力。伴随全球化的发展,各国要想在激烈的国际竞争中占据有利地位,必须把创新作为提升创新国家综合国力的核心要素。一个国家不管当前处于何种国际地位,如不重视依靠创新强国,最终只能被淘汰。我国作为最大发展中国家,国家创新总体水平与发达国家相比仍有很大差距,要跟上时代创新步伐,建设创新型国家已然成为了必由之路。我国自主创新能力逐步提升,这是创新型国家建设的关键。经过几代人的努力,到21世纪初期,我国建立了5000余个县级以上国有研发机构,3000多个高等院校科研机构,7000多个企业所属研发机构,这标志着我国自主创新能力明显提高。同时,我国还建立了比较完善的创新体系,在很多前沿和交叉学科领域已经置身于世界先列,这对我国创新型国家的建设至关重要。

第二,创新型国家是跨越发展出路。在科技革命影响下,不仅科技和创新对国家发展具有重要作用,知识的影响力也更加明显,人们生活水平的提高越来越依赖于知识的积累。在未来一个很长时期内,谁掌握知识和人才资源,谁就掌握发展的主动权。面对这一发展大势,世界各国纷纷加快知识积累速度,把促进创新作为国家发展基本战略,增强国家综合实力,争取在国际竞争过程中赢得主动地位。但从全球发展趋势来看,发达国家在创新过程中占有明显优势,知识更新速度明显加快,包括我国在内的广大发展中国家通过引进发达国家先进技术的方式实现迎头赶上的难度越来越大。要实现发展,必须把科技及其创新置于真正优先发展的地位,建设创新型国家。

第三,构建科研创新人才培养机制。建设创新型国家,人才是关键。高校科研平台不仅是汇聚、培养人才的重要基地,同时也是科研人才队伍中非常重要的组成部分。科研平台学术队伍在建设创新型国家中起着关键作用。队伍的规模、结构和质量等都有着直接的影响作用、学术队伍的规模,关乎着创新的集团力量和规模效益,力量薄弱将难以成事。所以科研平台学术队伍规模就要与学校实际、与地方乃至国家经济社会发展需求相适应。然而,学术队伍的创新能力除了有合理的规模外,还必须有高质量、高水平和合理的结构,只有结构合理的高水平学术队伍,才能够对创新型国家建设提供源源不断的动力源泉。科研平台在各自的研究领域承担着大量的研究课题,取得了丰硕的成果。如何保持高校的人才优势,培养造就一支具有一定规模、结构合理,适应创新型国家建设要求的科研平台学术队伍,是加快创新型国家建设的重要保证。

第 9 章　增强创新能力提高就业质量

马克思主义理论学科研究生的作用要通过社会需要和贡献体现,就业质量因创新能力而提高。学科建设要根据社会需要设计创新培养标准,专业要详细制定利于就业的创新培养体系,导师要尊重每个学生的自身特点和就业意向,有的放矢地制定各具特色的创新能力培养方案。

9.1　学科制定创新就业标准

保证马克思主义理论学科培养的研究生的就业质量,必须制定本学科培养创新能力的标准和就业质量标准。创新能力是胜任就业岗位工作,并在岗位创新的能力;就业质量是本学科研究生就业能够发挥作用,立足岗位创造性地工作并作出贡献,迅速达到岗位要求,令领导、同事和服务对象满意。

9.1.1　学科建设须有就业意识

(1) 学科建设契合需求侧需要

无论是国内还是国外,大学生和研究生就业问题不仅仅是学生和学生家庭的问题,而且影响着社会的经济发展和政治稳定,对于提高一个国家的软实力以及国际竞争力具有重要影响。解决大学生和研究生就业,需要社会每个主体全方位承担责任。马克思主义理论学科研究生就业问题影响到学科的可持续发展,面对竞争日益激烈的就业形势,再也不能只管埋头培养,不管现实需求,继续老式培养,不管学生就业。必须调查研究社会需要什么样素质和能力的马克思主义理论学科人才,学科须从社会现实和学科实际出发,统筹社会需求、学科建设、学生素质、经济形势等多方面因素,不断调整学科培养计划。

要借鉴国外先进经验,一是灵活培养。西方国家的大学根据市场需求设置专业和相应课程,使社会需求与学生就业有机的联系起来,并把学生就业作为评价学科排行的重要指标。二是注重能力。国外高水平大学就业率高,主要在于让学生在校期间具有充分的科研实践锻炼,具有充分的科研平台锻炼机会。

马克思主义理论学科尽管是意识形态学科,更要具有以市场需求为导向的人才定位培养目标。社会需求是学科发展的动力,解决研究生就业难的问题,需要对所培养的人才进行准确定位,要以发展着的社会大市场需求为导向。目前马克思主义理论学科建设中,真正根据社会主义市场发展需求培养创新人才的意识不高,只管招生培养不管学生就业和就业质量的现象严重。

具有创新能力的马克思主义理论学科研究生不是没有市场需求,很多用人单位在为没有合适的善于做人的思想政治教育工作的人才而着急。问题在于"供需错位",迫切需要的培养不出来,培养出来的不能满足需要。科学解决"供需错位"问题,应做实实在在的调查研究工作,要把学科和专业前景的评估与预测作为重点,自觉地按照市场需要从需求侧的视角设置专业、定位人才培养。人才培养目标的定位直接关系到学生今后就业范围与层次,关系学生就业定位问题。

(2) 导师培养兼顾学生就业

据调查,当前很多高校马克思主义理论学科研究生就业率低,一是因为没有专业化的就业指导教师队伍,二是导师没有将学生就业列入本职工作和培养内容。因而,学生没有得到有效的就业指导,学习、科研、活动和择业、竞聘基本上都是盲目进行的。因此,不仅建立专业的就业指导教师队伍刻不容缓,而且,明确马克思主义理论学科导师指导学生就业的责任,加强教师教学科研和活动与就业密切关联的意识,至关重要。

第一,师生"合作"制定学生就业方向。学生入学后导师了解学生的求职意向很重要。求职意向就是根据个人的爱好和能力,及早对自己进行职业规划,明确自己希望和争取的职业方向。学生的求职意向起初可能不明确、不正确,导师应结合自己的专业方向、科研特长和学生实际给予学生方向性指导,这对于研究生期间有针对性地让学生选择研究课题,有的放矢地进行能力培养意义重大。

第二,课题研究和就业基本方向相结合。经验证明,就业比较顺利和满意的学生,往往是在校科研方向和基本能力和用人单位需求基本一致。导师专业和特长——学生素质和就业意向——社会现实需要,三者有机结合,是确定研究生研究方向的根据,也是最终制定研究课题的依据。研究生学习,掌握科学研究能力,最终目标还是为社会服务。

第三,马克思主义理论学科的研究生导师必须像关注社会现实问题、关注本学科学术前沿问题一样关注研究生的就业问题。针对学生的职业规划和就业方向,有的放矢的专业培养和能力训练,有效提高就业意向方面的知识和相关信息储备,为学生创新性地开展该方向工作做好准备,为未来的岗位创新奠定坚实的基础。学科要组织导师开展指导学生就业能力培训,交流培养学生就业经验,把学生就业同招生选才一样重视起来,为社会培养有真才实学的创新人才。

9.1.2 学科就业须有质量意识

(1) 就业培养必须学以致用

学以致用的近义词是学以实用。反义词是学非所用、用非所学。我国应试教育的弊端是学非所用、用非所学。从小学到研究生,各个层次的学生学习都是为了应试,大多数学生的能力被束缚在考试的范围,世界上最庞大的教育机构不断地在为应试教育做出努力。学以致用、学以实用,培养创新型人才成为我国教育改革的重点、难点、制高点。

第一,学以致用要善于学习,在理论与实际结合的学习过程中增长才干、提高素质。当今时代,科技进步日新月异,知识更新不断加快,国际形势不断变化,国内改革发展稳定面临的新情况新问题层出不穷。在这样的情况下,不抓紧学习、不抓好学习,不在学习和工作中不断提高自己,就难以完成肩负的责任,甚至难以在单位立足。只有努力学习、善于学习,加快知识更新、优化知识结构,才能适应工作需要。马克思主义理论学科的课程设置和教学科研活动,要在"精"和"管用"上下工夫。

第二,学以致用的落脚点在"用"。学习的本质是人对客观世界固有的客观规律的认识和把握,学习的目的是为了应用,正如毛泽东在延安整风时所提出的,精通马克思主义的理论,"目的全在于应用"。马克思主义理论学科研究生的学习必须坚持理论联系实际的优良学风,紧密联系党和国家建设事业的发展要求,紧密联系认识和解决改革发展稳定中出现的新情况新问题,把提高服务社会的真实本领,提高就业质量作为根本目的。

第三,学以致用要在"真题真做"中培养真情实感。马克思主义理论学科的学以致用,就是要培养研究生着眼于解决改革发展稳定中的实际问题,把学习的体会和成果转化为工作思路和工作的本领。坚持理论联系实际的马克思主义学风,这是学科的要求、时代的呼唤,实践的要求。当前,我国处于改革发展的关键时期,经济体制深刻变革,社会结构深刻变动,利益格局深刻调整,思想观念深刻变化。这种空前的社会变革,给我国发展进步带来巨大活力,也带来了这样那样的矛盾和问题。马克思主义理论学科研究生为鲜活的中国特色社会主义事业服务,就必须把学以致用放在重要的位置,坚持用马克思主义中国化的最新成果武装自己。

(2)培养岗位创新能力

岗位创新能力由多种能力构成,就马克思主义理论学科研究生来说,主要包括学习和整合能力、分析和综合能力、想象力和批判精神、创造性解决问题的能力、实践和组织协调能力。

第一,学习和整合能力。①学习能力是获取、掌握知识、方法和经验的能力,包括阅读、写作、理解、表达、记忆、搜集资料、使用工具、对话和讨论等能力。学习能力还包括态度和习惯,比如活到老、学到老的终身学习的态度和信念。就业质量暨岗位贡献是和岗位竞争能力分不开的,它取决于学习能力,优势就在于比别人学习得更多更快。管理大师德鲁克说:"真正持久的优势就是怎样去学习。"②整合能力是更广泛的学习吸收和升华能力。创新人才的宝贵之处不仅在于拥有多种才能,更重要的是能够把他人多种才能有效地整合在一起发挥作用。这需要通过学习、实践和人生历练。能否完成重大创新,拥有整合多种能力的能力是一个关键。

第二,分析和综合能力。①分析能力是把事物的整体分解为若干部分进行研究的技能和本领。事物是由不同要素、不同层次、不同规定性组成的统一整体。认识事物的有效方式之一就是把它的每个要素、层次、规定性在思维中暂时分割开来进行考察和研究,弄清楚每个局部的性质、局部之间的相互关系以及局部与整体的联系。做到由此及彼、由表及里、由浅入深、由易到难地认识事物和问题。分析能力的高低强弱与三个因素有关，个人的知识、经验和禀赋；分析工具和方法的水平；共同讨论与合作研究的品质。综合能力则是强调把研究对象的各个部分在分析的基础上结合成一个有机整体进行考察和认识的技能和本领。综合是把事物的各个要素、层次和规定性用一定线索把它们联系起来，从中发现它们之间的本质关系和发展的规律。②综合能力包括三项内容：思维统摄与整合，就是把大量分散的概念、知识点以及观察和掌握的事实材料综合在一起，进行思考加工整理，由感性到理性、由现象到本质、由偶然到必然、由特殊到一般，对事物进行整体把握；积极吸收新知识，综合能力需要多方面的知识和方法，不断吸收新知识，特别是要学会跨学科交叉，把不同学科的知识、不同领域的研究经验融会贯通，才能更好地综合；与分析能力紧密配合，正确认识事物，实现有价值的创新。

第三，想象和批判精神。①想象能力是以一定知识和经验为基础，通过直觉、形象思维或组合思维，不受已有结论、观点、框架和理论的限制，提出新设想、新创见的能力。要培养学生突破应试教育线性、收敛、保守思维的束缚，敢提普通个人创新意识。想象力往往是发现问题和解决问题的突破口，在创新活动中扮演突击队和急先锋的角色，缺乏想象力很难从事创新工作。②批判精神表现在两个方面，在学习、吸收已有知识和经验时，不盲从，而是批判性地、选择性地吸收和接受，去粗取精、去伪存真；在研究和创新方面，则敢于质疑，这是创新的起点，没有质疑和批判就只能跟在权威和定论后面亦步亦趋，不可能作出突破性贡献。

第四，创造性解决问题的能力。①创造性是创新能力的核心，它是指敢于提出新概念、新方法、新理论、解决方案等，是创新人才的禀赋、知识、经验、动力和毅力的综合体现。②解决实际问题的能力。包括创造性地提出问题和凝练问题,针对问题选择和调动已有的经验、知识和方法,创造性地组合已有的方法乃至提出新方法来予以解决。

第五,实践和组织协调能力。①实践能力特指社会实践能力。马克思主义理论学科的创新型人才就业后要创造性地工作,必然要经常和人打交道,实践能力就是培养参加和适应各种社会实践活动的能力。②组织协调能力。马克思主义理论学科的研究生大多从事较高层次的宣传教育、文秘管理等组织管理和协调关系的工作。创造性地圆满完成工作任务,就要协调各方,利用现有的资源,可通过沟通、说服、资源分配等手段,组织协调各方以最终实现创新目标。

(3) 学科举办岗位创新交流

培养学生创新素质是一个系统工程和养成过程,要有组织有秩序地邀请成功校友、企事业单位专家和能手,开展岗位创新交流活动。举办创新交流的目的是通过比较生动灵活的形式,让学生了解如何准备就业、就业后如何在工作中创新和发展、社会需要什么样的人才等。岗位创新沙龙可以是请人作创新学术报告、请创新人才岗位创新经验介绍,也可以师生创新案例分析讨论、学生进行创新创业专题研讨,总之是为择业作准备,为提高创新能力提高就业质量而努力。

开好岗位创新沙龙事先要做好充分的准备,要针对学科建设需要和学生就业目标岗位存在的问题,选择大家关心的议题,选择参与讨论的嘉宾。马克思主义理论学科研究生就业岗位创新工作讨论,要循序渐进在系统安排,使创新沙龙能起到择业和就业前岗前练兵的积极作用。

9.1.3 明确学科创新就业要点

(1) 就业创新和创新就业

经过改革开放 30 多年的较快发展,中国经济进入了"新常态"。

这个"新常态"新在哪里？首先"新"在"势"上。这个新的"大趋势"、"大逻辑"，就是增长速度正从10%左右的高速增长转向6—7%左右的中高速增长，经济发展方式从规模、速度、粗放型增长转向质量效率型的集约增长，经济结构从增量扩能为主转向存量增量并优的深度调整，经济发展动力从传统增长点转向新的增长点——尤其是要依靠创新驱动。这是不以人的意志为转移的发展规律，是发展大趋势。认识大趋势，引领新常态，是当前和今后一个时期我国经济发展的大逻辑。其次"新"在"长"上。这是整个经济由传统经济发展模式向现代经济形态的历史性转变，是一个广泛、长期的过程，不是若干年，起码是几十年。再次"新"在"难"上。由于是广泛、深刻的经济结构进而是社会结构的调整和变迁，因而要付出相当的代价，涉及发展方式、发展动力、发展体制、发展利益和发展环境（包括生态、国际市场等）的变革，也涉及方方面面利益关系的调整、博弈、平衡，的确是一个艰难痛苦、难题很多的过程。第四，"新"在"进"上。这个"新"是往前走的爬坡过坎的前进过程，是一种新发展、新提升、新进步，是更高起点、更高平台上的新跨越。第五，"新"在"活"上。要通过体制改革激发新的发展活力。恐怕所有的"新"，都要通过创新来实现，通过创新来激发活力。适应、引领新常态，需要强化战略定力，积极探索创新，培育发展新动力，走出转型升级、爬坡过坎的新路来，加快从要素驱动、投资规模驱动发展为主向以创新驱动发展为主的转变。

与此相应，中国的创新、就业结构也步入了"新常态"。今天和未来一段时期的中国创业，已不再是一般意义上的创业，而应该是创新型创业，以创新带动创业，进而用创业去带动就业。创新创业是因和源，就业是果和流。

今天要通过创新去创业、通过创业去就业，特别是知识型、能力型、科技型的年轻人自主创新创业。这对今天创业者的知识水平、综合素质和能力提出了更高的要求。所以,马克思主义理论学科培养的人才,应该是有知识有创新能力的年轻人,他们最大的特点应该是具有创新创业精神。

(2) 学科明确创新能力要点

马克思主义理论学科研究生要在哪些方面创新?工作中如何创新?最基本的创新内容、方法要进行指导和训练。马克思主义理论学科研究生到企事业单位工作,并不是具体从事产品创新、管理技术创新和商业模式创新。主要是在自己从事的宣传、教育、文秘、参谋、管理工作岗位上创新工作。在校期间了解必要的创新知识,学习一些产品创新、技术创新、制度创新、职能创新、结构创新、环境创新等基本的创新原则,目的在于通过学习培养创新意识和创业精神。马克思主义理论学科重点要培养四种创新能力:

第一,发现问题的能力。创新是在社会上习以为常的现象中,在已有的方针、政策、理论和研究成果中,发现不合理、不科学的内容,并通过归纳、概括、提炼出问题的过程。这些问题有些是系统性、全局性的重大问题,该问题的解决具有重大创新意义;也可以是局部的小问题,对于社会发展也有重要意义。发现问题是在一定的理论基础和社会实践考察中发现的,是理论和实践创新的基础。

第二,提出研究思路的能力。透过问题究其原因,并据此分析和预测问题发展的未来变化趋势,估计它们可能给社会带来的积极或消极后果,并在此基础上,在理论综述、问题梳理的基础上,采用文献研究、社会调查、比较研究、头脑风暴等方法,团队合作提出多种解决问题的创新构想,提出研究思路和研究提纲。

第三,迅速行动的意识。有些同学往往有是有思路无结果,只开花不结果,讨论问题时也有一定思路,甚至形成了研究提纲,但往往是不了了之,无果而终。原因是只空谈,不行动。"没有行动的思想会自生自灭",创新成功的秘密主要在于迅速行动。提出的研究思路和研究提纲可能还不完善,但这种并非十全十美的构想必须立即付诸行动才有意义。一味地追求完美,可能坐失良机。创新的思路和提纲只有在不断地尝试中才能逐渐完善。在这里,正如马克思所说的"一步实际行动比一打纲领更重要"。

第四,坚持不懈的精神。有些同学有了很好的思路和研究提纲,研究过程中遇到困难,或忙于其他事物而搁置,一放下就不再拾起,终于半途而废。思路和提纲经过深入研究才能成熟,创新的过程是不断研究、不断遇到困难和新问题、不断研究、不断提高的过程。因此,创新者必须具有坚定不移的品格,持之以恒的精神,解决问题的使命感和不怕困难迎难而上的勇气,决不能半途而废。

9.2 学科关注学生职业规划

破解就业难题,马克思主义理论学科要抓紧帮助学生实施职业规划。学科培养要结合专业方向,结合学生就业意向,结合学生自身素质和特点,参考学生职业规划精心设计培养方案,细心培育创新能力。

9.2.1 学科重视职业规划

(1) 学习西方国家的就业指导

在市场经济发达的西方国家,子女18岁后要生活自立,勤工俭学是常事,所以,职业生涯规划教育从小学就开始了。学校里大多设有职业咨询中心,并定期安排职业日,在这样的氛围下,学生往往能较早地规划和设计自己的职业生涯。西方发达国家已经拥有专业、精准的职业生涯理论体系和测评体系,完成了从"就业指导"到"职业生涯辅导"的转型过程。而我国的职业生涯规划教育则是在毕业生分配制度改革后产生的,不论是从理论体系还是测评系统等方面,我国的职业生涯规划教育都处于不成熟阶段。学校的职业生涯规划教育存在着很多不足之处:组织与举办的职业生涯规划课程与讲座较少;教师缺乏专业性;课程内容缺乏实践性与实用性;而且经常会把就业指导、就业心理咨询与职业生涯规划混为一谈等等。由于学校缺乏规范、系统化的职业生涯规划教育,加之我国的家族经济模式传统,子女只要没就业就理直气壮地"啃老",小学、中学、大学基本上衣食无忧,以致上了研究生仍然没有就业紧迫感,不懂得规划未来。这与我们的国情有关,但学校不是没有责任。虽然到了研究生阶段才开始规划职业生涯有些晚了,但总比没有规划的好。

(2) 本学科开展就业指导的必要性

马克思主义理论学科研究生职业生涯规划必须认清形势,做到早规划,早行动,有效提升就业核心竞争力。马克思主义理论学科乃至其他很多学科,只管招生不管就业,好像理所当然。在改革开放初期高层次人才缺乏时,不存在研究生就业难问题,学科建设没有将学生就业纳入学科建设任务。附着社会的进步,经济的转型,社会对人才提出多样化、高端化、实用化和创新能力等高要求,才能平庸者、缺乏特色者、无创新能力者越来越难以就业,悄然间,研究生就业由卖方市场变为买方市场。研究生就业成为严重的社会问题后,不得不思考,这是怎么啦?一方面社会急需高层人才量越来越多,另一方面高学历的学生却被冷落。供求侧和需求侧两张皮,学科培养和社会需求不对路,学生所学和用人单位需要差距大。学科建设没有跟上时代发展,学生学习缺乏职业规划。

学科建设除了根据需求侧信息及时调整培养规划外,还应把研究生的职业规划和就业指导作为一项职责,选派专人进行专业的研究、管理和指导。在市场经济和经济效益占社会发展优先地位的现实条件下,用人单位比较重视聘用实用性、经济性、能够直接带来效益的人才,马克思主义理论学科首当其冲受到冲击,要研究国家每年公布的《研究生就业指南》,介绍各学科、专业的培养基本情况,人才地区分布,本学科近几年就业报告;向学生宣传党和国家就业政策;介绍应聘就业知识、就业相关法律、国家各类资格考试和公务员考试。另外,向研究生培训最新实用的《就业协议书》、报到证、档案、户口、《劳动合同》等就业方面的知识。《研究生就业指南》要和《研究生职业生涯规划》一起作为研究生的就业规划和就业指导的培训教材。

9.2.2 职业规划以创新能力为本

学科、导师和学生三结合,量体裁衣,逐一设计合理具体的培养规划和培养目标,是增强学生就业竞争力的关键。只有坚持以学生创新能力与就业质量培养为本,始终瞄准市场需求,不断增强学科培养的适应性和综合性,培养的学生才具有就业竞争力。

(1) 根据学生就业意向和市场需求编制学生培养计划。学生基本素质、学生就业意向、学生兴趣爱好、学生家族背景等,与学科专业结合,与导师优势结合,还要进行市场调研,客观分析市场需求,把市场需求作为确定培养计划的一个重要依据。

(2) 根据就业意向设置必修课、选修课、实践环节和研究方向。兴趣和愿望是最好的老师,尊重学生的学习愿望和需求,让学生在学业上有最大限度的自主权、主动权,有利于充分挖掘学生的潜力、发挥学生的特长。

(3) 根据形势发展和学生成长过程,适时调整培养计划。学生在发展,社会也在变化,学科和导师要关注就业形势和社会需要的变化,不能入学时一个培养计划定终身,而是要根据变化的情况进行调整。入学时学科组织导师和学生制定包括就业意向的培养计划,二年级、三年级还要过问计划执行情况并督促必要的修改。

9.2.3 职业规划付诸实施

职业意向不能仅仅停留在自己的想象中,要付诸实施。通过对研究生三年生活的合理安排,努力提高自己的综合素质,在动态调整和持续改进中不断提升自己包括创新能力与就业品质的综合素质,通过充分准备增强应聘能力实际就业工作能力,提升就业核心竞争力,达到人职匹配,顺利就业。

(1) 马克思主义理论学科要研究出一套科学的行之有效的手段和方法,帮助研究生对自身真实的兴趣、爱好、能力、个性等有正确的认识,认清自己未来最高的职业意愿、努力和发展潜能、预期的职业生涯路线。要通过家长、老师、同学、朋友等多方求证,确定自己在什么样的领域里比较适合,找出最适合自己的行业和职业,形成全面客观的自我定位,对未来的职业生涯目标做出合理的选择。

(2) 马克思主义理论学科研究生,一定要有效利用三年的学习过程,严格执行职业生涯规划,通过明确目标基础上的学习和锻炼,提高综合素质。三年时间一晃就过,一定要抓紧时间投入精力把职业规划付诸行动。一要有计划地提升自己就业意向方向理想就业岗位的职业修养,利用社会实践和假期的时间进行相关岗位的实践实习。社会实践是确保大学生职业生涯规划落到实处的基石。研究生可以通过不同的工作环境、不同的工作经历,认真分析自我形象,并把这些生活事件和兴趣结合起来,找到自我价值与兴趣、技能之间的联结点。在社会实践和实习中,研究生不断改造自我,学习有关的职场人事,修正职业生涯规划,形成良好的人际关系,为将来的就业打下基础。要有意识地提高社会环境分析能力,提高职业观、就业观的修养,在思想观念上初步完成从学生到职业者的角色转换。

(3) 马克思主义理论学科研究生要特别重视职业训练。求职时要精心制作科学合理的个人简历,简历中不仅要陈述自己所学课程及其成绩,还要介绍参加过什么社会实践活动以及曾有过何种工作经历或实习经历等。同时还要介绍自己职业发展规划及其实施情况。研究生的职业规划及其努力准备,能让用人单位感觉到你的求职意向是经过深思熟虑的,如果你的准备契合了本单位工作,会乐意聘请你这样的目标明确、规划透明的人。

9.3 加强女研究生创新能力培养

9.3.1 树立新社会性别意识

女研究生就业难,就业质量不高,除了受到不可逆的传统社会文化环境影响外,自身素质和自我意识不明朗也是影响女研究生就业质量低的重要原因。自我意识,是指主体对其自身的意识,是主体觉知到自身存在的心路历程,是整合、统一个性各个部分的核心力量,也是个体自身心理、生理和社会功能状态的知觉和主观评价。

马克思主义理论学科女研究生要充分发挥自身主观能动性,调整自我意识,调整心理弱势,有利于证明自我价值。在教育实践活动中,要利用现存条件,积极采取各种措施来促进女研究生自我意识健康、和谐发展,促使她们形成完善的人格特征,在求职中表现更加突出。要培养新社会性别意识,正确地认识到来自家庭、学校和社会等方面男尊女卑的思想,是自我评价不实的原因。正确认识女生坚韧、忠诚、缜密、周全、善于协调、亲和和稳定的优势,当然也要客观认识相对于男研究生而言胆子小、有依赖感、偏向保守等劣势,以及年龄较大,面临生育等问题。认识到存在这些弱势和问题不是女生的错,但是,既然现实不能改变,就要想法改变自己。这就需要培养女研究生在择业前夕做好未来五到十年的人生规划,合理规划自己的人生,协调和安排好客观的矛盾和冲突。

马克思主义理论学科有责任帮助女研究生树立新社会性别意识,通过开设新社会性别意识相关课程和活动,努力把女研究生培养成,除了生理方面不可抗因素以外,思想品德、科研能力、知识水平、交往能力都不逊色于男研究生的人才。要鼓励女研究生从根本上摈除意识深处"男强女弱"的性别刻板模式。新社会性别意识影响下，女研究生作为高学历人才，首先要培养自强不息精神，通过刻苦努力实现自身能力的提高和观念转变，要自觉培养自己的优势和特长，奠定坚实的求职资本。马克思主义妇女观认为经济独立是在社会领域中取得地位和独立的先决条件。一定要教育女研究生不要把自己的家庭幸福和人生未来建立在男方身上，这种失去自我之后的状态，会使女研究生在未来生活中的状态陷入家庭不幸和事业不顺的恶性循环。所以，读研期间一定要发奋努力，付出的时间成本和机会成本是成正比的，靠自己的素质和能力消除性别歧视，转变传统文化观念，摆脱"回归家庭"的魔咒，自尊和自信心，新社会性别意识在自己努力才能切实树立。

9.3.2 指导女研究生择业意向

马克思主义理论学科以及导师一定要重视女研究生的职业规划教育，要指导她们结合个人的兴趣、性格和职业价值观的认识，对职业环境客观因素进行分析和评定，确定就业方向，制定短、中、长期职业计划，并为了就业目标对个人素养与知识技能进行有效提升，为实现目标做系统和合理的努力。具体说来：第一，要让她们认识自己，了解职业环境。每个人只有在了解自己的兴趣、内心的愿望、价值观以及特长、性格、学识、技能、智商、情商、思维方式等之后，才可能知道自己最想做什么，最擅长做什么。在认识自己的同时，也要学会认识将来置身其中的职业环境，了解行业特点、职业内容、前景等，以便将自己与职业进行匹配。要了解行业特点，需要经常关注就业网站和相关信息，规划适合于自己的职业匹配。霍兰德的"人格——职业类型匹配"理论(1959，Holland)认为，最为理想的职业选择是指个体能够找到与自己的个性类型相吻合的职业环境，如现实型个性的人在现实型的职业环境中工作，这称为"一致性"。一个人只有在与其个性类型相一致的环境中工作,才容易感到乐趣和内在满足,这也最有可能发挥自己最大限度的才能。若真的无法获得与其性格类型相吻合的职业,那么就要寻找与自己个性相近的职业,也就是说,这两种职业要有较高的相关性。反之,若选择了与自己的个性类型互相排斥的职业,则不能从职业中感受到乐趣,也很难适应这一职业,这就是"非一致性"。总的说来,个性类型与职业的类型有着密切的联系,相关性越高,个体的职业适应程度越高;相关性越低,个体的适应程度就越差。只有了解了自己的性格、个性、职业兴趣和工作环境之间的适配与对应,才能找到自己的理想职业,了解自己的职业类型,才能真正地达到霍兰德所说的"一致性",真正地达到"职业——人匹配"的效果。[1] 第二,指导她们确定方向,制定长期、中期和短期发展目标。生活中有了目标才有方向,职业有了目标才有奋斗的定向。一般说来,马克思主义理论学科女研究生可以从文秘、教育、学术等方面去思考职业方向。甚至还可以根据自己兴趣、爱好、特长、优势等,从更具体的职业角度考虑问题,比如党务宣传、政务文秘、学校教育等。选定一个方向之后,成为这个方向上有成就的人也许就成了长期目标,可以将该方面的成功人士设想为未来要扮演的角色。第三,学科要指导学生制订行动计划和内容,为实现目标做准备。如:该培养哪些素质或能力,选修哪些课程,考取哪些证书,参加哪些社团活动,争取哪些兼职或实习机会等。其中沿着自己感兴趣的就业方向进行研究,撰写毕业论文是很好的选择。现在很多女研究生毕业后就业难,不是因为知识少或能力差,而主要是因为求职能力和对职位研究不足。没有对求职方向的研究,没有从事该工作的前期积累,没有从事该工作的优势和特长,在面试中很难打动考官。当然,

---

[1] 许蕾,女研究生职业生涯规划现状的调查研究——以辽宁L大学为例,辽宁师范大学硕士学位论文,2013.4.

还应指导她们评估与回馈,俗话说不能"一条路走到黑",在"一棵树上吊死",计划赶不上变化,要引导女研究生学会调整规划。

9.3.3 结合性别特征加强素质培养

学科要组织开展研究生形象设计方面的课程或活动,男女生都应参加,女研究生尤其必要。形象设计概念源自舞台美术,后来被时装表演界人士使用,形象设计艺术要素包括以下几个方面:体型要素、发型要素、化妆要素、服装款式要素、饰品配件要素、个性要素、心理要素、文化修养要素。马克思主义理论学科,面对女研究生就业难的严峻挑战,重点是借鉴形象设计思想,在研究生的个性要素、心理要素、文化修养要素方面进行素质培养。第一,共性培养,使女性优势更优秀。寸尚有所长,尺尚有所短,女性在职场中具有很多男性所不具备的优势。一般说来,女性四大优势行业:公关、教育培训、广告咨询、传媒。女性四大优势职位:销售、人力资源管理、秘书、翻译。论形象思维、思维的缜密度、语言沟通能力、人际交往能力、耐心、认真、性格柔韧度等,大都在男性之上。要通过精心培养和严格训练,使女研究生的这些优势真正变为强势。女研究生追求男女平等,正确的方向不是去告诉别人男生能做到的女生也能做到,而是要让对方相信,女生能男生所不能。第二,个性培养,使在某些方面有特色的女研究生在男性传统的优势领域找到立足点。比如,有些女生有管理兴趣和才能,有些女生有野外工作兴趣和爱好,通过专向培养,说不定传统上被认为是男性优势的领域成为部分女研究生的乐园。一些专业网站和平面媒体针对女性的优势行业和职位做了一次大型调查,结合专家分析,认为女人们可以在自己的优势行业里长袖善舞,也可以在所谓男人的传统优势行业里分一杯羹。[1]

---

[1] 史掯洁,女研究生就业问题分析与对策研究,长春理工大学硕士论文,2012.

马克思主义理论学科研究生教育更加注重对研究生科研能力和学术能力的培养和提高,缺乏针对女研究生特殊群体基于成才和就业的综合素质调整,有的时候为了科研水平的提高反而牺牲了女研究生自身的个体差异性和特殊性。研究生培养单位和导师要根据学生的综合素质,帮助学生调整择业意向,培养学生找到更加适合于自己能力特点的工作岗位。

跋

  本书是 2014 年申报的河北工业大学研究生教育教学改革研究项目《马克思主义理论学科研究生创新能力培养与就业质量衔接研究》的成果。马克思主义理论学科研究生创新培养质量不高和就业质量不高是普遍存在的一个现实问题。本课题瞄准培养研究生创新精神和创业能力这一目前我国研究生培养的核心问题，重点研究了马克思主义理论学科研究生创新能力培养体制，创新思维培养机制，构建创新培养平台等问题。

  课题组建了科研团队，冯石岗教授拟定研究计划和详细提纲，2013 级研究生许文婷同学研究了"马克思主义理论学科创新能力培养的目标和过程"，2014 级研究生王静涛同学研究了"马克思主义理论学科研究生的就业质量"，2014 级研究生李政同学研究了"马克思主义理论学科创新能力培养与就业的相关度"，2014 级研究生刘畅同学研究了"利用科研平台瞄准社会需求强化创新能力培养"，2014 级研究生王柔健同学研究了"构建学科创新特色，提高学生就业质量"，贾建梅教授研究了"创新能力培养和就业质量关系的普遍意义"。在借鉴这些前期成果的基础上，冯石岗教授进行了深入研究和再创造。

  课题得到了研究生院吴晋湘院长，朱彩虹副院长的大力支持，全书吸收了贾建梅教授的很多宝贵意见，在此表示诚挚感谢。

图书在版编目(CIP)数据

马克思主义理论学科创新培养与就业质量研究/冯石岗著.—上海：上海三联书店,2017.11
ISBN 978-7-5426-6017-6

Ⅰ.①马… Ⅱ.①冯… Ⅲ.①高等学校-思想政治教育-研究-中国 Ⅳ.①G641

中国版本图书馆 CIP 数据核字(2017)第 178709 号

马克思主义理论学科创新培养与就业质量研究

著　者 / 冯石岗

责任编辑 / 郑秀艳
装帧设计 / 一本好书
监　制 / 姚　军
责任校对 / 张大伟

出版发行 / 上海三联书店
　　　　　(201199)中国上海市都市路 4855 号 2 座 10 楼
邮购电话 / 021-22895557
印　刷 / 上海盛通时代印刷有限公司

版　次 / 2017 年 11 月第 1 版
印　次 / 2017 年 11 月第 1 次印刷
开　本 / 890×1240　1/32
字　数 / 250 千字
印　张 / 9.375
书　号 / ISBN 978-7-5426-6017-6/G·1463
定　价 / 38.00 元

敬启读者,如发现本书有印装质量问题,请与印刷厂联系 021-37910000